本书获湘潭大学优秀学术著作出版资助



# 复杂性理论视角下的北极安全治理及其中国参与研究

云宇龙 ◎ 著

湘潭大学出版社
XIANGTAN UNIVERSITY PRESS

图书在版编目（CIP）数据

复杂性理论视角下的北极安全治理及其中国参与研究 / 云宇龙著. -- 湘潭 : 湘潭大学出版社, 2025. 7.
ISBN 978-7-5687-1720-5
Ⅰ. D815.5
中国国家版本馆 CIP 数据核字第 2025LN8972 号

**复杂性理论视角下的北极安全治理及其中国参与研究**

FUZAXING LILUN SHIJIAO XIA DE BEIJI ANQUAN ZHILI JI QI ZHONGGUO CANYU YANJIU

云宇龙 著

责任编辑：牛敬丹
封面设计：张博雅
出版发行：湘潭大学出版社
社　　址：湖南省湘潭大学工程训练大楼
电　　话：0731-58298960 0731-58298966（传真）
邮　　编：411105
网　　址：http://press.xtu.edu.cn/
印　　刷：长沙印通印刷有限公司
经　　销：湖南省新华书店
开　　本：710 mm×1000 mm 1/16
印　　张：18.25
字　　数：288 千字
版　　次：2025 年 7 月第 1 版
印　　次：2025 年 7 月第 1 次印刷
书　　号：ISBN 978-7-5687-1720-5
定　　价：88.00 元

# 序

*FOREWORD*

全球治理时代的北极安全日益产生区域性与扩散性作用，其安全影响逐渐超出北极国家间问题和区域问题的范畴，攸关人类生存与发展的共同命运。北极安全也是总体国家安全观所强调的极地安全的重要内容，与我国在北极的经济、科技、资源、环境与气候等方面的权益密不可分。呈现在各位读者面前的《复杂性理论视角下的北极安全治理及其中国参与研究》一书，是云宇龙博士在其博士学位论文的基础上认真修改、持续完善而成的，饱含作者这些年对北极安全及其治理议题的长期关注和思考，对于我们把握北极安全的实质及其治理复杂性，特别是当前和未来中国参与北极安全治理的机遇挑战、身份定位、利益生成等具有重要的参考价值。

通读全书，既为宇龙博士出版这一阶段性学术成果而欣慰，更为该书基于跨学科视角提出具有一定创新性的观点而欣喜。宇龙博士在武汉大学求学期间，一直在我牵头负责的国家“2011 计划”——国家领土主权与海洋权益协同创新中心“中国极地权益与极地政策研究”创新团队，围绕极地安全政策、治理及其中国参与路径、权益等开展研究，形成了不少研究成果，因此，该书可以说是作者过去研究工作的延续与阶段性总结。该书基于复杂性理论视角构建分析框架，对北极安全治理复杂性因何产生、如何应对、何以演化等问题进行深入研究，并将中国参与的主要问题融入其中，相对于学界已有的相关研究，具有诸多可供借鉴的方面：

第一，研究视角的创新。学界关于北极安全及其治理的研究成果大多从国际政治、国际法以及传统的安全学视角展开，往往将北极安全问题分解成不同领域与方面，容易出现视角偏窄导致认识不足与应对乏力的现象。该书则注重从全球治理、国际公共管理与政策的研究范式出发，基于涌现生成理论、复杂适应系统理论、自组织理论构建分析框架，开展历史事件与现实趋势、自科结论与社科范式相结合的案例分析，形成复杂性理论研究视角。这既有利于我们系统地把握北极安全治理的复杂性问题本质，又有助于拓展当前北极安全治理研究的理论视角，为学界提供借鉴。

第二，研究内容的深化。该书首先收集涉及北极安全的历史资料与现实案例，详尽梳理国内外有关北极安全及其治理的政策文本、研究文献等，提出北极安全治理亟待优化、中国参与其中刻不容缓这一命题；然后立足于复杂性理论视角下安全治理研究转向的趋势，形成北极安全治理复杂性何以产生、应对与演化的研究逻辑，进而在此过程中依次探讨中国参与的机遇挑战、身份定位与利益生成等问题；最后基于复杂性理论视角提出中国有效参与北极安全治理的路径选择，形成具有说服力的研究结论。这对于学界进一步探究北极治理中的安全问题、深化中国参与北极事务的研究，具有较强的参考性。

第三，研究结论的突破。该书认为，北极安全治理是一个充满复杂性的全球性公共问题，因而亟须对北极气候、环境、航道、资源、科技等领域的治理与行动进行安全审视，逐步解决北极自身安全、地区安全、人的安全及其向全球辐射和扩散的安全影响问题。在此基础上建立健全北极安全治理体系与机制，打造包含多元主体、多种理念、多维行动的复杂治理网络，就成为包括中国在内的北极利益攸关国家携手应对北极安全问题的努力方向和行动路径。上述结论在一定程度上突破了过去北极安全治理相对敏感、域外国家参与难度较大的研究观点，提供了一种可行思路。

北极安全治理是一个在现实中不断发展变化的复杂议题，离不开北极政治与安全研究学术共同体的持续思考与探索。中国参与北极安全治理则是一个基于现实、面向未来的战略议题，依赖于我国坚持有理有据、有的放矢、有所为有所不为地参与，实现义利兼顾、合作共赢。该书无疑在上述方面提供了理论回答与贡献，其逻辑严谨、观点清晰、内容翔实，是国内外为数不多系统研究北极安全治理及其中国参与问题的著作。作为作者的博士生导师，欣闻弟子的学术专著出版，应允为本书作序，既表示祝贺、又颇感欣慰，希望宇龙博士再接再厉，奉献更多佳作，继续为全球治理时代的北极治理问题应对与中国参与极地、深海、太空等战略新疆域的安全治理贡献智慧与力量。

是为序。

丁煌

**2025 年 6 月**

# 前言

*PREFACE*

长期以来，北极地区处于大多数世界大国的关注和利益范围之外，但随着近年来北极科学奥秘和环境资源价值不断凸显，其越来越成为国际社会的关注对象与热门话题，世界有关国家围绕北极海洋权益的博弈乃至争夺呈现加剧态势。事实上，全球气候变化背景下的北极正在经历有史以来最深刻的安全变化并形成了复杂的安全影响。一方面，北极出现史上最高温、海冰面积急剧减少并触及纪录低点、陆地和海洋生物栖息环境遭到显著改变等问题，极大地影响了其自然安全与发展安全。另一方面，人类出于科技、经济、政治、军事目的等，开展北极考察、开通北极航线、开发北极能源等活动急剧增加，充斥着复杂的利益诉求和实力博弈，可能酝酿新的北极地区安全风险。在人类活动加快北极变化、北极变化反过来影响人类的作用机制下，如何更好地认识北极安全及其治理问题、构建和优化北极安全治理体系与机制，已经成为摆在国际社会面前的一项重要议题。

立足上述背景，本书首先在界定北极安全、北极安全治理、中国北极利益等概念的基础上，把握北极安全及其治理现实情况，同时，回顾国内外相关文献，提出北极安全治理亟须重视和应对这一核心研究问题。北极自身安全、地区安全、在北极活动的人类安全以及北极向全球扩散的安全影响等，均离不开国家行为体与非国家行为体等多元主体的应对与合作。然后引入复杂性理论视角，在简述复杂性的不同认知、理论内容与价值的基础上，分析

# 前　言

安全治理研究正在经历复杂性转向的状态和趋势。归属于安全治理研究领域的北极安全治理同样具有安全复杂性特征以及安全复杂性治理诉求，并需要转变其治理理念与实践中的简单性思维。因此，复杂性理论视角运用于北极安全治理研究具有必要性和可行性，能够深化我们对这一问题的认识并提供实践思路。

在庞杂的复杂性理论体系中，涌现生成理论、复杂适应系统理论、自组织理论是比较成熟的复杂性研究理论，分别侧重于回答复杂性何以产生、何以应对、何以演化的问题，在逻辑上构成了一个相对完整的理论体系。本书主要基于以上三种理论构建北极安全治理复杂性涌现及其系统建构与演化的分析框架。研究显示，北极、北极安全、北极治理的系统性及其涌现，是北极安全治理基于恰当逻辑与现实要求涌现生成复杂性的基础，其复杂性主要是指北极安全治理主体、客体、方式等不断趋向系统化并在非线性相互作用与融合过程中所涌现出的一种适应特性。在这一涌现过程中，中国参与北极安全治理合法合理，一方面具有增强北极安全认知、推动北极治理合作的外部机遇以及参与水平稳步提升的内部机遇，另一方面又面临北极安全治理理念相对滞后、治理机制建构缓慢以及部分负面国际舆论长期存在等带来的挑战。北极安全治理复杂性的涌现，要求从北极安全治理的适应性主体及其特性和交互机制等角度来构建北极安全治理复杂性系统。在该系统的CAS描述下，微观层面的主体刺激–反应模型与宏观层面的回声模型分析，进一步揭示了系统的内部机制并体现出其较强的自适应性。北极安全治理涌现出的复杂性需要通过建构复杂适应系统来应对，这意味着北极安全治理问题本质上是一个涉及多方利益的公共问题，需要更多元的治理主体、更合理的治理理念、更丰富的治理方式和更长远的治理打算，形成有效的对话、协商、合作机制与平台。中国作为负责任的北极利益攸关方，在北极安全治理复杂性系统建构中不断形成参与的身份定位，包括北极安全变化的复杂性关联者、促进北极安全及其治理系统复杂性认识的积极贡献者、推动北极安全治理复杂性系统建构的适应者等角色，强化了中国参与的必要性。

在此基础上，作为一个复杂性系统的北极安全治理还具有随着时间推移而演化的特点，并表现出自组织性。这一系统具有开放性并与外界进行持续交换、处于远离平衡状态、充满非线性交互作用是自组织演化的条件；系统中的协同与竞争行为、治理主客体及方式等序参量的识别及其支配作用是自组织演化的主要过程；系统交互形成微小的局部变化及其放大与延展机制则是自组织演化具有方向性的重要原因。因此，北极安全治理复杂性系统可以自适应、自组织地实现从无序到有序、从理论状态分析到实践操作运转的演化和发展。上述趋势及其演化分析，进一步帮助我们将北极安全治理定位为复杂的全球性公共问题。同时要求中国参与北极安全治理，注重把握基于北极安全攸关程度、北极安全影响扩散、北极事务参与阶段等不断生成的北极安全与发展利益，增强参与的国家利益与国际责任考量，努力成为促进北极安全治理复杂性系统演化的重要主体。

总之，随着北极安全治理需求不断涌现、治理机制逐步变革，中国参与北极安全治理首先要树立复杂性观念，注重在复杂局面中把握和创造机遇。其次要强化复杂性准备，注重提升北极科学研究的系统涌现性，培育北极实践活动中的多元适应性主体，把握和运用北极国际合作的自组织特性，完善中国参与的保障机制。再次要提高复杂性能力，包括话语能力、安全类公共产品供给能力、机制变革倡议与制度创设能力等。最后要制定分步走战略，实现权利、责任与义务相统一，在构建北极安全人类命运共同体的进程中扮演负责任大国角色，持续夯实中国参与的基本路径，更好地使中国在全球治理参与过程中积蓄力量、收获信任、塑造环境并发挥务实作用。

作　者

2025 年 3 月

# 目 录

CONTENTS

# 绪 论

*INTRODUCTION*

## 第一节 研究背景与意义

### 一、研究背景

当前，世界百年未有之大变局加速演进，全球治理面临着需求侧上涨但供给侧乏力、开放包容呼声大但封闭排他行为多、竞争性增强但协作性减弱等矛盾与挑战，全球治理体系与治理能力亟须现代化。在这个过程中，不仅产生了促进全球经济复苏增长、防控相关地区冲突风险、应对全球气候变化与公共卫生危机、有效处理发达国家与新兴市场国家及发展中国家关系等需要长期关注与应对的热点议题，还形成了建立健全太空、网络、深海、极地等事关全球公共利益的领域治理规则与机制的新兴议题，全球治理不同议题的交织性、扩散性与复杂性特征日益显著。在新兴议题中，南北两极治理相对来讲更加具有现实挑战意义和未来战略价值，南北极俨然已经成为当前世界主要国家证明国家实力、履行国际责任与义务、获取国家战略权益、展开国际合作与竞争的现实场域。

随着人类北极认识增强、北极活动增多、北极议题不断细化增加，再加之北极地区日益复杂的地缘政治因素，大部分属于北半球国家的世界主要国家比以往更加热衷于参与和影响北极事务，北极安全问题及其治理需求不断凸显，这主要表现在人类活动与北极安全及其变化的相互影响过程中。在人类活动影响北极安全及其变化层面，人类不断排放温室气体加剧全球气候变暖，导致北极海水升温、海冰消融、无冰期缩短甚至提前到来；北极国家及其生活在北极地区的原住民就近开发利用北极各种资源可能导致环境破坏与污染；由于航道和资源价值诱惑，越来越多的人类北极活动可能对北极环境造成进一步的损害，包括加剧北极外来物种繁衍风险、生物栖息地遭到破坏、能源资源被过度开发等。

在北极安全及其变化影响人类安全与发展层面，由于北极安全涉及北极域内国家尚存争议的主权、领土、领海、领空安全利益诉求，北极原住民组织的生存发展利益，以及域外国家对北极关乎全人类共同利益的关切等，北极安全影响扩散更为复杂和严重。正如美国知名智库伍德罗·威尔逊国际学者中心高级研究员谢莉·古德曼女士所指出的那样，今天，北极自然环境与气候变化（北极正在以两倍于全球平均水平的速度升温）对国际安全问题产生了深刻影响，主要的安全风险包括石油泄漏和工业污染风险，影响北极居民和自然环境；渔业资源的变化，可能影响粮食供应；改变海岸线，使某些地区无法居住，并造成第一波北极移民；北极空气变暖引起的大气条件变化，可能会加剧远在千里之外的自然灾害；等等①。因此，推动北极安全治理及其机制建构、体系变革迫在眉睫。

对于作为世界上最大的发展中国家和世界第二大经济体的中国而言，理应高度关注北极安全及其治理问题，以实际行动参与北极安全问题认识、北极安全治理机制建构与体系变革过程。事实上，我国是北极利益攸关国家，《联合国海洋法公约》《斯匹次卑尔根群岛条约》等相关国际法赋予了我国参与北极治理、维护北极稳定与开放的资格及权益。2015 年 7 月 1 日，第十二届全国人民代表大会常务委员会第十五次会议通过新的《中华人民共和国国家安全法》，该法第三十二条明确规定国家坚持和平探索和利用国际海底区域和极地，增强安全进出、科学考察、开发利用的能力，加强国际合作，维护我国在国际海底区域和极地的活动、资产和其他利益的安全。2018 年 1

① Sherri Goodman. Changing climates for Arctic security [J]. Wilson Quarterly, 2017, 41 (03): 1.

月 26 日，国务院新闻办公室发表的《中国的北极政策》白皮书强调，中国倡导构建人类命运共同体，是北极事务的积极参与者、建设者和贡献者。中国的北极政策目标是认识北极、保护北极、利用北极和参与治理北极，维护各国和国际社会在北极的共同利益，推动北极的可持续发展。为了实现上述政策目标，中国本着“尊重、合作、共赢、可持续”的基本原则参与北极事务。该白皮书还进一步细化了 2017 年中俄领导人会晤时提出的共建“冰上丝绸之路”倡议（“一带一路”倡议的延伸），为促进北极地区互联互通和经济社会可持续发展带来合作机遇。2021 年 2 月，中共中央、国务院印发的《国家综合立体交通网规划纲要》，要求将“跨北冰洋的冰上丝绸之路”作为未来构建和完善的 4 条海上国际运输通道之一；同年 3 月，《中华人民共和国国民经济和社会发展第十四个五年规划和 2035 年远景目标纲要》提出：“参与北极务实合作，建设‘冰上丝绸之路’。”中国作为以相关国际法为依据积极、合理、有序参与北极事务的负责任大国，理应务实参与北极安全治理，为推动实现北极安全、稳定与和平贡献智慧与力量。

## 二、研究意义

本书运用复杂性理论视角探讨北极安全治理及其中国参与问题，首先得益于复杂性本身及其在认识论与方法论意义上的巨大价值。当代复杂性研究主要包含客体-复杂性、认识-复杂性、方法-复杂性和作为不确定性的复杂性等四种较为基本的理论基点①，涉及涌现生成、复杂适应系统、遗传进化、自组织临界、人工生命、复杂网络等多种具体理论方法，总之我们确实已经进入了一个复杂性时代②。遑论复杂性理论对于自然科学的积极作用，

① 刘劲杨. 穿越复杂性丛林——复杂性研究的四种理论基点及其哲学反思 [J]. 中国人民大学学报，2004（05）：17-24.

② 这个时代也许可以这样描述：我们确实是进入了一个由存在到演化、由绝对到相对、由解决单一层次问题到面临跨层次问题挑战的时代，一个传统意义上的确定性终结的时代，一个由永恒向暂时性转型的时代，一个由一元性向多元性嬗变的时代，更是一个我们必须学会在演化中把握存在、在存在中应对演化的时代，一个在不确定性中理解确定性，在确定性中应对不确定性的时代，一个在暂时性中寻求永恒的时代，一个强调多元却又不是消解一切本质的时代。参看刘劲杨. 穿越复杂性丛林——复杂性研究的四种理论基点及其哲学反思 [J]. 中国人民大学学报，2004（05）：17-24.

对于社会科学而言，关于复杂性的观点是有用的——它有助于我们理解我们试图理解的事物，尽管复杂性是归纳式的，但它确实具有本体论和认识论的含义，这使其成为科学理解和探究的现实主义方法的一部分；此外，它以最基本的方式对后现代主义社会科学本质及其应用潜力提出了挑战。[①] 因而，可以从理论与实践两个层面简要论述本书的主要意义。

一方面，就其理论意义而言，为全面系统地研究北极安全及其治理问题提供了一个可行的且较为新颖的理论视角。北极安全主要涉及北极自身安全、北极地区与人类安全、北极向其他地区乃至全球范围辐射的安全影响等诸多方面，必须保证北极开发利用的非军事化和合理有序化，最大程度地体现北极对于整个人类社会的安全保障价值。在复杂性理论视角下，北极安全及其治理具有系统涌现的复杂性，应当不断推动北极安全治理系统的有效建构与合理演化，这是当前国内外有关北极安全及其治理研究的新思路与新结论。

另一方面，就其实践意义而言，为气候变化背景下北极安全及其治理问题应对以及中国如何有效参与这一应对过程提供了实践思路。在当前北极治理实践中，北极政治、军事、外交等传统安全威胁虽然并不显著，但在北极复杂安全与发展利益诉求、复杂主体介入态势演变的作用下具有催化爆发和扩大的可能性。气候、环境、经济、资源等非传统安全威胁则是相对显著的，北极气候与环境变化以及更加突出的人的安全影响因素，均有可能经由人类活动影响与北极自身响应机制构成的复杂体系而引发、放大、扩展成难以预料的安全问题。本书基于复杂性理论视角来分析北极安全治理问题的思路有助于应对这一问题。在北极安全治理问题逐渐成为复杂的全球性公共问题的背景下，中国参与北极安全治理面临机遇和挑战，可以在充分的身份依据与利益生成下选择多样化的参与路径，从而为国家制定和调整北极政策、增强社会公众北极认知、维护我国北极安全与发展利益等提供参考与建议。

① David Byrne. Complexity theory and the social sciences: an introduction [M]. New York: Routledge, 1998: 7.

# 第二节　基本概念界定

概念是理论研究命题的基本元素，清楚明确的概念内涵和外延有助于研究的充分聚焦与合理发散。本书开宗明义，首先从界定北极安全、北极安全治理、中国北极利益的内涵与外延出发，以形成统领和贯穿全文的基本概念。

## 一、北极安全

北极地区通常是指北纬 66 度 34 分（66°34′N）以北的区域，包括北冰洋、岛屿，以及欧洲、亚洲和北美洲的北方大陆，北冰洋沿岸还有美国、俄罗斯、加拿大、丹麦、挪威、芬兰、瑞典、冰岛等“环北极八国”。[①] 北极安全向来是一个在复杂语境中使用并且不断拓展的概念，指向谁的安全？维护什么样的安全？怎样实现免于遭受来自谁/什么的威胁的安全？这些问题构成了北极安全研究的基本出发点。谁的安全实际上明确了安全指涉对象，也决定了对安全目标及安全威胁的认知结果，安全的首要目标在于识别、防范、消解不同的安全威胁；同时安全威胁与安全目标也在一定程度上影响着安全指涉对象的范围变化乃至重构，驱使多样化与多层次的安全指涉对象识别、提升应对安全威胁能力。从这个角度而言，北极安全指涉对象与主要内容包括北极自身安全、北极地区安全、在北极活动的人类安全以及北极向全球辐射的安全影响等，具体如下。

第一，北极自身安全可以追溯到人类尚未大规模进入北极的时期，主要是指北极处于一种稳定状态而自然存在的安全，比如，北极冰川、气候、环境、物种等的基本安全，北极自身安全是北极得以自然存在、科学价值得以体现的客观基础，也是人类进行北极治理的根本条件。第二，北极地区安全

① 贾宇. 极地周边国家海洋划界图文辑要［M］. 北京：社会科学文献出版社，2015：1.

意指由于人类北极活动增加，可能导致的北极自然安全威胁与人为安全风险两类问题，前者与北极自身安全高度相关，后者集中体现为主权国家北极活动的不同利益诉求，以及主权国家在其他地区或领域的竞争、争端乃至冲突关系投射进北极，在缺乏有效协调管控的情况下可能加剧北极地区的不安全程度。第三，在北极活动的人类安全，包括自由进出北极的所有人员与组织安全、用于北极科研与生活等保障性活动的技术装备安全、北极气候与环境变化等所影响地区的人类安全等。第四，北极向全球辐射的安全影响，突出表现为上述第一、第二、第三种安全对不同国家、地区、种族等的生存与发展的关联性或扩散性安全威胁。比如近年来北极冰川加快消融，既可能给北极本身造成不可预知的安全影响，又可能因为冰川融化人类更容易进出北极而刺激人类深入开发利用北极资源的野心，加剧北极地区安全冲突风险，还有可能因造成全球海平面上升而使全球低海拔地区遭遇海水倒灌、淹没的安全问题。

因此，北极安全具有威胁状况的多源性与多样性、安全因素的层次性与交织性、安全影响的区域性与全球性等特征，这使北极安全问题具有高度的不可逆转性。在北极资源、环境安全风险长期存在的情形下，北极可能出现行为体短暂摩擦冲突和长期制度惯例失效两种不安全状况。前一种状况并不排除北极利益相关者由于巨大利益问题而引发局部冲突的可能，这可能加剧北极自身安全与地区安全遭受威胁的程度；后一种状况意指由于制度变迁滞后而无法有效处理新的安全问题，这就需要推动北极安全治理体系与机制的调整变革。一旦这两种状况同时出现并引发北极安全问题，就很难再回到之前的北极安全局面，将会引起全球更大范围的不安全感以及随之而来的多样化安全应对行动。北极安全已经超越北纬 66 度 34 分的分界线，成为摆在人类社会面前、影响全球安全治理格局的一项亟待处理的重要议题。

## 二、北极安全治理

正如前文所述，具有多重安全属性的北极已经产生了特有的公共领域，在安全层面形成了影响因素和范围相互交织的现状，逐渐超越主权国家意义上的国家安全范畴，具有全球共同安全属性，因而需要运用治理理念和视角进行审视。

首先，北极安全已经不单是北冰洋沿岸国家的安全，而是包括涉及众多主权国家行动在内的国际社会安全、北极本身的安全及北极区域的整体安全，形成了共同安全领域。由于历史和现实原因，北极地区存在域内外国家行动层面和自然环境层面的风险因子，并且在短期内难以消除。其次，当前北极安全治理理念欠缺，很多安全问题夹杂在其他北极治理议题中，暂未引起国际社会的高度重视。而且少有的安全治理行动具有较强的自利倾向，相关国家往往只重视对自身有利的方面，国际责任、义务和收益不对等，存在较大的安全治理空间。这些问题可能导致的安全困境需要参与北极治理的众多国家和非国家行为体共同应对，采取合作、协商、谈判等多种方式开展制度化或非制度化的长期治理。最后，北极已有的或潜在的安全问题相互交织，其影响范围已经超越了北极区域的分界线，具有泛区域化和全球化的特征[①]。

综上所述，北极安全治理是指包括北极国家与原住民组织、实质性参与北极事务国家、参与北极治理的地区性与国际性组织以及其他相关国家等多元主体，对北极自身安全、北极地区安全、在北极活动的人类安全以及北极向全球辐射的安全影响等问题进行处理和应对的理念、方式、行动等的总和。北极安全治理应当在尊重北极国家合理权益和发挥北极理事会重要作用的基础上，不断深化对北极安全问题的认知并推动北极安全治理机制的持续优化。

在北极安全及其治理的背景下，中国应当持续深入参与北极国际治理，倡议打造北极治理人类命运共同体，在北极治理中发挥负责任的大国角色作用。具体而言，就是要以《中国的北极政策》白皮书为指导，将认识北极、保护北极、利用北极和参与治理北极，维护各国和国际社会在北极的共同利益，推动北极的可持续发展作为重要的政策目标，不断本着“尊重、合作、

① 云宇龙. 共同安全：北极安全治理的新视角与新议题［J］. 亚太安全与海洋研究，2017（06）：110-120+126.

共赢、可持续”的基本原则参与北极事务。其中尊重、合作、共赢、可持续分别是中国参与的重要基础、有效途径、价值追求与根本目标。中国参与北极事务坚持科研先导，强调保护环境、主张合理利用、倡导依法治理和国际合作，并致力于维护和平、安全、稳定的北极秩序。

## 三、中国北极利益

国家利益是主权国家在内政外交政策制定与实施过程中需要维护与实现的根本利益。一方面，国家利益具有不以人的意志为转移的客观属性，不管基于何种理念与视角进行解读，均是客观存在的并影响着国家生存与发展过程；另一方面，国家利益最终又要落实到具体层面和领域，这就需要主权国家根据本国所处的国际与国内环境、所希望实现的国家目标、所掌握的国家能力与资源等予以认识和把握，获得与纯粹客观性国家利益密切相关的、基于主观认知和经由努力可能实现的国家利益诉求满足。从这个角度而言，中国北极利益是随着中国与北极的关联日益密切、中国参与北极事务的阶段演进、中国推动构建人类命运共同体而不断产生的。既可以从总体上划分为中国参与北极事务的发展与安全利益，又可以细化为经济、能源、生态、科技、外交等多方面的利益。

在中国北极利益客观存在的情况下，我们可以从不同角度识别和维护这一具有未来战略导向价值的利益。比如，追溯中国参与北极治理的渊源，基于中国的北极治理参与者身份，阐明中国维护北极利益的立场；立足当前北极治理格局，以促进全人类利益、倡导维护北极永久和平稳定与安全的立场，赢得其他国家对中国北极利益的接受和认可；根据国家发展和国家安全需要，以深化国际交流、加强国家间北极事务合作的行动，维护和实现中国在北极的国家利益等。正如相关研究基于模糊综合评价法对 50 个主权国家的北极利益攸关度进行分析所得出的结论：中国的北极利益攸关度等级为“重要”，与俄罗斯、美国等环北极国家处于同一个攸关度等级。[①] 在中国参

① 李振福等. 采用模糊综合评价法的北极利益攸关度分析［J］. 集美大学学报（自然科学版），2021，26（01）：44-49.

与北极多个议题与领域的治理过程中，更加有效地认识和维护中国北极利益，具有重要的战略意义。

## 第三节　研究回顾与述评

### 一、北极安全及其治理研究

#### （一）北极安全及其治理的国外研究

北极安全是北极治理的重要内容，尤其是随着近年来北极航道通航、资源开发、科学考察等活动不断增加，使北极地区成为气候、环境、能源、航道、科考等安全议题的交汇点，北极安全早已经超过北纬 66 度 34 分的分界线，在全球一体化的背景下表现得更为多样和复杂。国外学界特别是北冰洋沿岸国家和实质性参与北极事务国家的学者们日益关注北极安全及其治理问题，其研究成果主要集中在以下几个方面。

1. 对北极安全影响因素的研究

尼克·布兰切特将北极安全的实质界定为：随着北极冰盖继续以惊人的速度融化，北极圈已经渗透进了新的地缘政治考虑因素，在很大程度上由于冰川消失，北极地区正在经历新的航运通道和资源获取途径变革，这使该地区各国之间造成紧张局势的可能性显著增长，极大地影响了这一全球重点地区的安全①。可见，当前北极安全问题极其复杂，具有多种影响因素。美国海军少将大卫·W. 蒂特利等人将气候与环境变化背景下北极安全考虑因素分为自然资源、运输通道与通航挑战、边界争端与安全关切等方面②。夏普

① Nick Blanchette. Arctic （in） security：The United States and polar politics in the age of climate change [J]. JUIS：Journal of Undergraduate International Studies. Spring，2015（18）：18-31.

② David W. Titley, John Radmst et al. Arctic security considerations and the U. S. Navy's roadmap for the Arctic [J]. Naval War College Review，2010，63（02）：38-40.

则研究了冰层融化对北极安全的具体影响，分别分析了俄罗斯、加拿大、美国、挪威、丹麦、欧盟、中国等面临的北极安全问题，这些国家面临的普遍安全议题是航道运输安全、经济安全、环境安全等，只有进一步发挥北极理事会[①]的作用，才能更好地管理北极地区的安全问题，从而保证持续的合作和各方的友好立场，实现北极安全获益共享[②]。加拿大圣杰罗姆大学的P.惠特尼·拉肯鲍尔博士等人的研究则说明了人的安全认识是如何影响北极安全的。他们通过收集整理包括来自报纸、会议记录、媒体报道、组织报告、政治演讲、智库论文、学术出版物等在内的分散在不同国家、原住民组织、研究机构的大量文献，以报告的形式向我们提供了北极地区人们关于安全和主权的声明和观点[③]。这有助于我们全面了解生活在北极地区的人们对北极安全的直观感受和真切看法，为相关研究者和决策者提供有关北极安全和发展研究的直接参考。在全球气候变暖、北极海冰消融、人类大规模自由进出北极的背景下，如何把握影响北极安全的自然因素、政治因素、经济因素、文化因素、人的因素等纷繁复杂的实际情况，应当成为北极安全治理研究的起点。

2. 对北极安全治理议题的研究

这可以从传统安全和非传统安全两个层面归纳。在传统的军事与地区安全层面，美国海军战争学院詹姆斯·克拉斯卡博士主编的《气候变化时代的北极安全》（Arctic Security in an Age of Climate Change）是一本从北极八国的角度审视北极防御政策和军事安全的著作，书中发出了这样的疑问：北极

① 北极理事会成立的前奏是1989年9月在芬兰政府的倡议下，北极八国在芬兰罗瓦涅米举行会议，讨论保护北极环境的合作措施；随后于1990年4月、1991年1月、1991年6月分别在加拿大耶洛奈夫、瑞典基律纳、芬兰罗瓦涅米举行会议，并通过和签署了《北极环境保护战略》。1996年9月，随着《渥太华宣言》的签订，北极理事会正式成立，该理事会作为一个高级别政府间论坛，为北极国家之间的合作、协调和互动提供了手段，北极土著社区和其他北极居民可以据此参与北极常见问题，特别是北极可持续发展和环境保护问题（参看 Arctic Council. History of the Arctic Council［EB/OL］.（2016-11-04）.［2023-12-01］. http：//www. arctic-council. org/index. php/en/about-us/arctic-council）。

② Lt Col Sharp. The implications of ice melt on Arctic security［J］. Defence Studies，June 2011，11（02）：297-322.

③ P. Whitney Lackenbauer，Ryan Shackleton. Arctic peoples and security：A compendium of resources［R］. Walter & Duncan Gordon Foundation，July 2013.

现在相当和平，但现在是否是时候重新审视禁止特定武器的军备控制，同时着眼于限制冲突的发展？北极八国或北极八国的区域性组织是否应该自由地解决军事技术新发展的区域影响，例如，导弹防御和空间武器化？就像加拿大帕格沃什集团所提出的那样，他们可能会考虑把北极变成一个无核武器区吗？或者讨论应该以更好的成功前景开始，例如，将北冰洋专属经济区的海冰和表层水非军事化？或者，与军备控制不同，特定于北极的信任建设是否可以提供最佳出发点，再次由北极八国的区域性组织或北极八国根据问题要求提供最佳出发点①？事实上，这些问题至今都是悬而未决的。

在非传统安全层面，学者们聚焦北极环境安全、人的安全等具体议题。在北极环境安全研究上，威利·厄斯特伦较早以北极北方海航线为例，研究了北极国家安全与国际环境合作的问题，特别指出环境安全的概念缺乏影响主要参与者自身利益的作用，在对特定环境问题提供特殊保护性的措施时并不充分。因此，各级北极政治行动者之间真正的看法是关于“环境保护”和“可持续发展”作为组织话语时能否具有相对的优势，无论是作为合作努力的对象还是与环境保护有关的“国家安全”完全被排除在政治讨论之外。在北极地区，环境安全的概念更像是人们在区域化、跨国化、文明化、动员化等方面进一步开展国际合作的阻碍因素而非催化剂②。奥拉夫·施拉姆·斯托克教授则持相左的观点。他着重研究了北极环境安全问题，认为尽管环境迅速变化和经济活动增加，北极的环境安全仍然令人满意。北极国家的海上边界问题相对较少，可以以合作的方式管理余下的海洋边界问题，在强调法治和国际合作需要的政策文件中阐明各自的北极诉求。此外，已经存在一个具有法律约束力的全球性法律框架，能够管理该区域未来几年可能扩大的经济活动，并灵活应对更多的经济活动带来的新挑战③。在北极的人的

① Franklyn Griffiths. Arctic security: The indirect approach [M] //James Kraska. Arctic security in an age of climate change. New York: Cambridge University Press, 2011: 5-6.

② Willy Østreng. National security and international environmental cooperation in the Arctic : the case of the northern sea route [M]. Dutch: Kluwer Academic Publishers, 1999: 246.

③ Olav Schram Stokke. Environmental security in the Arctic: the case for multilevel governance [J]. International Journal, Autumn 2011, 66 (4): 835-848.

安全研究上，海瑟·埃克斯纳皮洛探讨了北极的人类安全并将其作为北极区域合作的基础，地理位置和时间安排使北极地区成为20世纪90年代以来围绕人类安全问题而发展起来的区域安全综合体的候选区域①。冈希尔德·霍根森与道恩·R. 巴塞利等人编著的《北极环境与人类安全》一书首次对人类安全与北极具有相关性的原因及其现实意义进行了研究。北极地区正以前所未有的速度发生变化，给人类福祉和安全，特别是在环境健康、居民身份、传统食品供应、社区卫生、经济机会和政治稳定等诸多方面带来巨大压力。在21世纪初，北极地区既有传统安全方面的问题，也有综合安全方面的因素。在当前安全政治形势下，传统安全主要表现为国家主权和军事保障的国家安全。此外，还有经济福利、地区繁荣和竞争力、自然资源获取、能源安全等多方面的国家利益。相应地，在人们、区域及地方行动者所强调的综合安全方面，环境退化、气候变化影响、区域发展和可持续性、人类健康和福祉以及权力下放和治理创新等因素也将长期存在②。比如，亚历山德拉·凯瑟薇等人基于大范围的抽样对北极地区的国内水安全问题进行研究，发现生活在北极国家的5000多万人仍然无法获得安全管理的饮用水服务，大量土著居民居住的偏远北部社区受到了不成比例的影响③。

除此之外，芬兰拉普兰大学的凯穆鲁·侯赛因、德莱·拉希姆等人集中研究了北极巴伦支地区的食品安全治理问题，气候变化的影响、新形式的人类活动和食品生产部门的全球化已经不断影响巴伦支地区的食品安全，需要不断发挥与促进该地区食品安全相关的现有机构的作用④。该大学的莱西·海涅南从国家政策、经济安全和气候的角度探讨了全球化时代北极的未来安全问题，北极高度稳定可以看作国际政治风暴的资产，在气候变化和全球对

① Heather Exner-Pirot. Human security in the Arctic: The foundation of regional cooperation [R]. Munk school of global affairs, Working papers on Arctic security. July, 2012: 8.

② Gunhild Hoogensen Gjørv, et al. Environmental and human security in the Arctic [M]. New York: Routledge, 2014: 53.

③ Alexandra Cassivi, et al. Domestic water security in the Arctic: A scoping review [J]. International Journal of Hygiene and Environmental Health, 2023, 247 (114060): 1-12.

④ Kamrul Hossain, Dele Raheem, Shaun Cormier. Food security governance in the Arctic Barents region [M]. Switzerland: Springer International Publishing, 2018: 4.

北极的兴趣日益增长的背景下，军事合作与加强北极安全治理同时存在，北极是否会成为人类新世纪的实验室呢①？答案还不得而知。俄罗斯西伯利亚联邦大学的科夫祖诺娃等人构建了关于俄罗斯联邦北极地区粮食安全的评估指标，包括物理可用性、粮食负担能力、食物消费的充足性、食品安全、交通可达性等，分析了该地区粮食安全的威胁，需要考虑北极地区的实际情况，加强利益攸关方（政府、企业、社会）等的行动协调②。莫斯科国立国际关系学院米哈伊尔·利森科等人探讨了北极地区的核安全与保障问题，北极在可预见的未来仍将是一个核化地区，包括潜在核事故的挑战、乏核燃料和放射性废物的处理、放射性污染物的清理以及对核安全的关切等③。食品安全、经济安全、气候安全、粮食安全乃至核安全等亟待纳入北极安全治理议题，减少北极地区的非传统安全风险。

3. 对北极安全治理挑战与困境的研究

在地区与国家层面，斯蒂芬·布兰克等分析了北极和亚洲的新安全挑战，在北极和东北亚问题、东南亚问题的相互作用过程中，中俄关系和南海的斗争关系都将影响亚洲的安全走向，而在各国寻求北极利益的背景下，从韩国到印度等诸多国家都建立了自己的舰队，这种舰队建设是和各国所需求的能源安全地通过国际或其他国家水域的战略目标是相一致的④。林肯·E. 弗莱克从俄罗斯安全意图历史背景的角度对北极地区的冲突进行了预测，俄罗斯作为唯一一个非北约的北冰洋沿岸国家，在北极地区存在很多纠纷，使其成为未来北极安全环境中的严重隐患⑤。在跨区域与国际层面，挪威国防

① Lassi Heininen. Future security of the global Arctic：state policy，economic security and climate［M］. London：Palgrave Pivot，2016：Contents Ⅴ－Ⅵ.

② Kovzunova E S，et al. The diagnostic model for food security assessment of the Russian Arctic［J］. π-Economy，2022，15（96）：96－109.

③ Mikhail N. Lysenko，Alexander N. Vylegzhanin，Oran R. Young. Nuclear safety and security in the Arctic：crafting an effective regional governance system［J］. Arctic Review on Law and Politics，2022（13）：191－212.

④ Stephen Blank，Younkyoo Kim. The Arctic and new security challenges in Asia［J］. Pacific Focus，2013，28（03）：319－342.

⑤ Lincoln E. Flake. Forecasting conflict in the Arctic：The historical context of Russia' s security intentions［J］. Journal of Slavic Military Studies，2015（28）：72－98.

研究机构的克里斯蒂安·阿特兰从洲际间关系视角分析了北极可能出现的安全困境，北冰洋沿岸五国——俄罗斯、加拿大、美国、丹麦、挪威近年来都采取了各种措施维护它们各自在北极的经济和安全利益，这些措施不仅包括已经采用的北极战略，也包括开发新的军事能力①。弗洛里安·雷潘等人的研究则显示，由于领土争端，北极局势趋于复杂化，北极地区的活动和军事存在不断增加，产生了越来越复杂的竞争和对抗，但这种状态并不一定意味着冲突马上发生②。北极越来越多地被称为一个“地区”，各国的安全关切和利益在其中相互关联和重叠③。北极国家的军事存在可能与在该地区获得国家利益和进行经济活动的意愿相结合，但各国的行为也可能引起邻国之间的不安全感，北极地区可能会面临安全困境，外部威胁的程度将进一步增加④。

在更加具体的层面，新加坡国立大学能源研究所的胡曼·佩马尼教授认为北极地区海冰融化无疑是对地球环境健康的主要威胁，严重到足以对所有生命形式的生存构成重大挑战。人们希望，由于北极冰层大规模或完全融化造成灾难性自然事件的巨大可能性，能够说服所有国家采取切实措施扭转全球变暖，然而由于消失的极地冰川对人类相对短期的经济收益的影响甚小，使其无法证明这种破坏性后果⑤。北极的环境、经济和政治变化迅速，利益相关者之间的利益冲突意味着缺乏可持续的政治和军事合作⑥。这种由于人类重视眼前与局部利益、忽视长远与整体利益而导致的行为，将是加剧北极

① Kristian Atland. Interstate relations in the Arctic: an emerging security dilemma? [J]. Comparative Strategy, 2014, 33 (02): 145-166.

② Florian Răpan, et al. Security perspectives in the Arctic region: from competition to cooperation or confrontation? [J]. International conference knowledge-based origanization, 2020, 26 (01): 123-129.

③ Andreas Østhagen. The Arctic security region: misconceptions and contradictions [J]. Polar Geography, 2021, 44 (02): 1-20.

④ Marzia Scopelliti, Elena Conde Pérez. Defining security in a changing Arctic: Helping to prevent an Arctic security dilemma [J]. Polar Record, 2016, 52 (06): 672-679.

⑤ Hooman Peimani. Energy security and geopolitics in the arctic: challenges and opportunities in the 21st century [M]. Singapore: World Scientific Publishing, cop. 2013: 259-260.

⑥ Michael Goodsite, Niklas Swanstrom. Towards a sustainable Arctic: international security, climate change and green shipping [M]. Singapore: World Scientific Publishing Company, 2023: abstract.

不安全状态的关键原因，也是应对北极安全治理挑战与困境的重要方面。总之，北极安全是一个全球性挑战，而不仅仅是一个区域性挑战；不仅是对北极国家，而且是对整个国际社会的挑战①。

4. 对北极安全治理路径的研究

北极安全治理路径因为北极安全及其治理系统的复杂性而具有多样化特征。对于实现北极安全而言，其主要基础在于：只有相互尊重每个国家的北极主权，才能实现对北极安全的协作治理。因为当安全利益对主权形成挑战时，这种关系可能会加剧严重紧张的状态，从而危及合作精神②。具体的路径研究可以归纳为人的安全路径、制度路径与法律路径等。

在实现北极安全治理的人的安全路径方面，芬兰拉普兰大学北极中心北方环境与少数民族法研究所的凯穆鲁·侯赛因与杰拉尔德·佐耶等人从安全概念扩大化的理论与实践背景出发，认为当前北极地区主要挑战是北极民众持续面临环境、经济和社会变化导致的多种非传统和非军事威胁，这可以被理解为对人类安全的威胁。人类安全框架作为一种合适的分析工具，能够用于研究威胁北极人口的具体挑战，完善北极社会福祉，进而利用人类安全的概念促进北极环境中的社会安全，特别是其子区域例如巴伦支地区的安全③。珍妮弗·维莱恩·卢科维奇等人进行了更加具体的思考，主张在气候变化背景下可以试图通过科学技术解决北极地区人类安全问题。他们的研究显示，在科学技术、环境和教育的作用下，探索以“人的优势”为基础的加拿大科技战略，具有满足北极人类安全需求公共利益的可能性④。

在实现北极安全治理的制度路径方面，西班牙马德里康普顿斯大学的马

① Marsili Marco. Arctic security: a global challenge [J]. Jadavpur Journal of International Relations, 2022, 26 (02): 139-158.

② Barry Scott Zellen. Arctic boom: The geopolitics of climate change in the Arctic [M]. California: Praeger Publishers, ABC-CLIO Publishing, 2009: 109.

③ Kamrul Hossain, et al. Constructing Arctic security: an inter-disciplinary approach to understanding security in the Barents region [J]. Polar Record, 2016, 53 (01): 52-66.

④ Jennifer Verlaine Lukovich, Gordon A. McBean. Addressing human security in the Arctic in the context of climate change through science and technology [J]. Mitigation and Adaptation Strategies for Global Change, 2009, 14 (08): 697-710.

尔齐亚·斯科佩利蒂和埃琳娜·康德·雷兹对变化中的北极安全进行了定义，以帮助避免北极安全困境，提出北极国际化应该被当作一个促进相关制度现代化的机会，通过在困难性政策上的开放对话来支持建立一个稳定和全面的北极地区安全环境，以促进北极地区在未来的继续繁荣①。道恩·亚历山大·巴瑞等人指出，包括美国阿拉斯加、加拿大北部等在内的北美北极地区，应该通过具体的制度来解决安全、环保、自治权、经济发展等当代问题，确保这一地区的长期安全②。

在实现北极安全治理的法律路径方面，英国剑桥大学斯科特极地研究所的保罗·亚瑟·伯克曼和俄罗斯科学院的亚历山大·N. 维勒格詹宁在合著的《北冰洋环境安全》(Environmental Security in the Arctic Ocean) 一书中认为，随着以利用与北冰洋海冰减少相关的广泛能源、航运、运输和旅游的机会不断出现，全球与北极相关地区的利益诉求都在增强。这带来了政治、经济和文化不稳定的固有风险，建立在北极理事会可持续发展和环境保护的“共同北极问题”之上的环境安全紧迫性，为评估国际法中的机遇、所面临的风险以及基础设施情况等提供了一个总体背景。在这个过程中，需要特别注意的是海洋法应该作为“促进和平利用”北冰洋的“广泛的国际法律框架”③。奥地利 IMC 应用科技大学阿尼斯·H. 巴杰里克塔雷维奇的研究则进一步说明了通过法律实现北极安全治理的重要性。他们在比较南极和北极安全结构差异的基础上得出结论：相比南极处于《南极条约》的治理保障之下，有关北极特殊法律框架的设立仍在讨论之中。由于全球变暖，北极巨大的多年生冰盖正在融化——这是一个明显的环境威胁，但也带来了寻求新的航运路线和开发近在眼前的大型矿藏资源等的经济机会。如果北极地区缺乏明确的法律环境，北极国家与相关国家对地缘经济和政治利益的日益关注，

---

① Marzia Scopelliti, Elena Conde Pérez. Defining security in a changing Arctic: helping to prevent an Arctic security dilemma [J]. Polar Record, 2016, 52 (267): 672-679.

② Dawn Alexandrea Berry, Nigel Bowles, Halbert Jones et al. Governing the North American Arctic: Sovereignty, Security, and Institutions [M]. New York, NY: Palgrave Macmillan, 2016: 1-11.

③ Paul Arthur Berkman, Alexander N. Vylegzhanin. Environmental security in the Arctic ocean [M]. Berlin: Springer Netherlands, 2013: 371.

可能引发边界紧张局势、国内动乱、公开武装冲突并危及全球安全，这就容易造成新的安全问题①。尽管北极安全治理具有多种路径，但正如相关研究指出的那样，北极是一个正在经历快速变化、日益发展和探索兴趣的地区，拟议的解决办法有可能对自然和人类系统产生新的风险②。这启示并要求我们探索更多具有包容性的治理路径，满足人类的北极安全关切。

5. 对相关国家影响北极安全治理的行为与政策研究

美国学者安德鲁·霍兰德长期关注美国的北极政策与行动，他认为美国在北极地区存在至关重要的安全挑战，包括能源勘探、领海争端和海洋法适用、应急基础设施建设、美国的军事存在以及美国在北极理事会中的角色管理等内容，美国必须要在即将到来的这几年里发挥自身作用③；而美国由于对北极缺乏关注，没有投入所需要的资源来应对日益开放的北极带来的挑战，将损害包括美国安全在内的国家利益。针对俄罗斯和其他非北极国家（特别是中国）正在积极寻求的北极冰层融化背景下新的地缘政治优势，美国是时候采取具体措施以防止出现失败的局面④。对于加拿大而言，气候变化正在改变北极，这意味着加拿大要关注本国武装力量、主权立场、北部人民以及北极地区的稳定与安全等问题，历史经验和教训说明，加拿大必须要在 21 世纪维护本国在北极的国家利益⑤。

斯德哥尔摩国际和平研究所（SIPRI）研究员叶卡捷琳娜·克里米科梳理和分析了俄罗斯的北极安全政策，从俄罗斯北极战略目标出发，剖析了包括北极威胁评估、军事能力增长与民用应急能力提升等在内的俄罗斯安全政

① Anis H. Bajrektarevic. Arctic and Antarctic：Two poles—different scores：similarities and differences in security structures surrounding the two polar caps［J］. Geopolitics，History，and International Relations. 2010，2（2）：165-232.

② Bennett Alec P.，Bouffard Troy J.，Bhatt Uma S. Arctic sea ice decline and geoengineering solutions：Cascading security and ethical considerations［J］. Challenges，2022，13（1）：22.

③ Andrew Holland，Nick Cunningham，Xander Vagg. Critical security challenges in the Arctic［J］. American Security Project，2013（9）：1-8.

④ Andrew Holland. National security in a rapidly changing Arctic［J］. Georgetown Journal of International Affairs，Winter/Spring，2014：79-86.

⑤ Lackenbauer，P. Whitney，Ferris，John. Canadian Arctic sovereignty and security：Historical perspectives［R］. Calgary，CA：Centre for Military and Strategic Studies，2011.

策内容。俄罗斯长期以来特别注重加强北极主权及其控制、开发自然资源（能源、航线等）的权利；但是受到乌克兰危机事件影响，欧洲北极国家普遍对俄罗斯延伸到北极的军事威胁感到担忧，并有可能形成螺旋状的不安全局面①。帕维尔·A·阿尼西莫夫则探讨了俄罗斯在北极地区的国家安全面临的主要挑战，美国等受到地缘政治利益影响的北约国家，不仅在加强反俄言论，还在增加军事存在；反过来，这被俄罗斯方面视为战略威胁，并导致采取包括部署军事基础设施和增加军事演习次数等措施，尽管如此，俄罗斯始终表现出愿意与西方伙伴进行公开对话与合作的态度②。

作为东亚国家的日本，该国学者也关注着日本在北极的国家安全利益。太田浩基于日本的综合安全观探讨日本在北极的安全利益，从北极地缘政治的角度分析日本的北极资源、国民、环境与气候安全利益，特别是在新能源危机下日本必须高度关注自身在北极的能源安全利益③。日本北海道大学的尤哈·桑纳瓦拉等则论证了北海道从一个国内殖民地和日本帝国扩张并最终崩溃的北部边疆，到一个在国际论坛上提出倡议并获得中央政府承认的日本通往北方和北极的门户的行动路径④，高度关注日本与北极的关系以及日本在北极的利益。可以这样说，在北极治理日益全球化的背景下，将会有越来越多的国家关注北极安全及其治理问题并采取实际行动，以更好地维护和实现本国北极安全与发展利益。

### （二）北极安全及其治理的国内研究

国内学界对北极安全及其治理的研究相对分散，主要包含在中国为什么要参与、如何参与北极事务的研究中。换言之，也就是更多地从中国视角出

---

① Ekaterina Klimenko. Russia's Arctic security policy—Still quiet in the High North?［R］. SIPRI Policy Paper No. 45. Stockholm, February 2016.

② Pavel A. Anisimov. National security challenges of the Russian Federation in the Arctic region［J］. "Political Science. History. International Relations" Series, 2020 (04): 74-83.

③ Hiroshi Ohta. The Arctic and Japan: energy security and climate security［M］. World Scientific Publishing Co. Pte. Ltd., 2013.

④ Babin Julie, Juha Saunavaara. Hokkaido: from the "road to the northern sea" to "Japan's gateway to the Arctic"［J］. Asian Geographer, 2023, 40 (01): 1-18.

发探讨北极安全及其治理问题。从已有文献来看，相关研究成果主要涉及以下方面。

1. 关于北极安全治理基本内容与具体领域的研究

在全球治理背景下，北极独特的地缘政治现状，使其面临一定的安全隐患，并对所有北极“利益攸关者”造成安全影响，因此，从国家安全理论的发展来看，北极问题归根结底是国家安全问题，北极治理实质上是北极安全的治理，这也是维护国际安全和全人类安全的需要①。在利益象限不明、大国竞争加剧以及合作机制难以建立的情况下，北极安全的对峙趋势大于合作趋势，且局部地区还存在爆发冲突的可能②。总体上的北极安全需要从不同视角进行研究，把握北极安全的基本态势，防止片面排斥北极安全议题与将北极过度安全化的倾向。张新平、胡楠利用安全复合体理论的研究显示，未来北极安全复合体包括两个实力强大且相互对抗的“极”，即美欧与俄罗斯；随着未来北极安全复合体的成型，它有可能继续保持冲突态势也有可能向安全机制演变；北极地区安全问题在不久的将来将由地区层次问题上升为全球层次的问题③。云宇龙基于共同安全视角探讨了北极安全治理问题。北极已经形成了特有的公共领域，在安全层面上形成了影响因素和范围相互交织的现状，逐渐超越了主权国家意义上的国家安全范畴，具有全球共同安全属性。北极安全治理应该突破地理界限，从区域的、全球的共同安全需求属性出发，不断降低北极共同安全风险，确保北极长期稳定与开放④。姜胤安则从不同的时间角度提出如何解决北极安全议题：短期来看，北极各利益攸关方加强沟通协作是当务之急；中期来看，消除地缘政治及其带来的政治偏见，改善各方彼此认知有助于缓解对立态势；长期来看，必需构建有效的、

① 高岚君. 北极地区的安全治理问题：内涵、困境与应对［J］. 求索，2015（11）：14-17.

② 郭培清，厉召卿. 对峙与合作：北极安全态势分析［J］. 中国海洋大学学报（社会科学版），2021（04）：70-80.

③ 张新平，胡楠. 安全复合体理论视阈下的北极安全分析［J］. 世界经济与政治，2013（09）：125-144+160.

④ 云宇龙. 共同安全：北极安全治理的新视角与新议题［J］. 亚太安全与海洋研究，2017（06）：110-120+126.

长期的北极安全治理体系，以从机制上实现地区和平与稳定[①]。北极安全合作面临着传统安全理念阻碍深度安全合作、多重利益博弈增加北极安全治理机制构建的困难、北极治理体系的碎片化不利于北极安全协作的增强等现实困境，亟须塑造共同安全愿景，凝聚北极安全共识，深化多元和多边合作，推动构建“北极命运共同体”[②]。

北极安全问题更多地体现在具体的安全领域，国内学者着重研究了北极的航道安全、能源安全等。其中关于航道安全的研究成果是最多的，既有对航道安全的定义性研究，如李振福、刘同超定义了“北极航线地缘安全”，即与北极航线有地缘关系的世界各国在争取北极航线权益过程中涉及和带来的安全问题，其中政治军事安全是重点[③]。又有对航道安全的综述性研究，如杨振姣、张立学认为当前国内关于北极航道安全研究主要集中在北极的自然环境、北极航道的通航限制、助航技术支持及基础设施建设、人员与船舶操纵等方面研究，还缺少对航道争端如何解决等重点问题的研究，翻译和介绍国外的研究较多，缺乏前瞻性和预见性研究，并且研究深度不够、不成系统等[④]。还有对北极航道安全的评价性研究，如李振福构建了基于多级模糊综合评价方法的北极航线地缘政治安全指数评价模型，研究显示，北极航线地缘政治安全处于从相对安全向不安全的过渡期[⑤]。李振福、孙悦等还以船舶跟驰间距为基础，建立了适于北极航线的跟驰模型，形成了北极航线内船舶航行的跟驰距离及跟驰速度的计算方法和计算公式[⑥]。肖洋分析了北极航运治理面临的船舶操作安全、船员标准与劳工保护、船舶废弃

① 姜胤安. 北极安全形势透析：动因、趋向与中国应对 [J]. 边界与海洋研究，2020，5 (06)：101-114.

② 吴昊. 北极安全合作的现实困境与路径选择 [J]. 中国海洋大学学报（社会科学版），2022 (03)：78-90.

③ 李振福，刘同超. 北极航线地缘安全格局演变研究 [J]. 国际安全研究，2015，33 (06)：81-105+154-155.

④ 杨振姣，张立学. 北极航道安全研究文献综述 [J]. 海洋信息，2016 (01)：56-62.

⑤ 李振福. 北极航线地缘政治安全指数研究 [J]. 计算机工程与应用，2011，47 (35)：237-241.

⑥ 李振福，孙悦，韦博文. “冰上丝绸之路”——北极航线船舶航行安全的跟驰模型 [J]. 大连海事大学学报，2018，44 (03)：22-27.

物污染等多方面的风险等[①]。谢晓光、杜晓杰从国际层面、国家层面和次国家层面来对北极航运安全治理的现有机制进行分析，探讨了多层法律治理存在“碎片化”和适用性不足的问题、多元主体之间存在利益分歧以及航运发展利益与环境保护诉求相冲突等困境，提出北极航运安全的多层治理机制[②]。

能源安全的研究成果也比较突出，从已有研究看：研究角度方面，相对集中于国际政治和经济学研究层面，缺乏非传统安全视角下对环境安全和技术层面的微观研究；研究内容方面，多集中于理论探讨和战略政策建议等宏观方面，缺少对局部地区以及实践层面的分析；研究方法方面，注重定性研究缺乏定量研究，研究方法单一[③]。其他有关北极环境安全、科考安全、核安全、人的安全等成果并不多见，其代表性成果包括：丁煌、马皓研究了北极环境安全及其国际合作问题，合作关系不对称、合作规制不完备、合作观念不认同是目前国际社会应对北极环境安全合作治理的主要困境[④]。范厚明、李筱璇等人构建了北极环境治理演化博弈模型，对响应复杂网络中国家间的合作行为进行研究，认为在北极环境治理响应复杂网络中，长远效益和回报强度直接影响国家的收益函数，从而影响国家对北极环境治理的行为选择[⑤]，这为我们深入认识北极环境安全及其治理问题提供了新的视角。马艳玲则呼吁重视北极旅游安全面临的新挑战，关注北极旅游基础设施和游客安全[⑥]。唐尧探讨了核安全观视角下的北极核污染治理问题，应把现有规则和制度的完善和参与北极博弈各国实力、政治立场和外交手段统一于北极

① 肖洋.“冰上丝绸之路”视域下中国参与北极航运安全治理的考量因素［J］. 和平与发展，2019（03）：102-113+135-136.

② 谢晓光，杜晓杰. 北极航运安全治理：多层治理、治理困境与路径选择［J］. 中国海洋大学学报（社会科学版），2022（03）：68-77.

③ 杨振姣，孙雪敏，辛美君. 北极能源安全问题研究综述［J］. 中国海洋大学学报（社会科学版），2015（05）：25-33.

④ 丁煌，马皓.“一带一路”背景下北极环境安全的国际合作研究［J］. 理论与改革，2017（05）：83-93.

⑤ 范厚明等. 北极环境治理响应复杂网络演化博弈仿真研究［J］. 管理评论，2017，29（02）：26-34.

⑥ 马艳玲. 北极旅游安全面临新挑战［J］. 中国海事，2010（12）：69-70.

核污染治理议题之中①。上述重点研究的北极安全议题因与中国国家安全的密切关系而提上研究日程、受到广泛关注。

2. 关于北极安全及其治理情况对中国国家安全的影响与挑战的研究

由于对北极安全议题研究并不宽泛，关于这方面的具体研究也主要集中在北极环境变化、能源安全、航道安全等对中国国家安全的影响和挑战方面。杨振姣等人持续关注北极环境变化对中国国家安全的影响，其研究显示，北极环境变化对中国国家安全产生的影响是复杂的：北极冰盖融化将使中国生态安全面临危机；能源的发现为中国提供了机遇；北极航道的开通将使中国的国际航运和国际贸易从中受益②，但这一变化不仅会对我国海洋、气候、生态环境等自然生态系统造成威胁，更关乎我国国家安全③。中国是近北极国家，北极地区的开发对中国的环境、经济、航道等方面都产生了直接影响。北极生态安全对中国非传统安全虽有不利影响，但同时也为中国参与北极事务提供了一个不可多得的机遇④。当前，北极海洋生态安全对我国“一带一路”倡议具有产生动力、扩大范围的影响，参与北极事务将有效提升中国的综合国力和大国形象，北极航道开通将减少中国对外贸易的成本和纠纷，北极能源开发将为中国“一带一路”倡议提供动力⑤。

在能源安全与航道安全层面，则侧重于战略重要性的研究。就能源安全影响与挑战而言，张胜军、李彤认为能源安全已经成为中国经济发展、社会稳定和国家安全的关键战略问题⑥。王春娟认为中国可以与北极各国探索适

① 唐尧. 核安全观视角下的北极核污染治理问题研究［J］. 南京政治学院学报，2015，31（01）：79-84.

② 杨振姣等. 北极生态安全对中国国家安全的影响及应对策略［J］. 海洋环境科学，2013，32（04）：629-635.

③ 杨振姣，董海楠，唐莉敏. 北极海洋生态安全面临的挑战及应对［J］. 海洋信息，2014（02）：23-30.

④ 杨振姣，郭纪斐. 北极生态安全对中国的影响及应对研究——基于非传统安全视角［J］. 辽宁大学学报（哲学社会科学版），2017，45（06）：143-150.

⑤ 杨振姣，郭纪斐，姚佳. 北极海洋生态安全对中国“一带一路”倡议的影响及应对［J］. 中国海洋经济，2017（02）：165-178.

⑥ 张胜军，李彤. 中国能源安全与中国北极战略定位［J］. 国际观察，2010（04）：64-71.

宜的油气资源开采合作路径，但存在如下外部威胁：油气资源开发对北极生态环境造成威胁、中国与北极国家在互联互通基础设施建设方面相对薄弱、北极主权争议尚未解决、北极国家对“中国威胁论”的担忧等①。罗英杰、李飞认为中国在维护北极能源安全过程中，由于存在着能源开发的主导权之争、合作对象与内容较为单一、极地立法中话语权较弱等不利因素，导致中国的能源安全面临较大风险②。

就航道安全影响与挑战而言，北极航线的开通，不仅为北纬 30 度以北的国家提供了从大西洋到太平洋航程较短的经济航线，甚至有可能改变全球的能源贸易格局、世界经济政治格局③。胡鞍钢等认为“北极航道”的开建具有安全的战略优势，有助于加强中国的建设安全和国土安全，保障能源安全与政治安全④。李安民、赵福林则分析了中国维护北极航线安全面临的困境：第一，中国不是环北极国家，进入北极将面临诸多国际机制障碍；第二，中国在北极地区没有可靠的立足点将给维护航行安全的相关保障建设带来难题；第三，中国维护航线安全的力量进入北极受“中国威胁论”影响和制约；第四，我国现有主要海上航行及保障装备不适合在北极高寒和高纬区运用⑤。

综合性的北极安全影响与挑战研究还有：潘敏、周燚栋从环境安全、经济安全、资源安全等非传统安全因素方面探讨北极环境变化对中国产生的影响⑥。陆俊元从非传统安全的视角，分析了中国在北极地区的战略利益，一方面北极升温和海冰融化对中国的生态系统、粮食安全、产业发展和沿海地区安全等具有潜在的不利影响；另一方面，北极的能源、资源、航道等对中

---

① 王春娟. 中国开发利用北极油气资源战略研究［D］. 北京：中国地质大学，2018：140-141.

② 罗英杰，李飞. 大国北极博弈与中国北极能源安全——兼论“冰上丝绸之路”推进路径［J］. 国际安全研究，2020，38（02）：91-115+159.

③ 李振福，李婉莹. 北极政治腹地的政治格局演化研究［J］. 通化师范学院学报 2018，39（03）：41-49.

④ 胡鞍钢，张新，张巍. 开发“一带一路一道（北极航道）”建设的战略内涵与构想［J］. 清华大学学报（哲学社会科学版），2017，32（03）：15-22+198.

⑤ 李安民，赵福林. 中国北极航线的安全问题［J］. 亚太安全与海洋研究，2017（03）：29-41+125.

⑥ 潘敏，周燚栋. 论北极环境变化对中国非传统安全的影响［J］. 极地研究，2010，22（04）：415-422.

国非传统安全具有重要意义[1]。由于国家安全研究的议题和现实导向，国内学术界着重于对安全热点、焦点问题的分析，这使关于北极安全治理的研究往往围绕着中国具体的安全利益或战略等展开。

3. 关于中国维护北极安全、推动北极安全治理优化的路径研究

这方面的研究是国内学术界关于北极安全问题研究的“重头戏”。事实上，北极安全事关北极区域性安全与全球安全，中国作为北半球国家，深受其影响。在这种现实背景下，国际公共品理论是我国参与北极事务的重要理论工具，在短期内将会增加北极国家以及原住民对中国的信任，在长期内将会提升中国在北极治理议程设置方面的话语权，最终有助于实现和发展中国在北极地区的国家利益[2]。中国应当不断寻找新的战略视角，参与到维护北极安全、促进国际安全与全球安全的行动中去。总体而言，作为近北极国家，中国兼具安全指涉对象和安全化行为体的双重身份，在北极地区议题的安全化过程中，既要关注自身国家安全利益，也要关注超越国家安全利益的人类安全利益[3]。在全球传统安全与非传统安全问题交织影响、北极治理日益全球化的态势下，中国需要从国家层面战略的制定与实施、国际合作、国内科研水平提升等多方面去维护中国北极安全利益[4]。中国应该积极将自身责任嵌入北极安全治理议程中，立足受多重因素影响的北极安全嵌入状态，逐步实现责任的认知性嵌入、议题性嵌入与制度性嵌入，科学选择中国参与北极安全治理的观念路径、行动路径和未来路径，与其他国家携手营造一个真正稳定与开放的北极安全局面[5]。中国既需要推动北极环境等事关人

---

① 陆俊元. 中国在北极地区的战略利益分析——非传统安全视角 [J]. 江南社会学院学报，2011，13 (04)：1-5.

② 丁煌，赵宁宁. 北极治理与中国参与——基于国际公共品理论的分析 [J]. 武汉大学学报（哲学社会科学版），2014，67 (03)：39-44.

③ 王传兴. 北极地区安全维度变化与北极地区议题安全化 [J]. 国际安全研究，2013，31 (03)：101-115+158-159.

④ 孙凯，吴昊. 北极安全新态势与中国北极安全利益维护 [J]. 南京政治学院学报，2016，32 (05)：71-77.

⑤ 丁煌，云宇龙. 责任嵌入：中国参与北极安全治理的路径选择 [J]. 湘潭大学学报（哲学社会科学版），2018，42 (02)：13-19.

类共同安全议题的安全化，又需要推动北极能源、航道等非安全议题的去安全化[①]。

在更加具体的安全领域，中国要立足于北极安全对中国国家安全的现实影响，进行更加积极的战略谋划。一方面要努力寻求中国参与北极安全治理的法理依据，解决北极安全法律保障问题。可以试图构造“中俄北极合作组织”的法律框架，并优先考虑以下五个问题：一是充分行使我国在北极事务活动中的参与权，二是保持我国在北极航道的航行存在，三是从北极直接造成我国白灾和黑灾的情况入手，四是努力将军事问题和经济问题分开考虑和解决，五是围绕着北极争议的共同点来寻找我国北极安全法律保障的切入点[②]。另一方面，要依托国家安全目标与背景等，保证中国在北极的核心安全利益的实现。如可以基于地缘科技学与国家安全的角度，审视北极科技竞争关系的攻守态势，积极推动与国家整体战略利益相关的科技创新，提升中国在北极地缘科技安全格局中的位势[③]。发挥北极科技外交对保障北极科研装备、提高北极认识水平和促进北极资源开发的重要作用[④]。可以从维护北极航道安全入手，积极参与到北极地区总体安全的维护中去，以多种手段确保中国在北极地区的权益，使北极通道为中华民族伟大复兴的中国梦服务[⑤]。注重强化中国参与北极航道治理的国际法路径[⑥]，并注重在“冰上丝绸之路”的倡议下构建北极航道的中国话语权[⑦]等。还可以从能源安全、环境安全等议题上着手，在战略上应该抓住环境变化带来的机遇并规避其风险，在策略上提高自身能源供给能力并积极主动参与北极地区能源开发中，

---

① 朱宝林. 北极治理议题安全化态势下中国参与的策略研究 [J]. 湖北经济学院学报, 2021, 19 (06): 111-119.

② 张瑞, 杨柳. 中国北极安全法律保障研究 [J]. 太平洋学报, 2013, 21 (06): 11-18.

③ 肖洋. 地缘科技学与国家安全: 中国北极科考的战略深意 [J]. 国际安全研究, 2015, 33 (06): 106-131+155-156.

④ 张佳佳, 王晨光. 中国北极科技外交论析 [J]. 世界地理研究, 2020, 29 (01): 63-70.

⑤ 贺鉴, 刘磊. 总体国家安全观视角中的北极通道安全 [J]. 国际安全研究, 2015, 33 (06): 132-150+156.

⑥ 杨显滨. 论我国参与北极航道治理的国际法路径 [J]. 法学杂志, 2018, 39 (11): 71-81.

⑦ 戴瑜. “冰上丝绸之路” 倡议下北极航道的中国话语权构建 [J]. 理论界, 2021 (08): 81-87.

以增强中国的能源安全①。积极助推北极能源国际公约、区域性多边协议的建立，针对北极能源合作的各项事务与俄罗斯展开磋商②；在北极海洋生态安全治理中发挥建设性作用，共同打造“北极蓝色伙伴关系”③等。总之，在全球化背景下，中国维护北极安全的路径应该是多样的，共同实现北极安全、国家安全和国际安全的责任也是客观存在的。

## 二、中国参与北极治理研究

### （一）国外关于中国参与北极治理的看法与评价

北极地区正加速成为全球战略竞争的新兴场域，吸引了国内外领导人、全球亿万美元市值的石油公司、环境保护组织和军事集团等的关注④，围绕不同北极利益进行话语交锋乃至斗争活动将更加频繁。与南极不同的是，北极涉及更加复杂的域内外国家利益诉求，国外学界对中国参与北极治理、关切北极安全、维护安全利益等具有不同观点、看法乃至疑虑与误解。事实上，我国参与北极事务的舆论和话语环境并不乐观。相关北极国家对我国参与北极治理历来抱有较大戒心，一些国外媒体的报道和学者的观点进一步增加了这些国家的疑虑与猜忌。

总的来说，除了相对客观的看法与评价之外，比如，瓦莱里·祖拉威尔教授分析了中国、韩国、日本三国北极的政治、经济和安全利益，他强调，中国正处于制定北极战略的最后阶段，但值得注意的是虽然北极对中国很重要，但不是其外交政策的重中之重⑤。俄罗斯科学院院士弗拉基米尔·费德

---

① 潘敏. 机遇与风险：北极环境变化对中国能源安全的影响及对策分析［J］. 中国软科学，2014（09）：12-21.

② 蔡高强，朱丹亚. 论中俄北极能源合作开发的法律保障［J］. 中国海商法研究，2021，32（02）：12-19.

③ 杨振姣，牛解放. 北极海洋生态安全协同治理策略研究［J］. 太平洋学报，2021，29（06）：85-96.

④ Garrison Wells. Ongoing Activity in the Arctic：National and international interest and activity increase［J］. Alaska Business Monthly，2017，33（9）：88.

⑤ Valeriy Zhuravel. China，Republic of Korea and Japan in the Arctic：Politics，economy，security［J］. Arctic and North，2016，24（03）：112-144.

尔维奇·别切里察2021年10月接受中新社记者独家专访时表示，正在崛起的中国参与北极事务，有助于北极的治理与开发，也有助于地区和平与稳定；西方国家提出的“北极中国威胁论”实际上是阻挠中国发展和担忧“中俄结盟”的复杂心理在北极地区的具体投射①。再比如，米娅·M. 班尼特教授认为中国通过对话、合作来参与北极事务。由于中国仍然是一个在北极没有领土的域外国家，中国政府官员继续通过两个空间不一致但相辅相成的宏大区域叙事来巩固其作为北极利益相关者的国家合法性：一方面，他们认识到领土对于北极实质性存在的突出性，强调了中国的“近北极”地点和北极科学考察；另一方面，他们将北极描绘成一个海洋性的全球空间，气候变化可能对整个地球产生影响②。约翰·法雷尔2019年9月在美国哈得孙研究所举行的以北极事务为主题的研讨会上表示，中国在多个研究北极的国际项目中很好地与国际社会进行合作③。其他对中国参与北极治理的疑虑观点与不实评价，主要体现在以下两个方面。

第一个方面，对中国参与北极治理、表达北极利益关切存在较大疑虑的观点。相关内容比较分散，既有相关国家官方人士的言论又有少数学者的看法，还有一些新闻媒体的报道等。就相关官方人士言论而言，比如，2016年6月13日美国《国防》月刊登载的一篇文章援引时任美国海警队司令保罗·楚孔夫特上将的话说，我不知道这个远景计划（意指中国正在建造新的破冰船，加强北极勘察，表现出对北极的浓厚兴趣）是什么——你知道中国对北极战略的看法是什么？除了全球共同的国家之外，这些界线在哪里呢？④ 类似论调在我国2018年1月发表《中国的北极政策》白皮书后大为

① 中国新闻网.（东西问）别切里察：中国不是北极国家，为何参与北极事务？[EB/OL].（2021-10-30）.[2024-08-01]. https：//www. chinanews. com. cn/gn/2021/10-30/9598493. shtml.

② Mia M. Bennett. How China sees the Arctic：Reading between extraregional and intraregional narratives [J]. Geopolitics，2015，20（03）：645-668.

③ 中国政府网. 美专家赞赏中国对北极科研作出的贡献 [EB/OL].（2019-09-28）.[2024-08-06]. https：//www. gov. cn/xinwen/2019-09/28/content_ 5434385. htm.

④ Yasmin Tadjdeh. Coast guard commandant “concerned” about China ’ s Arctic ambitions [EB/OL].（2016-06-13）.[2023-07-01]. http：//www. nationaldefensemagazine. org/articles/2016/6/13/coast-guard-commandant-concerned-about-chinas-arctic-ambitions.

减少，中国参与北极事务的目标与立场受到越来越多国家与国际组织的认可。在中国成为北极理事会正式观察员国之前，少数学者对中国等国家参与北极事务抱有警惕心态。米哈伊尔·弗林特接受俄罗斯《独立报》的采访时说，在北极成为世界海洋地区的情况下，为什么印度人、韩国人、中国人等想去那里？因为他们想要在北极海域的公共开放部分获得属于自己的份额①。在中俄新时代全面战略协作伙伴关系不断发展、中俄北极合作日益深化的背景下，俄罗斯学术界对中国参与的疑虑之声大为减少。再比如，罗布·休伯特认为地缘战略、资源、海上航行和科学是中国在北极深感兴趣的四个领域，但他同时更关心的是未来几十年发生的事情，因为中国变得更强、更渴望获得资源，届时中国是否会像现在这样寻求合作和遵守规则还不得而知，用其原话表述就是"今天的熊猫会变成明天的卧虎吗？"②。

除了上述相关官方人士与学者的疑虑观点之外，一些北极域外国家的新闻媒体也对中国在北极特定领域的活动产生疑虑与误解。比如，2015 年，在中国煤炭和铁矿石进口商之一俊安集团接管位于格陵兰岛西部、距首府努克东北 150 公里的 Isua 矿铁矿石项目这一事件上，英国《金融时报》就报道称，中国投资者（哪怕是一家民营企业）的参与，可能在整个北极地区以及美国拉响警报③。就现实情况来看，中国的北极投资往往被一些国家解读为带有某些政治意图的经济利益活动，这需要我国开展北极投资的相关单位以公开透明的人事、财务和管理制度等实际行动进行回应。

第二个方面，对中国参与北极治理、表达北极利益关切、提出北极治理主张过分解读甚至怀有敌意的不实观点。与一些媒体热衷于炒作"中国北极威胁论"，给中国参与北极事务带来不利影响④相比，一些智库、学者所发

---

① Андрей Терехов. Китай позарился на российскую Арктику [EB/OL]. (2010-03-03). [2023-07-02]. http://www.ng.ru/world/2010-03-03/1_china.html.

② Michael A. Moore. Panda in the Arctic [J]. Canadian Sailings, 2015 (02): 12.

③ 中国日报网. 中企进军北极背后的暗战：再遇中国威胁论 [EB/OL]. (2015-01-26). [2023-07-02]. http://caijing.chinadaily.com.cn/2015-01/26/content_19409961.htm.

④ 潘旭涛. 参与北极治理坦坦荡荡 不侵略不掠夺 没必要藏着掖着 [N]. 人民日报海外版，2018-02-02，第 05 版.

表观点的消极影响更为显著。就少数智库公开的报告观点而言，比如，阿尔图尔·奇林加罗夫2013年8月发布的一份报告称，中国也卷入了北极，但中国与北极有什么关系呢？只有资源[①]。这将中国和北极的关系归结为片面的资源满足关系显然失之偏颇，也反映出中国参与北极开发和利用还需要打破外界不实的认知偏差，以主动发声应对过分解读。再比如，2017年3月，美国外交关系委员会发布了题为《不可忽略的北极：强化美国"第四海岸"战略》（Arctic Imperatives：Reinforcing U. S. Strategy on America's Fourth Coast）的报告，强调北极对于美国国家安全的重要性，美国必须在北极应对来自俄罗斯和中国的"威胁"；尽管中国还不是北极的重要力量，但它在该地区的"野心"值得引起足够重视[②]。在美国个别智库看来，中国是具有北极"野心"的"威胁"因素，这可能影响美国相关决策部门对中国参与北极治理、特别是介入北极安全领域的实际看法。从总体上看，美国智库对中国参与北极事务持有警惕和防范态度，普遍认为中国参与北极事务在加快中国经济发展的同时，还具有多重政治意图[③]。

就国外学者对中国参与北极治理、表达安全利益关切抱有较大成见的观点而言，加拿大学者大卫·柯蒂斯·赖特对中国参与北极事务持否定态度，他认为加拿大应该向中国政府礼貌而坚决地通报，加拿大对西北地区的主权不开放讨论或辩论，对北极主权和西北航道的关注程度与中国对台湾主权的主张相同[④]。2015年5月发表在《物流管理》杂志上环太平洋地区报告版块的一篇名为《密切关注中国》的报告指出，中国的北极野心源于这样一种哲学：北极不仅属于那些可以主张它的国家，而且也属于那些最需要的国

① Helen Womack. Q&A Artur Chilingarov：what's China got to do with the Arctic？[J]. The World Today，August 2013，69（4）：27.

② Council on Foreign Relations. Arctic imperatives：reinforcing U. S. strategy on America's Fourth Coast [R]. Independent Task Force Report No. 75，Mar 2017：18-19.

③ 黄雯. 美国智库对中国参与北极事务的认知及启示 [J]. 江南社会学院学报，2021，23（01）：37-42+68.

④ David Curtis wright. The panda bear readies to meet the Polar bear：China and Canada's Arctic sovereignty challenge [R]. Canadian Defence & Foreign Affairs Institute，March，2011：1-2，7.

家[1]。这也是从所谓的国家利益需要角度揣测中国的北极参与理念和目标。还有部分学者对中美、中俄北极合作持怀疑态度，夸大中美北极对抗的可能性和中国对俄罗斯北极利益主张的威胁性，具有过度解读、挑拨中国和其他国家北极合作关系的嫌疑。比如，英格丽德·伦德斯塔德和厄于斯泰因·通舍认为中国和美国在北极分别扮演不同的角色并表现出它们各自的影响力，尽管中美两国似乎都支持打造一个建立在国际合作基础上稳定和安全的北极，但是北极仍将成为更广泛的中美关系潜在对立或对抗的焦点[2]。还比如，斯蒂芬·布兰克和金显洙合作撰文指出，在北极，中国正在挑战俄罗斯的主权主张，中国也是唯一一个能够威胁俄罗斯北极地区主张的亚洲国家[3]。错误揣测意图、忌惮经济与科技实力、借口主权和地区安全已经成为某些国家与机构、个人等排斥中国等域外国家参与北极事务的重要原因。

总之，北极地区大国的综合博弈、中等国家的不同主张、小国家的利益诉求等导致中国参与北极事务的外部环境特别是舆论环境日趋复杂，我国应该保持战略定力、提高政策话语能力、提升收集国际社会有关中国北极参与舆论意见的水平并做出及时反应，塑造有利于实现我国北极利益的良好外部环境。

### （二）国内关于中国参与北极治理的策略性研究

前文已经对中国如何参与北极安全治理、促进北极安全治理机制优化的相关研究进行了简要回顾，这里主要对国内学者关于中国参与北极治理的身份、策略等方面的研究成果进行简要概括。

关于中国参与北极治理的身份及其策略研究方面。徐庆超归纳了国内学者对我国北极身份建构的四种代表性观点，包括“近北极机制”和“近北

① Patrick Burnson. Keeping an eye on China［J］. Logistics Management，2015，54（05）：72.

② Ingrid Lundestad，Øystein Tunsjø. The United States and China in the Arctic［J］. Polar Record，2015，51（259）：400.

③ Stephen Blank，Younkyoo Kim. The Arctic and new security challenges in Asia［J］. Pacific Focus，2013，28（3）：327-328.

极国家”、“大北极”和“大北极国家网络”、“国际公共品提供者”和“泛北极共同体”、“北极利益攸关者”和“北极重要利益攸关方”等①。赵洋分析了中国“北极事务的重要利益攸关方”的身份建构，它与中国的国际责任、各国的共同利益等话语联系在一起②。可以说，这些有关中国参与北极治理的身份建构研究，为我国正确把握与表述北极治理参与身份、减轻外界和国际社会的有关疑虑和警惕等发挥了积极作用。2018 年 1 月 26 日，国务院新闻办公室发表的《中国的北极政策》白皮书认为，中国是北极事务的重要利益攸关方，中国在地缘上是“近北极国家”，是陆上最接近北极圈的国家之一，北极的自然状况及其变化对中国的气候系统和生态环境有着直接的影响，进而关系到中国在农业、林业、渔业、海洋等领域的经济利益。这可以看作国内北极研究学术共同体与北极参与实务部门长期互动交流的积极结果，中国要努力为北极发展贡献智慧和力量。

在这一背景和要求下，中国参与北极治理的策略也是多样化的。比如，立足于中国与北极的关系来实现北极治理有效参与、维护中国北极利益。孙凯、吴昊立足北极资源开发与中国的能源安全、北极环境变化与中国的生态安全、北极军事竞争与中国的国家安全等的紧密联系，认为中国应制定参与北极事务的阶段性任务和长远目标，在维护北极地区和平与发展的基础上实现中国的安全利益③。比如，结合中国参与北极治理的不同阶段来分析中国如何更加有效地参与，王晨光将中国参与北极事务的历史进程划分为蛰伏期、准备期、初步参与期和全面参与期四个阶段，参与意愿、参与能力等内部因素和参与需求、参与渠道等外部因素影响着中国的北极政策实践，由此形成的多种情境框架可以作为中国参与北极治理的策略选择④。

---

① 徐庆超.“未定之域”：中国北极问题研究十年述评［J］. 中国海洋大学学报（社会科学版），2017（05）：1-8.

② 赵洋. 身份叙事与中国参与北极事务身份建构［J］. 东北亚论坛，2022，31（01）：96-116+128.

③ 孙凯，吴昊. 北极安全新态势与中国北极安全利益维护［J］. 南京政治学院学报，2016，32（05）：71-77.

④ 王晨光. 对中国参与北极事务的再思考——基于一个新的分析框架［J］. 亚太安全与海洋研究，2017（02）：64-74+127-128.

再比如，从不同的理论角度分析中国参与北极具体治理领域的策略。丁煌、褚章正以公共价值管理理论为基础，分析了北极环境治理中公共价值创造的中国参与，中国应积极与北极环境事务各利益相关主体进行互动与合作，努力提升参与北极环境治理的能力①。阮建平和王哲、白佳玉和王晨星分别以善治为理论视角来分析中国如何更好地参与北极治理，中国一方面要立足从利益协调、机制整合和共识塑造等方面共同推进北极区域性和全球性公共利益最大化的局面②；另一方面中国要在北极合作法律规则体系从实然到应然的发展过程中不断寻求机遇，提高参与北极治理的话语权，从而促进北极善治③。赵宁宁以北极治理话语权为理论出发点，认为中国应该创新北极治理的参与理念，优化参与北极治理的制度供给方式并改善北极政策话语质量和传播方式，以维护和拓展中国在北极地区的国家利益④。闫鑫淇认为多中心治理为中国参与北极事务提供了集体行动的新方案，中国有望确立参与北极事务的多中心治理机制⑤。

再比如，从更加宏观的角度探讨中国参与北极治理的策略。王新和将现阶段中国的北极身份定位为“利益攸关者”，应以北极经济利益为重点：在2020年之前，中国应强经济利益，弱强国利益；之后强经济利益，强强国利益，并推动两者实现动态平衡⑥。李振福认为要增进和维护中国的北极国家安全利益，中国应实现并保持中国的开放格局、实现区域之间的系统整合、实现综合实力的不断提升⑦。

---

① 丁煌，褚章正. 基于公共价值创造的北极环境治理及其中国参与研究［J］. 理论与改革，2018（05）：20-28.

② 阮建平，王哲. 善治视角下的北极治理困境及中国的参与探析［J］. 理论与改革 2018（05）：29-37.

③ 白佳玉，王晨星. 以善治为目标的北极合作法律规则体系研究——中国有效参与的视角［J］. 学习与探索，2017（02）：7-26+174.

④ 赵宁宁. 中国北极治理话语权：现实挑战与提升路径［J］. 社会主义研究，2018（02）：133-140.

⑤ 闫鑫淇. 多中心治理视角下的中国北极事务参与问题探析［J］. 中国海洋大学学报（社会科学版），2020（06）：64-74.

⑥ 王新和. 国家利益视角下的中国北极身份［J］. 太平洋学报，2013，21（05）：81-89.

⑦ 李振福. 大北极国家网络及中国的大北极战略研究［J］. 东北亚论坛，2015，24（02）：31-44+127.

关于借鉴他国北极治理参与实践经验、优化中国北极治理参与策略的研究方面。在这方面，分析借鉴的对象主要是北冰洋沿岸国家和其他实质性参与北极事务的相关国家。前者以美国、俄罗斯、加拿大、瑞典、挪威、芬兰等为代表，后者包括日本、韩国、德国、印度等国家。下面仅以美国、俄罗斯、日本、韩国为例，对国内相关研究成果进行简要概括。

在美国北极战略研究方面，郭培清、董利民认为与其他北极国家相比，美国的北极战略更多地从国家利益和全球战略的层面出发，以维持美国的全球领导地位为核心目标①。因此美国北极战略出现了稳中有变的新动向，包括战略上更加重视北极、强调维护北极的和平与安全、重视能力建设以维护美国在北极的安全利益等②。美国以竞争为导向的北极战略调整，会加剧北极的军事化热度，造成北极地缘政治环境的不稳定与不确定性进一步增加③。王传兴基于美国北极战略的阶段演进，认为美国北极战略呈现出既寻求合作应对非传统安全挑战、又继续军事化乃至“高边疆化”的双重特点④。匡增军将美国北极战略的新特点概括为认知转向、议题重整、合作调适等方面⑤。孙凯、郭宏芹则进一步分析了美国科学家群体在其北极政策制定与实施过程中的作用与效果，推动了美国“北极大国”的身份塑造与利益明晰等⑥。

在俄罗斯北极战略研究方面，孙迁杰、马建光认为俄罗斯在北极地缘政治博弈中形成了较为完整的北极安全战略，俄罗斯凭借地缘优势和军事优势在北极地区实施了以军事硬实力建设为先导的威慑战略，确保北极安全是俄罗斯北极战略和国家安全的重心⑦。俄罗斯北极战略中的关键因素包括以油

① 郭培清，董利民．美国的北极战略［J］．美国研究，2015，29（06）：47-65+6.

② 李益波．美国北极战略的新动向及其影响［J］．太平洋学报，2014，22（06）：70-80.

③ 张祥国，何静，陈吉祥．以竞争为导向的美国北极战略调整［J］．边界与海洋研究，2020，5（06）：91-100.

④ 王传兴．美国北极战略演进研究［J］．东北亚论坛，2022，31（03）：76-91+128.

⑤ 匡增军．美国北极战略新动向及对北极治理的影响［J］．国际问题研究，2023（02）：73-87+125.

⑥ 孙凯，郭宏芹．科学、政治与美国北极政策的形成［J］．美国研究，2023，37（02）：9-29+5.

⑦ 孙迁杰，马建光．论北极地缘政治博弈中俄罗斯的威慑战略［J］．上海交通大学学报（哲学社会科学版），2017，25（01）：14-21.

气开采、发展北方海航道等为重点的经济因素，以海洋划界、北方航道法律地位等为侧重的法律因素，以组建北极军事部队、军事计划为内容的军事因素，还有他国对俄罗斯极地行动的高度关注、北极国际协作的地缘政治因素等[①]。总的来看，俄罗斯北极战略步入“安全+发展”的双轮驱动时期[②]，推动北极经济发展而非军事扩张是当前俄罗斯北极战略的主要目标[③]。2020 年前后，俄罗斯集中颁布的新版北极战略，从国家战略层面稳步推进俄属北极地区发展蓝图重构，持续巩固其大国身份和地位[④]。当代俄罗斯北极战略中的开发合作遵循着主导、多元、平衡的原则，安全博弈则体现着独立、竞争、排他与合作的特征[⑤]。

对和中国一样属于东亚近北极国家的日本、韩国的北极战略进行分析，有利于为我国制定和实施北极战略提供类似的对比和超越对象。比如，肖洋认为日本的非北极国家身份和二战战败国身份使日本在构建北极战略时，必然抛弃短期获得经济收益的功利主义思维，而转向构建参与北极圈经济开发的中长期综合规划，潜移默化地提升日本在北极治理中的知名度与存在感[⑥]。日本已经形成了关于北极的战略思想，并开展着一系列具有经济安全考量的战略行动[⑦]。日本通过北极战略，一方面，可以缓解能源供给的脆弱性和提高能源企业的竞争力，另一方面，可以减弱能源运输的脆弱性和巩固海上运输节点的地位[⑧]。日本扩大与相关国家在北极问题上的国际合作，充分发挥影响力，形成有利于自己的国际秩序，无一不体现出深刻的地缘政治

① 王琦，石莉，万芳芳. 浅析俄罗斯北极战略中的关键因素［J］. 极地研究，2013，25（02）：75-83.

② 赵隆. 试析俄罗斯“北极 2035”战略体系［J］. 现代国际关系，2020（07）：44-50.

③ 肖洋. 安全与发展：俄罗斯北极战略再定位［J］. 当代世界，2019（09）：44-48.

④ 张祥国. 俄罗斯新版北极战略及其发展前景［J］. 西伯利亚研究，2022，49（06）：59-70.

⑤ 万楚蛟. 当代俄罗斯北极战略：开发合作与安全博弈［J］. 俄罗斯东欧中亚研究，2022（02）：110-128+169.

⑥ 肖洋. 日本的北极外交战略：参与困境与破解路径［J］. 国际论坛，2015，17（04）：72-78+81.

⑦ 张光新，张晶. 地缘政治视阈下日本的北极战略［J］. 东北亚学刊，2018（02）：26-30+54.

⑧ 崔健，黎纯阳. 日本北极战略的经济安全考量［J］. 东北师大学报（哲学社会科学版），2019（04）：33-40.

特征[①]。

再比如，桂静认为韩国高度重视其在经济、科研及国际影响力三个方面的北极国家战略利益，韩国的北极综合政策将创造北极新的商机、扩大北极研究活动、加强北极外交[②]。韩国在北极地区异常活跃的原因，在于其渴望维护既得利益，并增大其在未来北极治理过程中的话语权[③]。北极战略被纳入韩国总体外交框架，既有经济方面的利益考量，又有政治和安全领域的战略盘算[④]。总的来看，韩国北极政策的子领域由单一独立发展为多元统一，从相对孤立转向与外交政策间的有机联动，“安全导向”色彩也逐渐显露[⑤]。综上，美国、俄罗斯、韩国、日本等国家可以作为中国跟踪关注国际北极政策动态的具体对象，开拓获取第一手资料的渠道，有利于中国借鉴这些国家参与北极治理的经验和长处。

## 三、研究述评

国内外学界关于北极安全及其治理的研究侧重点差异较大。国外学者特别是来自北极国家的学者们对北极安全问题的认识更为具体和深入，他们一方面关注北极自然变化可能带来的安全威胁与北极地缘政治变化可能酝酿的安全风险，在分析造成这些威胁和风险原因的基础上，不断细化北极传统安全与非传统安全议题，把握北极安全治理面临的挑战并体现出对北极安全治理的全球性关切，号召北极域内外国家、相关国际组织、区域性组织等关注气候变化背景下的北极安全问题，并通过合作协商予以应对。另一方面，“科学无国界、科学家有国籍”的情形充分地体现在北极安全治理参与研究中，许多研究结论指向于维护和实现所在国的北极安全与发展利益，比如，

---

① 庞宝庆. 地缘政治视角下的日本北极战略［J］. 渤海大学学报（哲学社会科学版），2022，44（03）：55-59.

② 桂静. 韩国北极综合政策及其实施评析［J］. 当代韩国，2014（02）：51-63.

③ 肖洋. 韩国的北极战略：构建逻辑与实施愿景［J］. 国际论坛，2016，18（02）：13-19+79.

④ 郭锐，孙天宇. 韩国“新北方政策”下的北极战略：进程与限度［J］. 国际关系研究，2020（03）：136-153+159.

⑤ 李雪威，单天雷. 韩国北极政策新动向：动因、框架及趋势分析［J］. 当代韩国，2022（01）：67-80.

美国注重北极地区性安全，俄罗斯努力保持在北极安全事务中的关键地位，加拿大着重保护其在北极的经济、社会和文化利益等。相较而言，国内学界关注和研究北极治理起步较晚，尤其是长期关注北极航道、能源、资源、环境治理等议题而在一定程度上忽视了这些议题的“安全属性”，对北极安全及其治理问题的关注相对较少。既有研究分析了北极安全的基本态势和与中国相关的航道、能源等北极安全领域，将更多的关注点放在北极安全及其变化对中国国家安全与发展形成的影响与挑战层面，中国应该夯实北极治理参与依据，逐步参与北极安全治理以实现中国北极安全与发展利益。

当前北极安全及其治理研究最大的不足在于对北极安全问题进行认识的思维还是以简单的还原论为基础。比如，最常见的是将北极安全问题进行层层分解，涵盖政治、军事、外交等传统安全领域的议题，环境、气候、资源、人的安全等非传统安全领域的问题。这种带有还原特点的思维方式虽然有助于我们对北极安全问题进行较为全面的把握，但是各个安全议题之间是相互关联甚至是共同演化的，就算是在宏观的传统安全与非传统安全之间也存在交织性的安全问题。换言之，北极安全问题具有整体的涌现性，某一方面的安全议题可能与其他方面的安全议题相互“缠绕”在一起而很难剥离，人为地将其分解、还原，不利于我们把握北极安全及其治理的系统性。正是由于这种不足，国外学界对北极安全议题的系统演化性、北极安全治理困境的整体涌现性、北极安全治理路径的综合性等的分析均存在不充分的问题。国内学界则在强化北极安全整体认识、把握北极安全及其变化对中国的复杂性影响等方面还存在一定不足。解决这一问题，需要适当转换和寻求我们认识北极安全问题的视角，从简单的还原论思维向复杂的整体性、涌现性思维转变，达到真正把握北极安全问题本质、有效推动北极安全治理机制构建与系统演化的目的。

对关于中国参与北极治理的研究而言，我们需要重视国外学者、官员、媒体等对中国参与北极治理的看法和评价，特别是要回应客观存在的怀疑和否定观点，通过多方面收集国外声音、多渠道表达中国参与北极治理的原则和政策、多平台参与北极国际治理务实合作等，营造中国参与北极治理的良好外部环境。国内学界在研究中国参与北极治理的政策与路径选择时，除了紧跟国家关于北极治理参与的基本原则、方针与政策以及呼吁重视北极安全及其治理问题之外，还应该防止过度宣扬中国北极“权益论”的做法。因为这并不利于我国逐步深度参与北极国际治理，反而可能加剧中国北极治理参与“威胁论”“怀疑论”甚至“阴谋论”的声音及其不良影响。国内关于北极安全及其治理的研究，应该注重国际社会、全球治理层面的北极安全问题，从北极科学考察与研究、北极国际合作与治理、北极原住民发展与保护等低政治敏感度的领域着手，积极承担中国在维护北极安全方面的义务和责任。

综上所述，本书定位于在对北极安全及其治理问题进行本质把握的基础上，构建有助于北极安全治理的系统机制并分析其合理演化。在这个过程中，中国参与北极安全治理既面临一定的机遇和挑战，又具有合理权益和国际义务，中国应当重视参与过程中不断生成的北极安全与发展利益，扮演好构建北极安全命运共同体的倡议者、北极安全状态的维护者、北极安全问题研究的先行者等角色。

## 第四节　研究思路、内容及方法

### 一、研究思路

本书主要按照“提出问题—分析问题—解决问题”的思路展开研究，详见下图0-1。在融合“北极安全治理”与“中国参与”两条主线的基础上，将复杂性理论视角贯穿全文，强化研究的理论基础。首先通过北极安全复杂形势及其治理现实考察与国内外相关研究回顾，提出“北极治理中的安全问题”这一基本研究对象，引入复杂性理论视角，构建分析框架。其次按照复杂性何以产生、应对与演化的逻辑，在涌现生成理论、复杂适应系统理论、自组织理论的指导下，依次探讨北极安全治理复杂性涌现及其系统建构与演化问题，对复杂性治理图景进行刻画和分析。接着对标中国参与，分别在北极安全治理复杂性涌现、复杂性系统建构、复杂性系统演化的背景与过程中，分析中国参与的机遇挑战、身份定位与利益生成，形成清晰严谨的研究内容体系，助力探寻实现北极安全良好治理和中国有效参与的思路。最后，基于复杂性理论视角，总结中国参与北极安全治理路径选择，达到解决问题的目的。

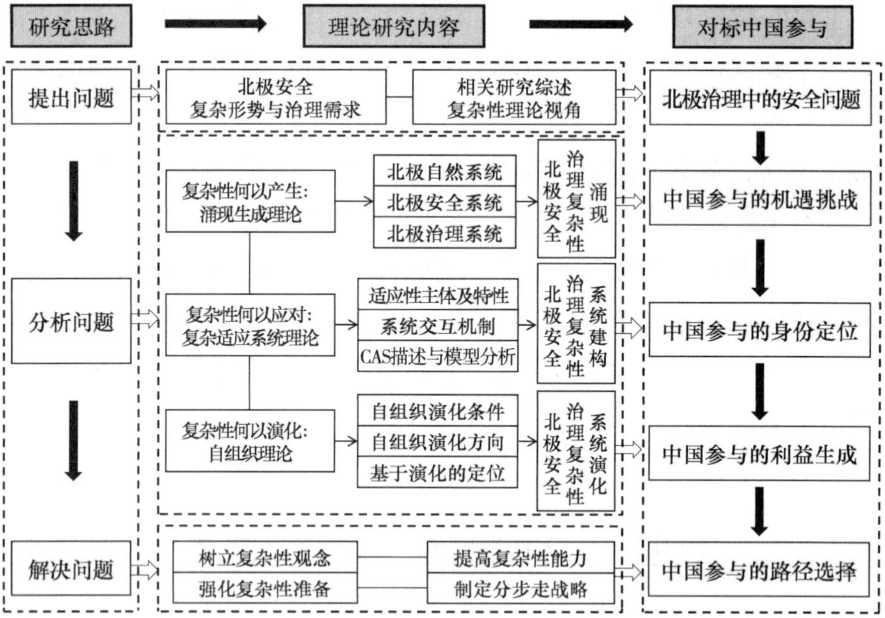


图 0-1　研究思路

## 二、研究内容

按照上述研究思路，本书力图实现以下研究目标：第一，引入复杂性的概念与理论，构建北极安全治理复杂性何以产生、应对与演化的分析框架，为我们更好地把握北极安全治理态势及其特征奠定基础。第二，依次运用涌现生成理论、复杂适应系统理论、自组织理论等深入探讨北极安全治理，分别在北极安全治理复杂性涌现、复杂性系统建构、复杂性系统演化的基础上剖析中国参与的机遇挑战、身份定位与利益生成问题。第三，运用基于复杂性理论的研究过程及结论，对复杂性状态下中国参与北极安全治理进行系统分析，着重探讨中国参与北极安全治理的行动路径，凸显本书的政策建议与参考价值。具体包括七大部分，主要内容如下：

绪论。主要对研究背景与意义、基本概念、国内外研究回顾与述评以及研究思路、内容与方法等进行概述，以找准研究方向与主要问题。

第一章：理论视角引入与分析框架构建。在概述复杂性理论、总结复杂性理论视角下安全治理研究转向的基础上，分析复杂性理论视角引入的必要性与可行性，进而基于涌现生成理论、复杂适应系统理论、自组织理论构建分析框架，奠定研究基础。

第二章：北极安全治理的复杂性涌现及其中国参与的机遇挑战。从北极、北极安全、北极治理的系统性及其涌现分析着手，探讨北极安全治理涌现复杂性的过程、内涵、分类及要求，从整体上把握其复杂性。进而在复杂性涌现的背景下，分析中国参与北极安全治理的机遇及挑战，包括增强北极安全认知、推动北极治理合作的外部机遇以及参与水平提升的内部机遇；面临全球安全治理不确定性增加、北极安全治理赤字长期存在以及国际舆论环境不利所带来的挑战等。

第三章：北极安全治理的复杂性系统建构及其中国参与的身份定位。这一章承上启下，北极安全治理涌现出的复杂性需要通过建构复杂适应系统来应对。首先从北极安全治理中的适应性主体及其特性和交互机制等角度来建构系统。在该系统的 CAS 描述下，微观层面的主体刺激-反应模型与宏观层面的回声模型进一步揭示了系统的内部机制并体现出其较强的自适应性。这意味着北极安全治理问题本质上是一个涉及多方利益的公共问题，需要包括中国在内的北极域外国家参与。中国作为负责任的北极利益攸关方，在北极安全治理复杂性系统建构中不断形成参与的身份定位，包括北极安全变化的复杂性关联者、促进北极安全及其治理系统复杂性认识的积极贡献者、推动北极安全治理复杂性系统建构的适应者等角色，强化中国参与的必要性。

第四章：北极安全治理的复杂性系统演化及其中国参与的利益生成。作为一个复杂性系统的北极安全治理还具有随着时间推移而演化的特点，并表现出自组织性。这一系统具有开放性并与外界进行持续交换、处于远离平衡状态、充满了非线性交互作用是自组织演化的条件；系统中的协同与竞争行为、治理主客体及方式等序参量的确定及其支配作用是自组织演化的主要过程；系统交互形成微小的局部变化及其放大与延展机制则是自组织演化具有方向性的重要原因。上述演化逻辑和趋势，进一步帮助我们将北极安全治理定位为复杂的全球性公共问题。同时要求中国参与北极安全治理，注重把握基于北极安全攸关程度、北极安全影响扩散、北极事务参与阶段不断生成的中国北极安全与发展利益，增强参与的国家利益与国际责任考量，努力成为促进北极安全治理复杂性系统演化的重要主体。

第五章：复杂性理论视角下中国参与北极安全治理的路径选择。随着北极事务越来越受到世界大国的重视，特别是北极安全治理需求不断涌现、治理机制逐步变革，中国参与北极安全治理，首先要树立复杂性观念，注重在复杂局面中把握和创造机遇。其次要强化复杂性准备，注重提升北极科学研究的系统涌现性，培育北极实践活动中的多元适应性主体，把握和运用北极国际合作的自组织特性，建立健全中国参与的保障机制。再次要提高复杂性能力，包括参与的话语能力、安全类公共产品供给能力、机制变革倡议与制度创设能力等。最后要制定分步走战略，实现权利、责任与义务相统一，在构建北极安全人类命运共同体的进程中扮演负责任大国角色，持续夯实中国参与的基本路径，为实现北极的长期稳定、和平与安全贡献力量。

结语。阐述本书在重视与认识北极安全及其治理问题、构建北极安全治理体系与机制、强化中国参与全球不同地区与领域治理等方面的结论，对下一步的研究工作进行展望，包括探寻和运用更多的复杂性理论工具、运用数据与模拟分析等。

## 三、研究方法

第一，文献研究法。在研究过程中，充分收集了国内外有关北极安全及其治理、中国参与北极治理、涌现生成理论、复杂适应系统理论、自组织演化理论等方面的大量文献，根据研究目的和思路对已有文献进行梳理，获取对于所要研究的对象、所要运用的理论的整体性认识，在此基础上构建分析框架，以凝练观点、启发思路。

第二，描述性研究法。本书通过揭示、解释和验证等方式将北极安全及其治理的现象、规律及理论等进行描述和呈现，从而定向地描述了北极安全治理不断涌现的复杂性、北极安全治理复杂性系统的自适应建构与自组织演化过程，充分把握北极安全治理的复杂性本质特征。

第三，案例与文本相结合的研究方法。结合相关历史事实、政策文本、专家意见等，对中国参与北极安全治理进行深度的案例剖析，归纳总结中国参与的挑战、机遇及路径等，以找准关键、形成对策。

第四，跨学科研究法。北极安全及其治理是一个涉及政治、经济、环境、气候、海洋、文化等诸多领域的问题，采用跨学科的研究方法有助于把握这一问题的实质。复杂性理论方法源起于自然科学研究，随后在人文社会科学研究领域得到广泛运用，这种方法特性有助于跨越不同学科的理论鸿沟并从中总结一般性的研究路径。这对于复杂的北极安全治理问题而言，需要将自然科学研究的相关成果、思路与基于政治学、公共管理学等的研究范式相结合，充分体现跨学科研究的适切性和指导性。

# 第一章

# 理论视角引入与分析框架构建

本章首先梳理复杂性的理论基础，探讨安全治理研究的复杂性理论视角转向。北极安全治理在理论与实践上均归属安全治理领域，同样可以引入并运用复杂性理论视角来进行分析和研究，更好地应对当前北极安全治理中的简单性思维及其导致的诸多问题。以此为前提，分别基于涌现生成理论、复杂适应系统理论、自组织理论等构建北极安全治理复杂性何以产生、应对、演化的分析框架，形成北极安全治理及其中国参与研究的整体思路。

## 第一节　复杂性的理论基础

本书主要运用复杂性理论视角研究北极安全治理及其中国参与，因而复杂性及其认识论、方法论成为本书的核心理论基础。复杂性的理论不是把问题看复杂搞复杂的理论，而是依照实际存在的客观复杂性，研究如何认识复杂性、如何消减复杂性的理论[①]。本书侧重把握客观的复杂性、运用复杂性思维、凸显复杂性视角价值等来分析北极安全治理的复杂性，并提出从复杂性角度促进北极安全治理的思路。

---

① 吴彤. 复杂性的科学哲学探究［M］. 呼和浩特：内蒙古人民出版社，2008：285.

## 一、复杂性的复杂认知

从一般意义上理解，复杂和简单对应，人类认识事物的过程就是在追求从复杂走向简单。但是现代科学技术的发展充分证明，事物的复杂性是客观存在的，它具有内在和外在的规定性并且不会因为人的认识能力不足、认识过程不充分而改变。因此，围绕复杂性进行研究并形成普遍性的理论和方法，一直是国内外学界关注的重要领域和议题。现代伟大的物理学家之一史蒂芬·霍金就曾说过，21 世纪将是复杂性的世纪。

早在 1948 年，沃伦·韦弗就提出并研究了复杂性概念，指出简单性与复杂性是科学研究的两种对象，并把复杂性划分为无组织复杂性和有组织复杂性两类[①]，对科学特别是系统科学的发展产生了深远影响。1969 年，诺贝尔经济学奖获得者赫伯特·西蒙（中文名：司马贺）就在其首次出版的《人工科学》一书中提及了“复杂性的构造”，随后在该书的第三版中又新增了“复杂性面面观”一章。他将与复杂性密切相关的课题归纳为如下方面：（1）整体论和还原论；（2）控制论与一般系统论；（3）复杂性方面当前的兴趣；（4）复杂性与混沌；（5）在突变和混沌世界中的合理性；（6）复杂性与进化；（7）遗传算法；（8）元胞自动机和生命游戏[②]。国外学界对复杂性的理论研究取得实质性进展与成果是在 20 世纪 70 年代之后，系统科学才真正转向以复杂性为主要对象，试图建立关于复杂系统的一般理论[③]。

迄今为止，对于复杂性究竟是什么这个问题，自该理论诞生起至今日也没有共识性说法，这可能造成“复杂性科学由复杂性走向困惑性”[④] 的局面，使得有关学者发出了“复杂性是复杂的”[⑤] 之类的感慨。一般认为，对

---

① Warren Weaver. Science and complexity [J]. American Scientist, 1948, 36 (04): 536-544.

② [美] 司马贺. 人工科学 复杂性面面观 [M]. 武夷山译. 上海: 上海科技教育出版社: 2004: 157-168.

③ 黄欣荣. 复杂性科学的方法论研究（第 2 版）[M]. 重庆: 重庆大学出版社, 2012: 13.

④ John Horgan. From complexity to perplexity [J]. Scientific America, 1995, 272 (06): 104-109.

⑤ Paul Cilliers. Complexity and postmodernism: understanding complexity system [M]. New York: Routledge, 1998: 8.

复杂性科学的研究是从贝塔朗菲开始的，他初步提出了一个反还原论的复杂性范式，但他没有直接提出过复杂性的概念①。上文所述的首先提出并研究复杂性的沃伦·韦弗也并没有真正定义复杂性。实际上，在复杂性理论发展过程中，来自不同学科的研究者结合自身的学科领域特点对复杂性进行了不同的概念界定。以全世界权威学术期刊《科学》（*Science*）杂志为例，该刊1999年4月2日以“复杂系统”专栏的形式刊发了8篇研究复杂性的论文，每篇论文所涉及的复杂性由不同的学者根据自己的研究领域与主题来给出定义。比如，W. 布莱恩·亚瑟研究了经济学中的复杂性②，乔治·M. 怀特赛兹等人探讨了化学中的复杂性③，B. T. 维纳分析了自然地貌格局的复杂性④等。从这些来自不同学科的学者所给出的定义，可以概括出有关复杂性的若干关键词：非均衡、不确定性、动态、混沌、非线性、开放等。在长期关注和研究复杂性的学者眼中，对复杂性的界定也是极其不同的。下表1-1列举了不同学者对复杂性的不同认知。

**表1-1　不同学者对复杂性的复杂认知（部分）**

| 代表学者 | 复杂性定义 | 出处 |
| --- | --- | --- |
| 普利高津 | 复杂性等同于自组织，自组织的要素就是复杂性的基本要素 | ［比］尼科里斯，普利高津．探索复杂性［M］．罗久里等译．成都：四川教育出版社，1986. |
| E. N. 洛伦兹 | 实质上，复杂性常常用来指对初始条件的敏感依赖性以及与这种敏感依赖性相联系的每一件事 | ［美］E. N. 洛伦兹．混沌的本质［M］．刘式达等译．北京：气象出版社，1997. |

① 黄欣荣．复杂性科学的方法论研究（第2版）［M］．重庆：重庆大学出版社，2012：17.

② 复杂性经济学不是静态经济理论的临时补充而是更普遍的、非均衡水平的理论，复杂性将经济学描述为过程依赖性、有机性和发展性而不是确定性、可预测性和机械性。

③ 在化学中，几乎所有令人感兴趣的东西都是由一个或两个定义所复杂化的；在复杂性的序列中，从静态平衡到动态稳态，再到动态复杂性，再到混沌——只有少数精心挑选的化学反应集，其特性可以使其适合作为复杂性的案例研究。

④ 自然界中的模式，比如蜿蜒的河流和沙丘，均表现出了复杂的行为，似乎与形式的简单性不一致；建立自然地貌模式，简化主义和普遍性的现有方法与自然系统的非线性、开放性质并不相容。

续表

| 代表学者 | 复杂性定义 | 出处 |
| --- | --- | --- |
| 钱学森 | 开放的复杂巨系统的复杂性：（1）系统的子系统间可以有各种方式的通讯；（2）子系统的种类多，各有其定性模型；（3）各子系统中的知识表达不同，以各种方式获取知识；（4）系统中子系统的结构随着系统的演变会有变化，所以系统的结构是不断改变的 | 钱学森，于景元，戴汝为．一个科学新领域——开放的复杂巨系统及其方法论［J］．自然杂志，1990（01）：3-10+64. |
| M. 盖尔曼 | 原始复杂性：用双方事先共享（且彼此均知道事先共享这一事实）的语言、知识及理解，将一个已知粗粒化程度的系统描述传给远处某人时，所用最短信息的长度 | ［美］M. 盖尔曼．夸克与美洲豹——简单性和复杂性的奇遇［M］．杨建邺等译，长沙：湖南科学技术出版社，2002. |
| 弗里德里希·克拉默 | 复杂性可以定义为系统表明自身方式数目的对数，或是系统可能状态数目的对数：$K = \log N$，式中 K 是复杂性，N 是不同的可能状态数 | ［德］弗里德里希·克拉默．混沌与秩序［M］．柯志阳等译，上海：上海科技教育出版社，2000. |
| 约翰·霍兰 | 复杂性其实就是系统的一种涌现，是适应性造就了复杂性 | ［美］约翰·霍兰．涌现：从混沌到有序［M］．陈禹等译，上海：上海科学技术出版社，2001. |
| 埃德加·莫兰 | 复杂性是这样一个逻辑概念，它把一和多统一起来形成复杂性的多样性统一，把互补性和对立性统一起来形成两重性的逻辑统一，或者如某些人喜欢说的辩证法的统一 | ［法］埃德加·莫兰．复杂思想：自觉的科学［M］．陈一壮译，北京：北京大学出版社，2001. |
| 尼古拉斯·雷舍尔 | 复杂性首先和最重要的是关乎系统组成要素的数量和种类多样性的问题，以及关乎相互关联的组织构造和运作构造的精巧性的问题 | ［美］尼古拉斯·雷舍尔．复杂性：一种哲学概观［M］．吴彤译．上海：上海科技教育出版社，2007. |

如上表所示，从物理学家、化学家、数学家、计算机学家等自然科学家，到经济学家、哲学家、语言学家等人文社会科学家，都对什么是复杂性这一问题给出了自己的答案，并且不同的认知和定义还在不断地被提出。

2016年，由斯蒂芬·特纳主编、世界科学出版社出版的《43种复杂性愿景》（43 Visions for Complexity）一书，汇编了来自牛津大学、新加坡南洋理工大学、圣菲研究所等世界各地大学和科研机构的学者们对复杂性、复杂性科学发展演变等的不同见解和看法。该书认为，复杂性科学在过去的30—40年间不断发展，它试图从下到上看待它的研究对象，将它们视为随着时间的推移而形成、变化和进化的相互作用元素的系统。因此，复杂性并不是研究的主题，而是研究系统的一种方式。它本质上是一门学科，意味着它从真正的非学科世界中获得它的问题，并从所有科学领域获得能量，同时也影响着上述每一个方面。我们可以通过在不同学科以及特定语境、情境下把握一般意义上的复杂性，然后运用其思维、方法来分析具体的理论和实践问题。正如世界知名的专门研究复杂性的圣菲研究所对自身使命所作的承诺和追求那样："我们的使命在于从不断变化的世界的复杂性中寻找秩序。我们的研究人员致力于理解和统一复杂的物理、生物、社会、文化、技术甚至可能的天体生物世界中潜在的共享模式。我们的全球学者研究网络跨越边界、部门和学科，统一了沉浸在严格的逻辑、数学和计算推理中的奇思妙想。当我们揭示塑造这些不断变化的世界的看不见的机制和过程时，我们寻求利用这种理解来促进人类和地球生命的福祉"①。复杂性研究及其运用需要关注的是思维方式的转变、新知识的创造和人类生命福祉的维护及其实现。

## 二、复杂性的理论内容

米歇尔·沃尔德罗普将复杂性看作一门科学，认为这门学科还如此之新，其范围又如此之广，以至于还无人完全知晓如何确切地定义它，甚至还不知道它的边界何在。然而，这正是它的全部意义之所在。如果说，复杂性科学的研究领域目前尚显得模糊不清，那便是因为这项研究正在试图解答的是一切常规学科范畴无法解答的问题②。由此可见，复杂性的理论内容庞杂

① Santa Fe Institute. Our Mission [EB/OL]. [2023-08-19]. http://www.santafe.edu/about.

② [美] 米歇尔·沃尔德罗普. 复杂：诞生于秩序与混沌边缘的科学 [M]. 陈玲译. 北京：生活·读书·新知三联书店，1997：1.

且不甚清晰，只能抽丝剥茧般地把握其本质性内容。任何对复杂性的定义都要归功于它所带来的观点，因此，这就有可能在不同学科视角的基础上对复杂性的理论内容进行划分和探讨。为了有助于对复杂性理论进行相对一致的理解，可以将复杂性研究的理论范畴划分为以下三个主要部分：（1）算法复杂性，以数学复杂性理论和信息理论为基础，认为系统的复杂性在于描述系统特征所面临的困难；（2）确定型复杂性，主要涉及混沌理论和突变理论，它假设两个或三个关键变量的相互作用可以创建基本稳定的系统，但容易出现突然的不连续性；（3）总体复杂性，涉及各个元素如何协同工作以创建具有复杂行为的系统①。上述不同的复杂性理论研究中具有不同的关键词，例如，确定型复杂性理论涉及确定性数学和吸引子、反馈、初始条件和分叉的敏感性、确定性混乱、分形等关键词；总体复杂性理论涉及关系、内部结构、环境、学习和记忆、涌现、变化和进化等关键词。也即这些关键词是复杂性研究的基础，也是我们理解并运用复杂性相关理论的前提。

复杂性理论体系相当庞杂，主要包括产生了哪些具体的复杂性理论、采用了哪些具体方法来研究复杂性。目前，复杂性理论的核心内容主要包括涌现生成理论、复杂适应系统理论、遗传进化理论、自组织理论、人工生命理论、复杂网络理论等②。上述六种核心理论分别为我们提供了研究复杂性的具体工具和方法，包括涌现生成方法、复杂适应系统方法、遗传进化方法、自组织方法、人工生命方法、复杂网络方法等。复杂性理论坚决反对简化论的绝对化，但却在整合中把简化区分的方法看成一个相对的原则。复杂性理论提出的最大问题是知识的开放性和创造、发明的可能性问题。因此，社会科学和管理学应对复杂性的描述找到自己的方法。同时，只有跨学科和多种研究方法并用，才能在不同的领域提高人类对复杂性的认识水平③。因此，在科学研究特别是在人文社会科学研究中，复杂性的理论内容应当是为我们

① Steven M. Manson. Simplifying complexity: A review of complexity theory [J]. Geoforum, 2015, 32 (3): 405-414.

② 黄欣荣. 复杂性科学与哲学 [M]. 北京：中央编译出版社，2007：3-5，151.

③ Myléne Hardy，杨震宁，王以华. 复杂性理论的启示：管理学研究需要多元化方法 [J]. 科学学与科学技术管理，2008 (04)：11-18.

认识研究对象及环境提供一个新的视角，将抽象的理论运用到具体问题和情境中，而不是试图把原有的知识和经验全部推倒重建甚至追求无所不能的作用。钱学森先生曾说过，凡是不能用还原论方法处理或不宜用还原论方法处理的问题，而要用或宜用新的科学方法处理的问题，都是复杂性问题①。这应该是复杂性的理论建构及其运用的基本原则，以此为基础来提高对复杂性的认识，进而增添复杂性的理论意蕴并形成为我所用的理论视角与方法。

具体到本书的研究，主要侧重从复杂性理论视角出发，把握北极安全治理实质并尝试提出新的理论命题。其中涌现生成理论、复杂适应系统理论、自组织理论是当前研究复杂性的比较成熟的理论，分别能够回答复杂性何以产生、何以应对、何以演化的问题，在理论逻辑上构成了一个相对完整的自洽体系，基本贴合当前与未来北极安全治理的需要和趋势。以上理论的具体内容将在本章第四节分析框架构建部分详细阐释。

### 三、复杂性理论视角的应用及价值

作为一个全新的视角，复杂性是一个提出问题的词语，而不是给出解决办法的词语。一方面是对非分裂的、非隔绝的、非还原性的知识的向往，另一方面是对任何知识的非完成性和非完备性的承认，复杂性思想就是被这两方面之间的永恒的张力所驱动②。我们运用分解、还原的简单性视角认识和体验这个世界由来已久并获得了巨大成功，但真实的情况是被我们分解、还原的各个方面和层次的要素之间本身存在客观而复杂的关联，在一定程度上对这种关联的忽略，导致了我们时常陷入知识和行动“盲区”，制约了我们对真实性与本质性的追求。因此，需要我们通过分析复杂性理论视角的广泛运用，进而挖掘其重要价值。

复杂性理论最常用于研究集体行为（如暴民和群体行为）和时间序列分析以及常微分方程中的非线性动力学；复杂性理论也包含了进化生物学（共同）进化和适应的过程；路径依赖、涌现、适应、自组织等与复杂性相

① 许志国. 系统科学［M］. 上海：上海科技教育出版社，2000：299.

② ［法］埃德加·莫兰. 复杂性思想导论［M］. 陈一壮译. 上海：华东师范大学出版社，2008：前言.

关的概念，正在应用于包括自然科学、计算机科学和社会科学等在内的广泛学科，复杂性理论也被用来为博弈论应用提供信息等①。国内对复杂性进行运用和推广，最广为人知的是世界著名科学家钱学森先生及其研究团队所做的工作，他提出了开放的复杂巨系统及其方法论并将之作为一个科学新领域。对开放的复杂巨系统的研究可以采用定性定量相结合的综合集成方法，将专家群体（各种有关的专家）、数据和各种信息与计算机技术有机结合起来，把各种学科的科学理论和人的经验知识结合起来②。开放的复杂巨系统及其方法论有助于我们将复杂性理论视角应用到自然科学与社会科学的具体学科中去，推动不同学科的发展以及跨学科研究的进步。

综上所述，可以发现复杂性理论视角的价值主要体现在其思维、方法等的具体运用方面。一方面，复杂性思维为我们深刻认识事物打开了一扇新的窗户。复杂性思维广泛运用于自然科学与社会科学并在两者之间架起了一座跨学科的桥梁，在一定程度上超越了与经典科学发展密切相关的笛卡尔式的原则③，分解、还原是必要的，但是一定要重视事物整体涌现的复杂性，尽可能地实现思维层面的超越使其更加完备合理地反映客观事物本身。运用复杂性思维来认识事物，必须面对和重视这样一条自然复杂性的定律：不存在对任何具体特定事物所属自然种类的“描述”数目的任何限制。自然的复杂性意味着，如我们做的或可能做的——曾经实际上建立起来的自然科学的“基本规律”——其本身必然不足以去解释我们实际上所观察到的现象④。这就意味着我们只能对客观实在提供近似的说明，但这也并不妨碍我们运用

① Christopher Koliba, Lasse Gerrits, Mary Lee Rhodes et al. Complexity theory and systems analysis [M] //Christopher Ansell, Jacob Torfing (eds.). Handbook on theories of governance. Cheltenham: Edward Elgar Publishing, 2016: 366-367.

② 钱学森，于景元，戴汝为. 一个科学新领域——开放的复杂巨系统及其方法论 [J]. 自然杂志，1990 (01): 3-10+64.

③ 笛卡尔原则中的两条重要原则是：把我所审查的每一个难题按照可能和必要的程度分成若干部分，以便一一妥为解决。按次序进行我的思考，从最简单、最容易认识的对象开始，一点一点逐步上升，直到认识最复杂的对象；就连那些本来没有先后关系的东西，也给它们设定一个次序。（参看 [法] 笛卡尔. 谈谈方法 [M]. 王太庆译. 北京：商务印书馆，2000：16.）

④ [美] 尼古拉斯·雷舍尔. 复杂性：一种哲学概观 [M]. 吴彤译. 上海：上海世纪出版集团 2007：40，43.

复杂性思维去追求对客观实在的深刻认识。

另一方面，复杂性方法为我们把握事物发展演变的规律提供了新的思路。不论是哲学思辨层面还是技术与计算层面的具体复杂性方法，都有助于我们在认识事物复杂性的基础上，探寻事物发展演变的本质性动力并将其置于更加系统全面的角度下审视。当人们掌握复杂体系的规律性时，人们就可以开始从中间层或从一个更高的角度去理解、调节、制定、控制这个复杂的体系①。恰如美国普林斯顿大学生物学教授、生物复杂性研究中心主任西蒙·A·莱文运用复杂性思维和方法对地球命运及其保护所作的思考那样，为了抱有应对威胁我们生存的多种复杂因素的任何一种希望，我们必须把地球作为物理与生物的整合系统来考察，通过了解这一系统的工作机制，我们也将知道它为何失效，从而找到方法，事先采取行动，以维护地球持续养育我们的能力②。复杂性思维与方法运用所体现的复杂性理论视角的价值也就在于帮助我们了解作为系统的事物的运转机制，再基于此找到应对已然或潜在问题的方法，从而促进我们行动的前瞻性与合理性。

## 第二节　复杂性理论视角下安全治理的研究转向

所谓安全治理，就是在安全环境的变化下为探索新的安全维护途径而把治理理论运用到安全领域的尝试③，安全治理同样要从其治理能力提升和体系建设出发，不断优化其治理机制，提升其治理绩效。本书关于北极安全治理及其中国参与的研究，在理论与实践上均归属安全治理领域。在当前学术界关于安全治理的研究中，复杂性理论视角向来都是不可或缺的内容，也即

---

① ［奥］弗雷德蒙德·马利克. 战略：应对复杂新世界的导航仪［M］. 周欣，刘欢等译. 北京：机械工业出版社，2013：10.

② ［美］西蒙·A·莱文. 脆弱的领地：复杂性与公有域［M］. 吴彤，田小飞，王娜等译. 上海：上海科技教育出版社，2006：1.

③ 崔顺姬，余潇枫. 安全治理：非传统安全能力建设的新范式［J］. 世界经济与政治 2010（01）：84-96+156.

安全治理研究正在实现复杂性理论视角的转向。

## 一、安全治理研究的方法创新与领域聚焦

复杂性理论视角之所以能够运用于安全治理研究领域，其原因首先在于安全治理本身的复杂性。了解新兴的安全体系，可能需要一个新的理论视角，基于“安全治理”的概念，可以描述出从冷战时代集中化的安全体系到当今日益分散和复杂的安全结构的发展①；而安全治理体系的出现，也意味着安全政策的制定和实施要在国家、区域和全球各级的国家与非国家行为体的重叠网络之间实现共享②。日益复杂化的安全主体、安全环境、安全结构与安全应对方式等为复杂性理论视角的引入提供了条件。

首先，复杂性理论视角正在运用于帮助完善乃至重构安全治理的基本理论与方法。作为具有弹性的安全话语所构成的时间和空间环境，形成了复杂安全治理的时代背景，即它是一个由不确定性、认知挑战、复杂风险以及对即将发生的（并且不断变换的）脆弱性与持续适应性的需求所确定的一个新兴的、共同发展的复杂系统③。因此，识别不确定性、认知挑战、复杂风险和扩展适应性，成为复杂性的安全治理所要强调的内容。安全的现实情况加上治理的迫切需要，促使安全治理理论不能只关注特定时空环境下的、相对确定和简单的安全威胁和问题，而是必须要把握多样化的安全议题及其之间的复杂性关联，将安全与威胁的不确定性、演化性、涌现性、自适应性等纳入复杂性的统一框架下进行处理和应对。进而言之，安全治理的理论研究与实践应对方法，也不再是像过去一样从基于知识研究与经验实践而构建的“工具箱”中选择一种或几种“工具”，试图使安全问题与其研究和解决方法一一对应；而是必须要在重视安全问题客观复杂性的基础上，从研究和实

① Elke Krahmann. Conceptualizing security governance [J]. Cooperation and Conflict, 2003, 38 (01): 5-26.

② Elke Krahmann. From state to non-state actors: The emergence of security governance [M]. New York: Palgrave Macmillan, 2005: 3.

③ Emilian Kavalski. Timescapes of security: Clocks, clouds, and the complexity of security governance [J]. World Futures, 2009, 65 (07): 527-551.

践的思路上转变以往只追求简单性的做法，系统综合地应对安全治理问题。

在这种导向下，学者们不断尝试对安全治理的具体理论与方法进行创新。国外学者杰里米·J. 拉姆斯登等人编写的《复杂性与安全性》（Complexity and Security）一书，充分表明了复杂性理论视角对于安全治理理论与方法研究的价值：为了在复杂的世界中实现安全，必须确保我们有足够的多样性来应对复杂性及其潜在的危险，这种理念已经在能源、食品和环境安全、气候变化、经济转型以及安全技术作用等方面得以体现，并对人类加深对安全问题及其治理的理解具有重要作用。国内学者有的基于复杂性理论视角提出了有关安全治理的安全木桶模型并分析其组成部件和功能效用①；有的进一步扩展复杂性研究和安全研究的理论与方法，构造出复杂性测度的全方位测度体系②；还有的从研究对象和系统安全的结构复杂性、开放性、动态性、突现性和自组织性等角度分析了系统安全管理复杂性的根源③；等等。复杂性理论视角将会不断深入地运用到安全治理理论与方法研究中，并产生更多、更好的研究成果。

其次，复杂性理论视角广泛运用于探讨安全治理的诸多议题，形成相对聚焦的研究领域。受到笛卡尔原则的影响，作为一个难题的安全治理也被分成了若干部分，并体现为按次序地从最简单、最容易认识的具体安全治理问题开始。事实上，这并不是复杂性理论视角一味排斥的地方，而恰恰是复杂性理论视角用于深入探讨安全治理具体问题的起点以及不断超越的方面。在复杂性理论视角下，全球安全治理所具有的弹性离不开政策的异质性——即同时实施不同的安全战略以及开发新战略的意愿和能力，以应对意外变化的偶然性④。不同层次和范畴的安全治理具体议题以及这些议题的内部关联，均可以从复杂性理论视角予以分析，从国内外已有相关研究成果来看，复杂

① 宁德春，王建平. 基于复杂性认识的安全木桶模型探讨［J］. 中国安全科学学报，2008（06）：5-10.

② 宋华岭等. 复杂信息度量的安全系统结构复杂性评价［J］. 管理科学学报，2012，15(02)：83-96.

③ 翁翼飞，王家臣. 系统安全管理的复杂性研究［J］. 矿业安全与环保，2008（02）：78-80.

④ Emilian Kavalski. The complexity of global security governance：An analytical overview［J］. Global Society，2008，22（04）：423-443.

性理论视角主要运用于非传统安全领域的问题探讨。在非传统安全背景下，伴随着全球气候变化，极端天气、跨国犯罪，Natech（自然灾害引发技术灾难）和恐怖主义不断出现，贝克的“制造风险”概念与涉及经济安全、能源安全、环境安全、健康安全、粮食安全等在内的非传统安全领域产生共鸣，这完全是一种复杂性框架，网络风险模型成为将风险话语与非传统安全挑战联系起来的有效结构①。复杂性理论视角已经被广泛运用于但并不限于以下各个方面。

其一是在经济安全复杂性方面，涉及经济产业结构安全及其复杂性探讨②，构建数字复杂性经济以应对安全风险③，对建设区域性的复杂社会经济安全威胁的分析和应对④，揭示经济安全与经济复杂性之间相互联系的特征⑤等内容。其二是在能源安全复杂性方面，国内相关学者的研究涉及对中国能源安全体系复杂性及其应对的探讨⑥；运用复杂科学理论来提出基于人-地关系的区域能源安全复杂性框架模型⑦；借助计算机仿真工具建立区域能源安全分析框架⑧；构建多个耦合可再生能源消纳的不确定性区域能源综合调控模型⑨；等等。国外相关学者的研究涵盖立足能源安全的复杂性和多

---

① Anthony J. Masys. Manufactured risk, complexity and non-traditional security: From world risk society to a networked risk model [M] //Anthony J. Masys. Exploring the security landscape: non-Traditional security challenges. Switzerland: Springer International Publishing, 2016: 313.

② 刘刚. 开放经济下的产业结构复杂性及产业结构安全 [J]. 商业经济与管理, 2008 (03): 31-35.

③ Lucienne Abrahams. Framing the digital complexity economy [C]. 2015 International Conference on Cyberspace (CYBER-Abuja), November 2015.

④ H. Kozachenko, S. Onychshenko, O. Masliy. Region building complex social and economic security threats [J]. International Journal of Engineering and Technology (UAE), 2018 (07): 215-218.

⑤ K. Yu. Voloshenko. Economic security within the limits of economic complexity [J]. RUSSIAN JOURNAL OF REGIONAL STUDIES, 2021. 29 (02): 401-426.

⑥ 张仕荣. 中国能源安全体系的复杂性初探 [J]. 内蒙古师范大学学报 (哲学社会科学版), 2007 (05): 35-38; 张仕荣. 复杂性科学视角下对于中国能源安全体系的几点解析 [J]. 理论前沿, 2008 (05): 20-22.

⑦ 沈镭, 刘立涛, 张艳. 区域能源安全复杂性的理论分析框架与实证研究 [J]. 中国能源, 2010, 32 (11): 30-36.

⑧ 王胜等. 基于复杂系统科学的区域能源安全分析框架 [J]. 科技管理研究, 2014, 34 (07): 40-43+48.

⑨ 甄纪亮. 复杂条件下耦合可再生能源消纳的复合系统优化与管理研究 [D]. 北京: 华北电力大学 (北京) 博士学位论文, 2017.

维性探讨了多种能源安全政策方案[①]；对煤和能源安全历史复杂性进行深入剖析[②]；基于全球能源的演变分析气候变化和能源全球安全供应解决方案的复杂性[③]；等等。其三是在环境安全复杂性方面，有关学者以环境与安全为例探讨从复杂性冲突到稳定合作的过渡和演化[④]；运用复杂性的科学、方法和实践分析和应对水安全和突发环境风险[⑤]；借鉴复杂性概念和方法来把握人与环境关系的社会交叉性和复杂的不平等特点并理解人类共同体和“自然环境”的共生[⑥]；等等。其四是在健康、粮食与食品安全方面，国外相关学者认为需要通过复杂性治理的方式为全球利益相关者之间的持续合作、互动和相互依赖创造一个舞台来改变全球健康安全状况[⑦]；不同的国家和市场在解决粮食安全问题方面存在的不同规则和规范对当前全球粮食安全治理改革产生了复杂性影响[⑧]；复杂的农业系统有助于在气候变化的背景下促进粮食安全进而保障食品安全[⑨]；等等。国内相关学者则聚焦于将复杂性理论视角运用在食品安全治理方面，有人认为食品安全治理是一个牵涉多主体、多部门、多环节、多因素的开放的复杂系统[⑩]；有人基于复杂性理论视角对农产

---

① Benjamin Sovacool, Harry. Saunders. Competing policy packages and the complexity of energy security [J]. Energy, 2014, 67 (4): 641-651.

② Sovacool, Benjamin. Coal and the historical complexity of energy security: Peter A. Shulman, Coal and empire [J]. Technology & Culture, 2016, 57 (02): 460-463.

③ Fulcieri Maltini. Climate change and the complexity of the energy global security supply solutions: the global energy revolution [M] //Jeremy J. Ramsden, Paata J. Kervalishvili. Complexity and security. Amsterdam: IOS Press, 2008: 185-217.

④ Jürgen Scheffran, Bruce Hannon. From complex conflicts to stable cooperation: Cases in environment and security [J]. Complexity, 2007 (13): 78-91.

⑤ Praveen Kumar. Hydrocomplexity: Addressing water security and emergent environmental risks [J]. Water Resources Research, 2015, 51 (07): 5827-5838.

⑥ Erika Cudworth, Stephen Hobden. Beyond environmental security: Complex systems, multiple inequalities and environmental risks [J]. Environmental Politics, 2011, 20 (01): 42-59.

⑦ Just Haffeld. Facilitative governance: Transforming global health through complexity theory [J]. Global Public Health, 2012, 7 (05): 452-464.

⑧ Matias Margulis. The regime complex for food security: Implications for the global hunger challenge [J]. Global Governance, 2013, 19 (2): 53-67.

⑨ Uma Khumairoh, Jeroen Groot, Egbert Lantinga. Complex agro-ecosystems for food security in a changing climate [J]. Ecology and Evolution, 2012, 2 (7): 1696-1704.

⑩ 王海松. 基于复杂系统理论的食品安全治理研究 [J]. 河北经贸大学学报 (综合版), 2012, 12 (04): 84-85.

品质量安全保障系统进行了研究[①]；还有人从治理对象的复杂性、治理主体的多样化与复杂性、治理主体关系的复杂性、共治过程的复杂性等角度探讨了食品安全社会共治这一系统的复杂性挑战[②]；等等。其五是在更加具体且细化的安全问题的复杂性方面，比如，互联网安全的复杂性[③]和特定领域安全生产与监管的复杂性[④]等。由此可见，将复杂性理论视角用于审视和研究安全治理及其具体问题是一个重点方向和趋势，不断为安全治理研究增添新的思路和内容。

## 二、安全复杂性及其治理命题的理论提炼

立足上文对复杂性理论视角在安全治理研究领域的运用梳理，按照归纳分析的逻辑思路，可以提炼安全复杂性与安全复杂性治理这两个命题，以找准安全治理研究复杂性理论视角转向的进路。

一方面，复杂性是安全的本质特征，安全复杂性命题具有普遍性。英国克兰菲尔德大学教授杰里米·J. 拉姆斯登认为定义不同类型的安全对于安全研究非常有用，他将安全定义为三大类型：A 型是急性的，包括战争和恐怖主义的影响；C 型是慢性的，包括由通常植根于贪婪的犯罪行为所引起的个人威胁；D 型（用于“dauer”[⑤]）是指诸如气候变化和文明结构改变等长期威胁[⑥]。以上 A 型、C 型与 D 型安全，不仅其本身是复杂的，比如，战争的爆发有其复杂的政治、经济、军事、社会等原因并产生多方面的复杂影响和破坏；而且各种类型的安全之间也是存在高度复杂性关联的，比如，D 型

---

① 苏昕. 农产品质量安全保障系统研究：基于复杂性科学的视角 [J]. 管理现代化，2012 (03)：41-43.

② 刘智勇. 食品安全社会共治：制度创新与复杂性挑战 [J]. 中国市场监管研究，2016(02)：30-32.

③ 梁京章等. 互联网安全的复杂性 [J]. 计算技术与自动化，2006 (02)：124-126；张成阳，穆志纯，王振花. 基于复杂性研究的 Internet 安全模型 [J]. 北京科技大学学报，2003 (05)：483-486.

④ 张蓓，文晓巍. 农产品质量安全监管系统的功能和复杂性及其化解路径 [J]. 农业现代化研究，2012，33 (01)：59-63. 翁翼飞，王家臣. 系统安全管理的复杂性研究 [J]. 矿业安全与环保，2008 (02)：78-80.

⑤ 笔者注：dauer 是德语，中文意思是长时间、持续地存在。

⑥ Jeremy J. Ramsden. General survey [M] //Jeremy J. Ramsden, Paata J. Kervalishvili. Complexity and security. Amsterdam: IOS Press, 2008: 2.

安全问题潜在地影响着 A 型和 C 型安全问题的解决，A 型安全问题可能催化 C 型安全问题的产生。某一类型、领域的安全问题的产生、演化都会影响其他类型、领域的安全问题的产生、演化，进而也将影响整体性安全问题的存在和演化。当我们在考虑复杂性安全时，它更像是不断变化、发展的生物系统而非机械系统，因而它具有如下三个方面的特征：第一，产生安全性和不安全性的各个系统和子系统在环境和系统内部及其组分方面是不断发生变化的；第二，小的安全变化将有可能产生重大且难以预测的安全变化；第三，安全的复杂性研究正如它通过简要考虑如何解决问题所表明的那样，是一个非常广泛的多学科领域①。安全复杂性命题就是在把握上述三个特征的基础上来认识和应对安全的复杂性，并逐步实现安全的复杂性治理。

另一方面，安全的复杂性需要复杂性治理，安全复杂性治理命题具有可行性。在所有制度领域中，以及需要纳入任何关于我们世界快速变化的政治、社会和文化结构的广泛研究之中的许多其他领域，关键的制度特征就是日益增长的复杂性②。安全治理同样须面临和应对日益增长的复杂性，因而需要基于复杂性视角推动和优化安全治理。实际上，人类驾驭复杂性和不确定性的能力开始在高度复杂性和高度不确定性面前显得微不足道了，从而让世界呈现给了我们“危机事件”③。复杂性危机事件的不断呈现并产生扩散效应要求我们把握安全复杂性的本质特征，不能把安全治理的复杂性当作简单性来处理，从安全环境的开放性、安全要素的组分异质性、安全结构的多层次性、安全过程中的非线性关系及其作用等角度实现安全复杂性治理。除此之外，安全复杂性治理还应具有较高的环境适应性和问题回应性，并且能够解决安全治理中的平等参与和公平价值问题。因为如果复杂系统的集体过程——其治理——无法发现并应对新出现的不满和困难，那么这些过程可能会增长并导致暴力和不安全的失控过程，复杂性告诉我们的多样性是一种能

① Trevor Taylor. The “What”, “Who” and “How” of contemporary security [M] //Jeremy J. Ramsden, Paata J. Kervalishvili. Complexity and security. Amsterdam: IOS Press, 2008: 50.

② [加] 刘易斯·波利，[加] 威廉·科尔曼. 全球秩序：剧变世界中的机构、制度与自主性 [M]. 曹荣湘等译. 北京：社会科学文献出版社，2009：209.

③ 张康之. 合作的社会及其治理 [M]. 上海：上海人民出版社，2014：25.

够创造更加美好未来的适应性力量①。安全复杂性治理还需要结合具体的安全情境和问题进一步阐释。本书就是以北极安全治理为情境，探讨北极安全的复杂性与北极安全的复杂性治理，以此为安全复杂性与安全复杂性治理这两个命题提供更多、更新的理论研究空间。

## 三、安全治理研究复杂性转向的现实意义

前文所述的复杂性理论视角在安全治理理论与方法完善以及具体问题中的运用研究，属于现象层面的内容。在认识事物的过程中，还需要透过现象认识本质、从感性认识上升为理性认识并接受实践的检验。因此，对于复杂性理论视角运用于安全治理研究而言，也同样需要把握其本质性的方法论意义，这可以归结为复杂性理论视角对于安全治理研究基本问题的认识和解决作用，也即复杂性理论视角有助于进一步辨析和回答在安全治理研究中为什么需要治理、谁来治理、如何治理、治理效果如何评价等问题。

第一，复杂性理论视角有助于安全治理理由和依据的强化。应对客观存在的不安全状态与不断被感知到的安全威胁是我们希冀通过治理来获得与巩固安全的出发点，这是个人、组织乃至国家等多元主体推动不同领域与议题安全治理的共同特征。复杂性理论视角能够较好地把握不安全状态与威胁产生的原因及其机理，从而为回答“我们为什么需要安全治理”这一问题提供新思路。一方面，复杂性是安全本身所具有的基本特点。在全球治理时代，政治、军事、外交等传统安全问题在短时间内并不会完全消失，而是可能以新的复杂形态表现出来并将长期制约人类的基本安全。经济、环境、资源、文化等非传统安全问题彼此之间的复杂性关联早已众所周知，在地区、国家与全球层面持续产生安全“震荡效应”。而传统安全问题与非传统安全问题之间还存在大量的复杂性交织领域，并集中体现为人的安全及其受到的持续影响。另一方面，复杂性又是造成不安全状态与威胁的本质性原因。针

① Peter M. Allen, Mark Strathern. Complexity, Stability and Crises［M］//Jeremy J. Ramsden, Paata J. Kervalishvili. Complexity and security. Amsterdam: IOS Press, 2008: 91.

对风险社会任何议题、任何层级的治理，均可能由于复杂性作用而导致系统要素、系统结构以及系统功能的演化，进而导致治理结果的不可测性①。议题、环境、风险等的复杂性关联及其相互作用进一步加剧了不安全状态的产生并对我们感知威胁的时机和能力造成了挑战。因此，兼具“安全性”与“复杂性”的世界确实需要新的安全治理理念、方式和行动。

第二，复杂性理论视角有助于安全治理主体的合理化建构。安全治理实现的是谁的安全与谁来进行安全治理密切相关，也就是说治理主体的合理化建构有利于整合多元主体的力量，形成安全治理合力。在复杂性理论视角下，更复杂的安全环境及其威胁态势需要更加复杂多元的安全治理主体参与其中，并不断提高主体的适应性。复杂性的系统的观念，不仅关注表面事件，还要了解其中的行动模式和构造，并以其有意识的和无意识的价值观为前提去考虑对策，这才是最有效果的行动方法②。因此，复杂性理论视角下安全治理的主体不再是传统意义上的“管理者”，而是与复杂性安全问题密切相关、有助于优化安全治理行动模式、能够为安全治理建言献策的多元平等参与者，他们按照对安全问题的复杂性感知及其与安全问题的复杂性关联程度有序地参与治理过程，逐步实现消弭安全治理主体与客体、对象与环境等长期二分的目标，从而有利于建构起适应复杂性的安全治理主体体系。

第三，复杂性理论视角有助于安全治理理论研究方法的优化。在安全治理的方法论或分析路径方面，安全治理论者往往强调从行为体之间互动，特别是从“网络”、组织和制度的设置，以及规范的演变等角度进行分析③。安全治理理论研究倾向于将互动的行为体划分为不同的层次并将其置于安全网络之中，再以结构化的组织分析与体系化的制度分析展开。这实际上是一种简单化归思维方法的体现，安全行为体、安全网络、安全组织、安全制

① 范如国．“全球风险社会”治理：复杂性范式与中国参与［J］．中国社会科学，2017（02）：65-83+206.

② ［美］唐奈拉·H·梅多斯，［美］丹尼斯·L·梅多斯，［日］枝广淳子．地球的治理方法［M］．穆伟娜译．北京：中国电力出版社，2009：122.

③ 王伟光．把治理引入国家安全领域——安全治理研究评介［J］．国际关系研究，2014（01）：17-30+154-155.

度、安全规范等需要还原为最基本的构成要素，才能把握安全治理的实质。然而，这仅仅是一个方面，所谓的安全治理的基本构成要素，不仅其内部存在复杂关联，其本身也是和更高层次的安全治理要素共同演化的，所以试图通过抓住被分解、还原的部分基本要素就能够把握安全治理的实质是不充分甚至是不可能的。复杂性理论视角恰恰就为解决这个问题提供了思路，必须重视作为一个系统的安全治理所涌现的多重复杂性，即使为了便于研究将其分解、还原为若干基本要素，也应当在简单化归的基础上再进行复杂整合，使安全治理研究的思路和方法更为科学。

第四，复杂性理论视角有助于安全治理效果的精准识别和评价。这一点方法论意义是与前面三方面的内容密切相关的，必须重视安全治理的复杂性，安全治理也需要复杂性的主体来源与研究进路，随之而来的安全治理效果也就需要复杂性的方法来识别和评价。比如，涌现生成方法有助于把握安全治理的整体效果并考虑其与环境的关系，复杂适应系统理论方法可以用于评价安全治理过程中的适应性效果并找出其影响和改善因子，自组织方法可以分析安全治理效果的自组织条件与过程及其临界状态等。复杂性理论视角下更加具体的计算与技术方法，还能够对安全治理效果的精准识别与评价进行数据模拟并构建演化模型。总之，复杂性理论视角对于安全治理的理论研究与实践应对具有极大的方法论意义，需要我们不断挖掘和运用。

## 第三节 复杂性理论视角引入的必要性与可行性

复杂性理论视角在安全治理理论与实践领域的运用具有较强的方法论意义，将其运用到北极安全治理这一具体领域，既是优化和转变当前北极安全治理中简单性思维的需要，又在于复杂性理论视角具有较强的现实指导价值。

### 一、北极安全治理中的简单性思维及实践亟须转变

简单性思维产生于西方文明的滥觞，并在现代被自然科学大大强化，以

至于成为人们思考问题的不自觉前提，这一思维借助于牛顿所开创的机械论成为人们认识世界的主导范式，其意义在于将认识对象设置得相对简单，并以此迎合了主体寻求确定把握的欲求①。简单性思维的基本特征在北极安全治理中表现得比较明显。

除了如前所述经常可见的将北极安全问题层层分解之外，在北极安全治理的机制与制度背景方面也体现出简单性思维特征。一方面，当前部分涉及北极环境、航道安全等问题的北极治理，受到既有北极治理机制局限性的影响，基于地缘政治理念、区域治理理念和全球治理理念的三种北极治理机制，在面对北极环境保护和资源合理分配的新需求时，现有理念和机制已经不能相适应②。不同的治理理念和机制实际上是为了使包括北极安全在内的北极治理看上去更加简单和便于把握，尽管可能是以牺牲对北极安全治理问题的本质性把握为部分代价的。另一方面，在当前北极治理实践中，以北极理事会为核心的治理机制在北极安全问题应对上尚且捉襟见肘，更遑论其他北极区域性治理机制能够胜任北极安全行动者的角色扮演。北极安全理事会完全排除了“渥太华宣言”所规定的军事问题，因此很难全面解决安全问题；特别设置的供资安排、缺乏法律人格与有约束力的权力以及其成员不愿意扩大其他有关行动者的参与等制约因素，表明北极理事会目前的架构并没有以最好的配置来应对北极变化及其带来的一切挑战；并且北极理事会接受和改变自身制度局限性的方式一直是选择性的，可能进行的改革及其讨论都要在可接受的框架内进行，而不是以一种批判的方式来重新审视治理基础③。反思北极理事会在北极变化及其安全问题上的不足，最终还是利益相关行为主体，特别是北极国家在“删繁就简”地应对北极安全问题，很有可能在北极国家保持安全“存在感”、其他北极事务参与国家避免安全“敏

① 刘洋. 现代政治价值体系建构：西方国家的探索之路［M］. 北京：知识产权出版社，2014：172-173.

② 丁煌，朱宝林. 基于“命运共同体”理念的北极治理机制创新［J］. 探索与争鸣，2016（03）：94-99.

③ Page Wilson. Society, steward or security actor? Three visions of the Arctic Council［J］. Cooperation and Conflict, 2016, 51（01）：55-74.

感性”的同时，又陷入不可忽视的安全复杂性状态之中。

除此之外，带有简单性特点的北极合作形式，其效果并不明显，进而可能影响北极安全治理的合作绩效。北极合作——无论是在环北极的还是整个地区的——长期被认为是“20 世纪 90 年代早期的事情”：冷战后的即时倡议并未激发可持续的高水平政治利益①。所以，当前以简单性思维为基础的北极安全治理的可行性理念、制度与机制背景、设想中的合作框架等都亟待完善，这就需要从复杂性理论视角入手，转变理念和思维，进而优化行动路径，确保有效应对气候变化背景下的北极变化及其安全治理问题。

## 二、复杂性理论视角之于北极安全治理的指导价值

复杂性理论视角在安全治理领域的运用及其价值，有助于提炼安全复杂性及其治理的基本命题。具体到复杂性理论视角对于北极安全治理的指导价值，就要立足认识和思考复杂性的基本原则，回归复杂性理论视角的认识论与方法论作用上。当代著名思想家埃德加·莫兰指明了能够帮助我们思考复杂性的三大原则：第一个称之为两重性原则，该原则使我们能够在统一性的内部保持二元性，它连接了两个既对立又互补的项目。第二个原则是组织的循环原则，循环的观念是一个与原因/结果、产物/产生者、结构/上层结构的线性观念相决裂的观念。第三个是全息的原则，全息的观念既超越了只看到部分的还原论，又超越了只看到总体的整体论②。在上述原则指导下，北极安全治理是一个稳定与变化既对立又统一、体现非线性作用并超越还原论与整体论的复杂系统，因而需要基于安全复杂性与安全复杂性治理的理论命题来思考和应对。

进一步而言，复杂性理论视角的认识论与方法论对于北极安全治理的指导价值可以概括为以下两方面。一方面，复杂性理论视角蕴含的认识论有助

① Øyvind Østerud, Geir Hønneland. Geopolitics and International Governance in the Arctic [J]. Arctic Review on Law and Politics, 2014, 5 (02): 156-176.

② [法] 埃德加·莫兰. 复杂性思想导论 [M]. 陈一壮译. 上海：华东师范大学出版社，2008：74-76.

于我们把握北极安全治理本质。复杂性理论主要依照实际存在的客观复杂性，研究如何认识复杂性、如何消减复杂性①。北极安全及其治理具有充分的系统性并由此涌现出多重复杂性，把握北极安全治理议题之间的整体联系，重视北极安全复杂性与北极安全复杂性治理，均需要复杂性的理论提供认识论层面的知识和启发。另一方面，复杂性理论视角具有的方法论有助于我们建构北极安全治理系统并促进其合理有序地演化。一般情况下，认知上困难往往是反映复杂性而不是创造复杂性，在很大程度上，必须花费在描述和理解一个系统的构成和运作上的努力程度，是复杂性最好的实践指示器②。复杂性理论视角所坚持的超越与扬弃简单的、机械的还原论的方法论，能够帮助我们分析北极安全复杂性治理系统及其演化过程，比如，对北极安全治理系统的构成部分进行探讨、对北极安全治理自组织演化运行进行研究等。将复杂性理论视角应用于北极安全及其治理研究，意味着对北极安全及其治理的认识、应对等需要不断转变观念和思维方式，正如一般系统论和理论生物学创始人贝塔朗菲所说的那样，我们被迫在一切知识领域中运用“整体”或“系统”概念来处理复杂性问题，这就意味着科学思维方式的转变③。

## 第四节　基于复杂性理论视角的分析框架构建

辨析清楚复杂性本身，是基于这一视角进行北极安全治理研究的起点。当北极安全治理不断涌现生成复杂性时，需要按复杂性治理方式来处理，而不是一味地进行分解还原的简单性治理，因而需要分析其系统适应性，把握多元主体的行动逻辑。并且，基于复杂性生成与建构的北极安全治理系统，

---

① 吴彤. 复杂性的科学哲学探究［M］. 呼和浩特：内蒙古人民出版社，2008：285.

② ［美］尼古拉斯·雷舍尔. 复杂性：一种哲学概观［M］. 吴彤译. 上海：上海世纪出版集团，2007：28.

③ ［美］贝塔朗菲. 一般系统论：基础 发展 应用［M］. 林康义，魏宏森译. 北京：清华大学出版社，1987：2，310.

具有明显的演化特征，在一定条件下可以实现从无序到有序、从理论状态到实践操作的自运转、自组织。综上，本书主要基于涌现生成理论、复杂适应系统理论、自组织理论等构建北极安全治理复杂性何以产生、应对、演化的理论分析框架。然后在其复杂性涌现下把握中国参与的机遇挑战，在其复杂性系统建构中明确中国参与的身份定位，在其复杂性系统演化中明晰中国参与的利益生成，实现北极安全治理与中国参与两大议题的整合研究。

## 一、复杂性何以产生：涌现生成理论

涌现生成理论是美国学者霍兰提出的复杂性科学重要理论分支，它试图从科学层面解决组织的涌现生成问题①。该理论是认识与分析组织和系统复杂性的有力工具，世界著名的专门研究复杂性的圣菲研究所早就开宗明义地指出："复杂性，实质上就是一门关于涌现的科学……就是如何发现涌现的基本法则"②。组织和系统的复杂性是如何涌现出来的呢？这就需要把握涌现的内涵及其生成逻辑，明确涌现与系统复杂性的关系。

### （一）涌现的含义及其基本逻辑

#### 1. 涌现的含义

在复杂性理论发展过程中，涌现生成理论及其方法研究的典型代表人物是复杂理论和非线性科学先驱、以"遗传算法之父"而闻名的霍兰教授，他认为复杂性其实就是系统的一种涌现，但他同时也认为"像涌现这么复杂的问题，不可能只是服从一种简单的定义，我也无法提供这样的定义。但是，为研究这一问题，我可以提供一些标识"③。在霍兰教授首次对涌现现象及其机理进行深入探索的《涌现：从混沌到有序》一书中，他提出了涌

① 黄欣荣. 涌现生成方法：复杂组织的生成条件分析［J］. 河北师范大学学报（哲学社会科学版），2011，34（05）：28-33.

② ［美］米歇尔·沃尔德罗普. 复杂：诞生于秩序与混沌边缘的科学［M］. 陈玲译. 北京：生活·读书·新知三联书店，1997：115.

③ ［美］约翰·H. 霍兰. 涌现：从混沌到有序［M］. 陈禹等译，上海：上海科学技术出版社，2001：4.

现生成理论具有 8 个要点[①]，涉及生成系统、整体大于部分、组成部分改变、相互作用等概念和特征。由此可见，涌现与系统本身及其整体性、组分变化性、环境作用性、强化的稳定性等密切相关，是复杂性生成的基础。

站在相关学科领域演进和发展的角度来理解涌现，可以发现其一般性描述，涉及“悖论”中的思辨理解、化学中的潜意识理解、数学中的哲理理解、计算机中的智能理解、社会学中的推广理解等角度和内容[②]。从这些不同理解中，可以归纳出涌现的一般内涵，它主要是指由子系统及其若干部分在非线性相互作用下形成的系统，所产生和表现出来的只有整个系统才具有而原来的子系统及其若干部分或其简单叠加所不具有的新的状态、性质、行为和功能等。一句话，涌现是一个“由小生大、由简入繁”的复杂系统“生成”过程。涌现与由子系统及其若干部分构成的系统及系统内部复杂的非线性作用密切相关，也即涌现是非线性复杂系统的基本特征。线性作用下的系统也具有整体涌现性，但表现出来的往往是“整体等于部分之和”甚至是“整体小于部分之和”，新的状态、性质、行为和功能等难以产生。在“整体大于部分之和”的非线性复杂系统中，不仅系统整体的结构和功能得到增强，子系统及其若干部分的作用在整体的系统作用下也会大于其在原来状态下的作用。事物作为系统的根本特征，在于具有整体涌现性；用系统观点看世界，最重要的是把握对象的整体涌现性[③]。

事实上，涌现是客观存在的，因为小到分子、原子大到整个自然、社会的不同世界都具有客观的系统性，整体性的系统正是涌现产生的基础，探讨涌现性离不开对系统的深入分析。系统的多元化与多样性使得涌现不仅具有深刻的内涵，还产生了多种多样的涌现类型学说。比如，国内学者苗东升，

---

① 这 8 个要点分别是：(1) 涌现现象出现在生成系统之中，这些系统是由那些种类相对较少并遵循着简单规律的一些基本元素组成的；(2) 在这样的生成系统中，整体大于部分之和；(3) 生成系统中一种典型的涌现现象是，组成部分不断改变的稳定模式；(4) 涌现出来的稳定模式的功能是由其所处的环境决定的；(5) 随着稳定模式的增加，模式间互相作用带来的约束和检验使得系统的功能也在增强；(6) 稳定模式通常满足宏观规律；(7) 存在差别的稳定性是那些产生了涌现现象的规律的典型结果；(8) 更高层的生成过程可以由稳定性的强化而产生。

② 施杨. 涌现研究的学科演进及其系统思考 [J]. 系统科学学报，2006 (02)：58-63.

③ 苗东升. 论系统思维(六)：重在把握系统的整体涌现性 [J]. 系统科学学报，2006(01)：1-5+81.

在分析有规则控制与无规则控制涌现、功能性与非功能性涌现、平庸的与非平庸的涌现基础上，对涌现现象的三种具体类型进行了讨论：第一种是线性系统的涌现与非线性系统的涌现，第二种是自组织的涌现与他组织的涌现，第三种是突发性涌现和非突发性（渐成式）涌现①。再比如，国外学者约亨·弗洛姆基于不同的反馈类型和因果关系及其整体结构，将涌现分为如下四类：I 型简单/标称涌现，即缺乏自上而下的反馈，包括简单的有意识涌现和无意识涌现；II 型弱涌现，包括基于自上而下的反馈的稳定型与不稳定型弱涌现；III 型多重涌现，具有很多反馈回路的或具有主体代理性与自适应性的涌现；IV 型强涌现，即出现多层次反馈并伴随所创建系统的大量变化的涌现②。亚内尔·巴-亚从微观到宏观的涌现状态，同样将涌现的 4 种类型进行了区分：（1）考虑整个系统的性质与单独观察到的部分的性质的涌现；（2）考虑系统微观和宏观视图关系的弱涌现；（3）来自系统处于可能状态的集合而不是特定状态的强涌现；（4）基于系统与环境关系属性的强涌现③。不同的涌现类型学说为我们把握不同系统与环境下的涌现现象提供了思路，同时也拓展了涌现的外延，涌现在形式上有自组织与他组织之分，在程度上有强弱之分，在结果上有不同的环境影响关系、系统功能作用、变化表现形态等。

2. 涌现的基本逻辑

涌现的内涵是从静态角度来分析的，那么从动态角度来看，涌现是如何产生和判别的呢？这就涉及涌现的生成逻辑，也即涌现产生的条件与机制问题。自 20 世纪前后，就有不少学者基于自身的研究领域和特长对上述问题给出了各自的回答。比如，普利高津的耗散结构理论指出耗散是涌现形成的

---

① 苗东升. 论涌现［J］. 河池学院学报，2008（01）：6-12.

② Jochen Fromm. Types and forms of emergence［J/OL］.（2005-06-13）.［2023-10-07］. https：//arxiv. org/ftp/nlin/papers/0506/0506028. pdf.

③ Yaneer Bar-Yam. A mathematical theory of strong emergence using multiscale variety［J］. Complexity，2004，9（06）：15-24.

机制①；赫尔曼·哈肯的协同理论认为竞争性协同、开放和远离平衡分别是涌现产生的机制与条件②；圣菲研究所的克里斯托弗·兰顿提出的人工生命理论对自然界中的涌现机制进行了探讨③；霍兰将涌现性形成的微-宏观机制看作一个受限生成过程④。尽管相关研究者在各自的学科领域中把握住了涌现的本质性特征，但是对于涌现生成的背后逻辑，仍然没有形成共识性结论。

虽然涌现现象在物理系统、计算机系统、生物系统、社会系统等不同类型的系统中表现不一，但是它们具有某些相互关联的共同属性。比如，从复杂系统的涌现中观察到新的特征、具有整体的与宏观层面的连贯性、通过明示系统自身相对之前的不同来体现涌现性等。美国艾德菲大学的杰弗里·戈尔茨坦教授认为，涌现现象不是预先给出的整体现象，而是随着时间的推移和复杂系统的演变而出现的，它作为一种动力学结构的出现与动力系统中新吸引子的产生（即分形）有关⑤。他还给出了如图 1-1 所示的有关连续涌现的解释。一般意义上涌现的生成与一定时间与环境条件下子系统及其若干部分的重新组织或配置密切相关，时间跨度、环境作用是涌现生成的必要条件，具有非线性作用的子系统及其若干部分的存在是涌现生成的充分条件。乔瓦娜·迪·马佐·塞鲁根多等人所给出的涌现的三个判据⑥也证明了这一点。系统涌现生成产生的效果远远超过系统构成部分的简单叠加效果，形成了必须从整体系统层面而非子系统及其若干部分层面才能观察得到的新特质。由此可见，整体性的系统是涌现生成的基础条件，系统涌现出来的新的

---

① Macklem P T. Emergent phenomena and the secrets of life [J]. Journal of Applied Physiology, 2008, 104 (06): 1844-1846.

② Haken H. Synergetics introduction and advanced topics [M]. Berlin: Springer, 2004: 1-20.

③ Langton C. G. Artificial life: An overview(Complex adaptive systems) [M]. Florida: Bradford Book, 1997: 1-20.

④ Holland J. Emergence: from chaos to order [M]. MA: Helix Books, 1999: 1-9.

⑤ Jeffrey Goldstein. Emergence as a construct: history and issues [J]. Emergence, 1999, 1 (01): 50.

⑥ 三个具体判据分别是：(1) 一个整体的涌现特征不是其部分的特征之和；(2) 系统涌现特征的种类与系统组分特征的种类完全不同；(3) 涌现特征不能从独立考察组分的行为中推导或预测出来。(参看 Giovanna Di Marzo Serugendo, Marie-Pierre Gleizes, Anthony Karageorgos. Self-organisation and emergence in MAS: an overview [J]. Informatica, 2006, 30 (01): 45.)

状态、性质、行为和功能等又进一步促进了系统的演化和发展。有学者指出了系统产生涌现的四大要素，即自治性个体、相同行为规则、环境熵输入、系统与个体的反馈，在这个基础上，反馈是涌现动力学机制的核心，系统状态又是反馈的关键参数[①]。这就再次说明涌现生成离不开形成系统的子系统及其若干部分的非线性反馈作用，涌现出来的系统状态在环境的影响下又不断增强了这种反馈作用。

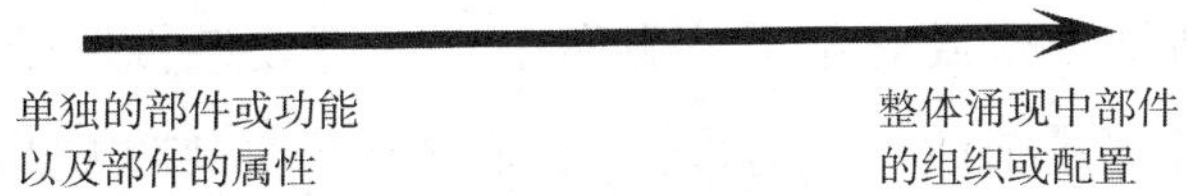


图 1-1　连续涌现性生成的图示

### （二）涌现与系统复杂性的关系

涌现性是一个描述复杂系统层次所呈现的模式、结构或特征的科学概念[②]，而复杂系统所具有的复杂性又是其根本特征，所以涌现现象及其机理是我们认识复杂系统的关键所在，涌现也因之成为我们把握系统所具有的复杂性的视角与工具。概而言之，系统的复杂性是不断涌现而成的，存在一定环境与时间条件下由具有非线性作用关系的子系统及其若干部分构成的复杂系统，是复杂性涌现的基础。

当然，系统复杂性的涌现应当是一个复杂的过程。约亨·弗洛姆的《复杂性的涌现》一书，在面对学界关于复杂性和涌现性概念及其关系的研究模糊不清的情况下，运用多主体系统及其面向对象的编程理念，通过大量形象的图示描述了复杂适应系统的复杂性特点。在书中，约亨·弗洛姆给出了如下图 1-2 所示的复杂性涌现过程，主体（Agent）[③] 在“复制”和“适应”

---

① 屈强，何新华，刘中晅. 系统涌现的要素和动力学机制［J］. 系统科学学报，2017，25（03）：25-29.

② 李志勇，田新华. 非线性科学与复杂性科学［M］. 哈尔滨：哈尔滨工业大学出版社，2006：152.

③ Agent 是 Minsky 在 1986 年出版的《思维的社会》一书中提出的，他认为社会中的某些个体经过协商之后可求得问题的解，这些个体就是 Agent，Agent 应具有自主性、社会交互性、反应能力和欲动能力，能通过感知环境而做出动作（参看艾热提·阿布力克木，刘芳园. 基于主体 Agent 上的意图表示［J］. 新疆师范大学学报（自然科学版），2009，28（04）：51-53.）。

的基础上经过“融合”和“分裂”的转化过程进而生成复杂性。其中，“复制”可以看作系统主体在数量和组分上的增加，“适应”则是系统主体在一定时间与环境中的自组织与自适应演化，这是复杂性涌现生成的必经过程。“融合”和“分裂”则是系统主体在整体涌现的基础上产生新的结构、行为与功能的过程，再进一步通过转化而产生系统的复杂性。具体而言，这种复杂性是通过从主体的内部维度到复杂适应系统（CAS）的外部维度的承继来转化的，因为新的主体或对象虽然更简单（内部复杂性降低）但却更加多样化（增加了外部复杂性），换言之，复杂性在外部维度中出现只是因为它从一个维度转化到了另一个维度，系统的整体复杂性得以保存。从内部维度到外部维度的转化是从“拥有”（To have）到“成为”（To be）的变化，转化之前的主体具备诸多可能性与能力，转化之后的主体是作为某个类型的主体并扮演一定角色且受到该角色的约束，这些突然涌现的新角色、种类或类型，增加了多主体系统的复杂性[①]。因而，分析主体所在的系统及其涌现现象与机理，是我们回答“系统复杂性为什么涌现以及如何涌现”这个问题的合理方式之一。

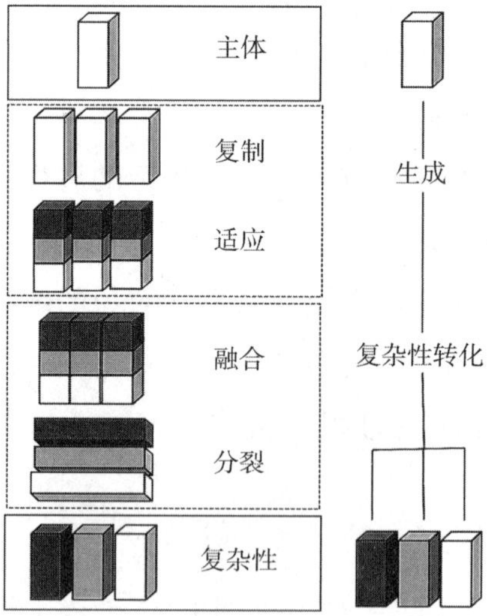


图 1-2 复杂性涌现过程图示

① Jochen Fromm. The emergence of complexity [M]. Kassel: Kassel University Press, 2010: 57-58.

### （三）涌现生成理论的适切性

涌现生成理论启示我们必须既研究各个部分，又研究各部分之间的相互作用，因为就涌现而论，整体行为确实比各部分行为的总和更复杂①。关注构成系统的各个子系统及其若干部分之间的非线性作用，是复杂性得以涌现并被我们认识与把握的关键。

众所周知，北极安全治理包含多元主体、多样需求与多个领域，夹杂着传统安全、环境保护、资源开发、科学考察等复杂利益诉求，形成了众多相互关联嵌套的子系统。比如本书开篇提到的北极自然系统与人类北极活动系统的相互影响，就可能产生一系列潜在安全威胁与问题。当前，北极地区已经形成具有多重安全属性的公共治理领域，其安全治理的议题范围已经超越主权国家②。将上文所述的涌现生成理论用于指导具体研究，至少具有以下三个方面的适切性：

第一，为认识北极安全及其治理问题提供系统视角。涌现生成理论关注的是系统的整体性，既注重分析不同层次和种类的子系统，又高度关注子系统之间的相互作用，实现低层次向高层次、局部向整体的过渡。这与把握北极安全治理系统的动态变化特征相契合，北极不同的安全子系统与治理子系统相互作用，从整体上涌现出复杂性，有助于我们把握北极安全治理的实质。第二，为应对北极安全治理的复杂性奠定基础。涌现生成理论所提供的层次研究、分类研究等思路与方法，有助于帮助我们把握北极安全治理的复杂性，深入剖析各个子系统的组分及其相互关系，从而为认识和应对复杂性提供指引。第三，为中国参与北极安全治理提供背景视野和观察窗口。一方面，北极安全治理涌现出的现实问题与大国关系变化、全球安全治理格局密切相关，需要北极域内外国家、原住民组织、相关国际组织与跨国公司等通力合作予以解决，其中就包括中国在内的实质性参与北极事务国家，切实发挥积极作用。另一方面，基于北极安全治理的涌现性，中国需要合理评估参与的基

---

① ［美］约翰·霍兰. 涌现：从混沌到有序［M］. 陈禹等译. 上海：上海世纪出版集团，2006：16.

② 肖洋. 北极安全治理：地缘风险与演变趋势［J］. 当代世界，2022（07）：54-59.

础、条件与成效、不足等，既要重视和维护我国在北极的战略价值，又要注意避免陷入大国之间的北极地缘博弈。正如相关学者将中国在北极的角色界定为“观察者与被观察者”[①] 一样，中国要在北极安全治理的复杂性涌现过程中边观察、边学习、边适应，找准参与北极安全治理的领域和时机。

## 二、复杂性何以应对：复杂适应系统理论

### （一）复杂适应系统理论的基本内容

复杂适应系统（Complex Adaptive System）理论，一般简称为 CAS 理论，也是由霍兰教授首次提出的。CAS 理论源起于 1994 年霍兰教授受邀在圣菲研究所成立 10 周年之际举办的年度学术会议上所作的一次报告，其中心思想是“适应性造就复杂性”，圣菲研究所后来将 CAS 理论作为研究复杂性的理论支柱之一。该研究所将 CAS 定义为：一个复杂的、非线性的、能够适应不断变化的环境的交互式系统，这种系统的特征在于具有造就带有新特性的新结构的潜力，可以通过随机变异、自组织、内部环境模型的转换和自然选择来不断发展。实际例子包括生物体、神经系统、免疫系统、经济、公司和社会等。在 CAS 中，适应性主体可以根据某些规则进行交互、进化，以最大化地实现包括适应环境等在内的目标。适应性主体是 CAS 的关键概念，相对之前的系统思想而言，构成系统的适应性主体能够自主地与环境进行互动，并通过基于一定规则的交流、学习等来不断适应环境，使自身目标和行为更加符合内外部环境发展变化的要求。因此，CAS 理论属于第三代系统思想[②]的重要内容。CAS 理论对于系统复杂性如何产生与演化这一问题与现象的解释，也是基于适应性主体的特性与行为来进行的，CAS 理论把系统的要

① Kuersten Andreas. China′s role in the Arctic：Observing and being observed [J]. Polar Record，2022 (58)：1-2.

② 第三代系统思想，核心是强调个体的主动性，承认个体有其自身的目标、取向，能够在与环境的交流和互动作用中，有目的、有方向地改变自己的行为方式和结构，达到适应环境的合理状态（参看陈禹. 复杂适应系统（CAS）理论及其应用——由来、内容与启示 [J]. 系统辩证学学报，2001 (04)：35-39.）。

素（适应性主体）看成具有自身目的的、能调控自己行为的“活的”主体，而这些特性和行为的主要表现就是主体的适应性和因之而产生的复杂性[①]。换言之，系统的复杂性是由适应性主体在某一种或某几种相关性不大的简单规则的支配作用下产生的，这也与复杂性涌现的“由简入繁”的逻辑过程相符合。在简单的规则下，主体的适应性行为不断促成了复杂性的产生并促进了系统的存续和发展。CAS 中的行为本质主要可以区分为以下两类：第一是内部行为，这些行为是主体内部采取的动作，即这些动作首先影响主体本身，并且可能通过该主体参与的各种交互来影响其他主体，主要是由主体的内部动态发起。第二是交互行为，这些行为是主体在外部环境中采取的动作，即这些动作影响网络中的其他主体，这种对其他主体的影响是通过环境允许的或由网络属性指定的多种模式来进行沟通交互的[②]。

在适应性主体内部行为和交互行为的作用下，CAS 具有组成性、关联性、整体性、层次性、对环境的相对独立性等基本特征[③]。众多的适应性主体通过自身行为目标与外部环境作用而相互关联，进而形成具有层次结构与整体功能的 CAS。如果说这是 CAS 形成与建构的内部关系，那么基于 CAS 的视角来理解系统与系统之间的关系，可以发现一个 CAS 是另一个 CAS 的组成部分，并且它本身也是由许多 CAS 组成的[④]。数量繁多、规模不一、相互嵌套影响的 CAS 及其构成的理论，可以成为我们深度审视事物的重要视角。如果按照适应性主体的数量与结构来认识事物的系统性与复杂性，圣菲研究所所言的由多个个体组成的多主体系统应该是普遍存在的，多主体系统下的事物越来越具有“去中心化”甚至“无中心化”的趋势，越来越多的能够自主决策并适应环境的行为主体将会增加事物的系统复杂性并衍生出新的治理需求和结构。因为这种系统可以被称为多中心的，甚至由于以自我为

---

① 葛永林，徐正春. 论霍兰的 CAS 理论——复杂系统研究新视野［J］. 系统辩证学学报，2002（03）：65-67+75.

② Saurabh Mittal. Emergence in stigmergic and complex adaptive systems: A formal discrete event systems perspective［J］. Cognitive Science Research，2013，21（5）：22-39.

③ 侯合银. 复杂适应系统的特征及其可持续发展问题研究［J］. 系统科学学报，2008（04）：81-85.

④ 王周焰，王浣尘. 复杂适应系统［J］. 科学学与科学技术管理，2000（11）：50-52.

中心的主体是如此之多以致可以被称为“无中心”的①。比较典型的例子就是生物组织和广义的社会组织，前者包括细胞、细胞间质、细胞群等相互关联和作用的适应性主体，后者涉及政府、企业、学校、医院等不同类型的适应性主体，这两者的“高度复杂性表现在它们同时是无中心的（也就是说以无政府的方式通过自发的相互作用运转）、多中心的（即拥有几个控制和组织的中心）和一中心的（即同时还有一个最高的决策中心）”②。除了多主体的系统之外，CAS 还有复杂的系统结构功能关系，用向量可以表示为：$Y=F(X_1, X_2, X_3, R, T)$，其中 $Y$ 表示系统的功能，$X_1$、$X_2$、$X_3$、$R$、$T$ 分别表示 CAS 的主体、系统的结构、系统的环境、主体与环境的关系以及系统的时间③。因此，CAS 理论是探讨和总结适应性主体与系统功能、结构、环境、时间等之间复杂性关系的研究内容与体系，建构和分析符合事物实际情况的 CAS，有助于我们进一步把握和应对复杂性。

进一步来说，理解 CAS 理论，可以先从明晰其关键维度入手。安德鲁·曼·乔·马和布兰威尔·奥索拉在将 CAS 理论与中国道家、儒家思想进行比较的基础上，概括了如下表 1-2 所示的 CAS 的关键维度及其内容。CAS 理论是出于促进组织活力并使其适应变化的环境而建构发展起来的新的系统理论，相互关联的主体一方面基于有限而简单的规则、通过自下而上的路径来施加影响并持续互动，另一方面通过学习来明确超越当前状态的未来导向并尽快地适应不断变化的环境，以此促进无序与有序的统一，把握复杂性的“亦此亦彼”特性。在 CAS 理论的具体研究方面，霍兰教授提出了一整套的理论工具体系，并认为这一理论遵循了一定的理论刻画逻辑④：首先提出了一组规则（因果规则）、两个基本概念（主体、适应性）、三套运作机制（标识、内部模型、积木）、四个通用特性（聚集、非线性、流、多样

① 陈一壮. 论贝塔朗菲的“一般系统论”与圣菲研究所的“复杂适应系统理论”的区别［J］. 山东科技大学学报（社会科学版），2007（02）：5-8.

② ［法］埃德加·莫兰. 复杂思想：自觉的科学［M］. 陈一壮译. 北京：北京大学出版社，2001：141.

③ 肖冰，陈潮填. 基于 CAS 理论的结构——功能动态关系研究［J］. 系统科学学报，2015，23（02）：41-44.

④ 黄欣荣. 复杂性科学方法及其应用［M］. 重庆：重庆大学出版社，2012：89.

性)，在此基础上构建了单个主体的适应学习机制（主体适应性刻画）和宏观发展模型（回声模型）。CAS 理论可以说是涌现生成理论的进一步发展，揭示了 CAS 如何适应环境与维持生存的机理。上述霍兰教授所提出的相关概念与观点正是本书以 CAS 理论为指导，探讨北极安全治理复杂性系统建构的理论基点，下文将进行详细的界定和分析，此处不再赘述。

**表 1-2　CAS 的关键维度及其内容**

| CAS 的关键维度 | 内容 |
|---|---|
| 前提 | 组织充满活力并适应不断变化的环境 |
| 权威和权力 | 自下而上的，主体（Agent）具有有限的自由 |
| 组织结构 | 组织中的主体是相互关联的 |
| 过去/未来的定位 | 未来导向的（螺旋式） |
| 发展重点 | 主体间的互动——大局观（整体性）趋势的涌现 |
| 学习 | 学习型组织 |
| 优点与价值 | 在科学结构中保持价值中立 |
| 最佳状态 | 奇怪的吸引子（无序中的有序） |

资料来源：Andrew Man Joe Ma，Bramwell Osula. The Tao of complex adaptive systems (CAS)［J］. Chinese Management Studies，2011，5（01）：94-110.

### （二）复杂适应系统理论的适切性

当前 CAS 理论的发展与应用，还处于探究和阐释复杂性及 CAS 的系统建构与行为发展的初始阶段，如何通过相对完善的软件平台①来管控和应对 CAS 及其复杂性就更加需要长时间的理论积淀与实践探究。比如，有学者在 CAS 理论的基础上提出关于组织的智能复杂适应系统（Intelligent Complex Adaptive System，ICAS）概念，ICAS 在当前可预期的知识组织的基础上，形成由众多子系统组成的生命系统，它通过不断耦合、互动和共同发展来提供一种先进的、智能的技术社会适应性组织所需要的能力②。CAS 理论应用的创新离不开新的理论与概念的提出和新的软件与工具的开发，正如在 ICAS

① 在软件平台方面，圣菲研究所开发的 SWARM 软件平台在一定程度上提供了 CAS 应用的基本手段和条件，但是该软件平台在描述、表达以及使用的适切性与便捷性等方面还存在不足。

② Alex Bennet，David Bennet. Organizational survival in the new world：The intelligent complex adaptive system［M］. London：Routledge，2003：25.

中，应用的核心过程就需要涉及创造力（产生有助于解决问题的新的思想、观点、理念与方法等）、解决问题（形成由个人、团队、网络或人群等组成的问题解决体系并提供具体的途径）、决策（选择由问题解决过程产生的一个或多个备选方案）与执行（通过获得更多的理解和支持来完善建立在联系和知识基础上的执行过程）等诸多方面①的再思考与再设计。概言之，当前 CAS 理论应用的主要领域包括生物学和生态系统、商业管理、社会生活的计算模型、经济学、疾病预防、医疗保健管理、人力和服务系统、信息和软件工程、制造业务和设计、医学护理和医疗实践、职业生物力学、组织和团队绩效、心理学和认知人体工程学、科学与工程、社会科学等②。CAS 理论在上述领域的应用，更多的是借助该理论的基本概念、框架与逻辑思路，以更好地解释不同系统的复杂适应特性并寻求初步的应对思路。

以 CAS 理论在生态系统研究领域的应用为例。一方面，包括地球在内的整个生态系统可以看作一个巨大的 CAS。国外有关学者基于盖亚理论，将包括生命（生物群、大气、水圈）、有机物质、土壤、沉积物以及与地表相互作用的岩石圈（地壳）部分过程（包括沉积岩和受风化影响的岩石）等在内的地球表面的热力学开放系统，视为一个 CAS③。西蒙·A·莱文教授进一步指明了将生态系统看作 CAS 必须解决的 6 个基本问题④。基于 CAS 理论视角探讨复杂的生态系统，关键在于把握多种多样的适应性主体，掌握它们之间及其与环境的互动行为、特点、规律等形成纷繁复杂的生态系统的机理。另一方面，在包括地球在内的整个生态系统中，还存在两个最大的、基

① Alex Bennet, David Bennet. Organizational survival in the new world: The intelligent complex adaptive system [M]. London: Routledge, 2003: 34-35.

② Waldemar Karwowski. A review of human factors challenges of complex adaptive systems: discovering and understanding chaos in human performance [J]. Human Factors, 2012, 54 (06): 983-995.

③ Timothy M. Lenton, Marcel van Oijen. Gaia as a complex adaptive system [J]. Philosophical Transactions: Biological Sciences, 2002, 357 (1421): 683-695.

④ 即（1）生物多样性的分布和组织存在哪些模式？（2）这些模式是由局部性条件唯一确定的还是由历史上和空间上的偶然性确定的？（3）生态系统如何在生态时间内组合起来？（4）演化如何塑造生态系统属性？（5）生态系统结构与功能之间有什么关系？（6）演化是否会增加弹性或导致临界性？它会导致混沌的边缘吗？（参看 Simon A. Levin. Ecosystems and the biosphere as complex adaptive systems [J]. Ecosystems, 1998 (1): 431-436.）

本的 CAS。第一大基本的 CAS 由大气和生物界—海洋这两个部分构成，地球这个单一系统的两个部分是动态耦合的，彼此施加巨大的力量，每天在它们之间交换数万亿吨的水，在太阳的热量作用下，这个巨大的移动系统是地球气候的引擎。地球上第二大基本的 CAS 也有两个主要组成部分：第一部分是行星生态圈；第二部分是嵌入其中的人类群体，它们共同组成了我们现在称之为社会生态系统的东西。像大气—海洋复合体一样，这两个部分也是深度互动的，引起了一系列令人眼花缭乱的大小不同的变化，其中一些转瞬即逝，一些极其缓慢①。在复杂的生态系统内产生和存在的其他各种各样的 CAS，比如，人类群体的政治系统、经济系统、社会系统、文化系统等以及更加具体的其他相关系统等，都存在着不同的适应性主体并由此涌现出复杂性。

总的来说，CAS 理论的应用就是寻求一种新的认识与改造世界的思考模式的过程。基于 CAS 理论进行思考的本质，可以概括为以下几个方面：第一，在广泛的描述层面，系统可以被定义为由互连元素组成的实体，以及具有将内部与环境进行分隔的边界的实体；第二，系统的行为不能仅仅通过对其组成部分的形式分析得以真正理解；第三，CAS 是进化的，不像机械系统那样回归平衡状态，而是随着时间的推移不断改变结构和行为；第四，CAS 的动力学过程受到其组成部分的空间模式的强烈影响；第五，CAS 通常根据其复杂性进行讨论——内部组件及其相互作用随着时间的推移变得越来越繁多，反过来需要更大程度的组织体系②。CAS 理论应用的主要逻辑在于：首先应对 CAS 进行合理描述，进而确定对大于部分功能之和的系统整体的恰当分析方式；其次要以主体、环境、时间等为基准，运用进化和动力学的观点来看待系统的变化与发展；最后要把握 CAS 的复杂性及其演化机理，寻求复杂性应对与治理的有效路径。在这种逻辑下，CAS 理论及其应用对本书关于北极安全治理复杂性系统建构的研究，具有如下价值和适切性：

① Stephen J. Purdey. Global governance：Impressions from complex adaptive systems theory ［R］. Lund：Earth System Governance Project，2017：9.

② Andy Hall，Norman Clark. What do complex adaptive systems look like and what are the implications for innovation policy? ［J］. Journal of International Develepment，2010，22（03）：308-324.

第一，在北极安全治理复杂性涌现的基础上，基于CAS理论能够进一步对北极安全治理系统的复杂性进行深入剖析。如果说北极安全复杂性涌现是非线性作用下的系统整体不断表现出来的新特性，那么CAS理论则指明了北极安全治理系统内部主体的适应性是如何产生复杂性的，具有主动性的主体之间及其与环境的持续、反复作用，使北极安全治理复杂性系统得以建构并不断演化。第二，CAS作为一类常见的和重要的复杂系统，可以启发我们将北极安全治理视为一个CAS并对其进行合理描述。尽管正如CAS理论的自我反思一样，主体及其适应性未必是系统产生复杂性的唯一原因，但却为我们把握具有CAS特征的复杂系统提供了一个有效视角。作为一个CAS的北极安全治理系统，既存在多个类型与层次的适应性主体，又具有主体与主体、主体与环境的复杂交互机制，还产生着基于刺激与反应的系统宏观模式等。第三，借助当前相对成熟的CAS的相关概念和方法，建构北极安全治理的复杂性系统，并通过构建初步的模型进行刻画。北极安全复杂性离不开复杂性治理的理念与方式，建构北极安全复杂性治理的微观和宏观模型，有助于优化北极安全治理机制，应对全球气候变化背景下的北极及其治理问题。因此，北极安全治理复杂性系统建构的关键在于以“适应性造就复杂性”的CAS机理为基础，不断具体化北极安全治理复杂性系统的构成要素，增强应对北极安全化与去安全化①

① 在这个定义中以及上下文其他地方多次提及的“安全化”与“去安全化”表述，主要意指“一个问题可以进入安全议程，被‘安全化’，也能够退出，被‘去安全化’”，这种研究路径注重将“过程”看作分析的核心，安全化是一种特殊的“构架”，是创造“安全问题”的一种行动方式（参看汤蓓. 安全化与国际合作形式选择：以美国的艾滋病问题援助为例（1999—2008）［M］. 上海：上海人民出版社，2014：28-31.）；去安全化则是一个与之相连亦相反的过程，是解决“安全问题”并防止过度的安全化的行动方式。事实上，北极具有安全化的历史和趋势：北极地区虽然一直被冰雪覆盖，但其历史特点却是在整个20世纪其安全化正在稳步增加，潜艇、飞机和远程导弹等的发展刺穿了北极冰盾这个难以穿越的边界。21世纪的北极安全化将根本不同，改变发生的主要因素是：融冰意味着人类越来越多地寻求在北极地区建立更强大的存在。在20世纪，由于技术有限冲淡了北极冰区的防御价值，但北极仍被视为通行（或从空中或从水下）的冰冻荒地，其唯一的战略价值在于其地理位置；虽然资源开采仍然是一项重要的战略利益，但捕捞还是主要活动。随着未来几十年船舶交通、采矿、渔业和旅游业的增加，将有更多的国家资产和利益需要保护，更需要通过武装部队的实际存在来主张主权和保卫领土。监视和卫星图像将不再完全适用于北极，实质性的军事化可能是21世纪北极地区的核心要素（参看Rebecca Pincus. Security in the Arctic：A receding wall［M］//Rebecca Pincus，Saleem H. Ali（eds.）. Diplomacy on ice：energy and the environment in the Arctic and Antarctic. Connecticut：Yale University Press，2015：162.）。因此，北极的安全化与去安全化是合理且必要的。

问题的能力。在这个过程中，中国参与北极安全治理形成了多种身份定位，成为推动复杂性系统建构的重要主体。

## 三、复杂性何以演化：自组织理论

### （一）自组织理论的基本内容

自组织理论是复杂性理论体系的重要构成部分，它指明了不断发展和演化的复杂系统具有自组织能力与特性，事物在演化的过程中具有逐步增强的抵消或排除外界干扰而遵循事物自身互动效应发展的组织自我调整能力①。从狭义讲，任何一个具体系统的演化在内部及其与外界之间的涨落、非线性相互作用及非平衡态背景条件下，都会存在自身进化或退化的多种可能性；从广义讲，物质世界一切系统在普遍联系的基础上，均存在自身内部与外界环境之间一定的组织性和组织过程②。自1947年控制论专家罗斯·阿什比较早描述了神经系统的自组织特性以来，关于自组织系统及其演化问题就成为来自不同学科的学者们的重要研究领域。二十世纪六七十年代发展起来的耗散结构理论、协同理论、超循环理论、突变论、混沌理论、分形理论等，分别从不同的学科视角对自组织及其演化进行了探讨。其中，超循环理论、突变论、分形理论与混沌理论的研究对象主要集中在自然界及其相关现象的自组织演化③方面，并不太适用于指导社会科学研究，特别是本书所进行的北

① 工帆. 新开局：复杂系统思维与中国外交战略规划［M］. 北京：世界知识出版社，2014：147.

② 湛垦华，孟宪俊，张强. 自组织与系统演化［J］. 中国社会科学，1986（06）：211-217.

③ 超循环理论是德国物理化学家艾根于1971年提出的，是对核酸与蛋白质的相互作用和对生物学中多样性与统一性相互关系深入思考的结果，解决了生物信息起源这一个关于生命起源的关键性问题。突变论是法国数学家勒内·托姆于1968年提出、1972年在《结构稳定性与形态发生学》中进行阐述的，主要研究自然中连续的渐变如何引起突变，以及以统一的数学模型来描述、预测和控制突变的问题。混沌理论中的“混沌”一词由李天岩和约克在1975年提出，混沌是自然世界的一种普遍运动形式，它具有确定性、非线性、非周期性和对初始条件的极端敏感依赖性，主要研究的是自然界系统内在的非线性自组织的普遍现象。分形理论以法国数学家曼德勃罗在1975年出版《分形、机遇和维数》一书中创造“分形”一词、1982年出版《大自然的分形几何》一书宣告分形理论诞生为标志，主要关注的是自然界中海岸线、山脉、河流等复杂的分形现象，分形在数学上可以通过极为简单的规则生成，分形的部分与整体具有自相似性，分形的结构在整体上都是一种破碎的非规则的形体。（参看温勇增. 论本能系统的辩证唯物［M］. 北京：九州出版社，2016：8-11.）

极安全治理复杂性系统演化研究，充其量可以提供一些启发性的思维方式。因此，本节主要是简单论述耗散结构理论、协同理论以及自组织临界性理论的基本内容，以把握复杂性系统自组织演化的条件、过程及可能方向等。

耗散结构理论中的“耗散结构”概念是普利高津于1969年在“理论物理与生物学第一届国际会议”上提出的，“为了获得这种结构的热力学理论，我们必须证明非平衡可能是有序的来源。不可逆过程可能会导致一种新的物质动态状态，我称之为‘耗散结构’”，“耗散结构对表征化学系统环境的全局特征非常敏感，例如，它们的大小和形状、强加在它们表面上的边界条件等等”①。除此之外，他还指出耗散结构主要表现为对热力学平衡的大偏差的自发响应，远离平衡、通过改变边界的性质可以产生大量的耗散结构。由此可见，耗散结构系统需要具备以下几个基本条件：（1）系统是开放的并与外界存在物质、能量与信息等的持续交换。为了说明系统的开放性，普利高津运用“熵”来进行刻画，“我们要在系统的熵 $dS$ 中区分两个术语：第一个，$d_eS$ 是跨越系统边界的熵的转移，第二个 $d_iS$ 是系统内产生的熵”②，当系统从外界吸收、转移的熵 $d_eS<0$ 且 $|d_eS|>d_iS$ 时，整个系统的熵 $dS=d_iS+d_eS<0$ 并不断减少，系统才会趋向有序的自组织。（2）系统远离平衡状态。这是因为根据热力学理论，系统在平衡或近似平衡状态下，总是朝着复杂性不断降低的稳定状态方向发展。所以复杂系统的自组织演化所依赖的耗散结构，就需要不断远离平衡状态，形成另一种程度的复杂性稳定状态。（3）系统要素之间存在复杂的非线性交互机制。这种机制使要素之间产生关联和协调效应进而促进系统演化，演化的方向则依靠随机的、微小的涨落形成“巨涨落”来实现，也即“涨落导致有序”。以上三个条件的同时存在，系统才会开始进行自组织，这实际上阐明了复杂性系统自组织演化的基本条件。

协同理论是20世纪70年代初德国理论物理学家赫尔曼·哈肯创立的，其关于自组织演化的核心观点主要体现在哈肯所著的《协同学导论》一书

① Ilya Prigogine. Time, structure and fluctuations [J]. Science, 1978, 201 (4358): 777-785.

② Ilya Prigogine. Time, structure and fluctuations [J]. Science, 1978, 201 (4358): 777-785.

中，该书还给出了完整的数学论证过程。描述自组织的一个相当明显的步骤在于将外部力量作为整个系统的一部分。然而，与上述情况相反，我们不能将外力视为给定的固定量，而是要遵守其自身的运动方程①。根据其定义，协同关注的是系统各个部分的合作，这些系统产生宏观的空间、时间或功能结构，而通过增加要素数量来实现自组织化是一种新型的协同现象②。概括而言，协同理论主要包括如下内容：第一，开放系统内的子系统具有相互关联的、有规律的协同效应，系统是否处于平衡或非平衡状态并非系统从无序走向有序的关键，而是协同导致有序。第二，序参量的支配原理，即对系统相变过程中不具有明显作用的大量的快变量，需要受到少数对系统相变起到关键性作用的慢变量或称之为序参量的支配。促进系统尽快从无序走向有序，就是要抓住序参量这个关键并发挥其积极作用。第三，竞争与合作是促进系统演化的根本动力。系统在相变的临界点，同时存在竞争关系的序参量，每一个序参量对应着一种宏观结构，最终是哪个序参量决定的宏观结构出现，取决于这个序参量参与竞争与合作的结果③。可见，协同理论对自组织演化的过程机制具有独到的见解，在系统协同的过程中，通过确定序参量并促进其竞争或合作来实现系统的有序运转，从而实现系统结构与功能的演化。

如果说耗散结构理论和协同理论解决了复杂动力学系统形成和出现的条件、环境问题，那么自组织临界性理论则回答了系统演化的模式问题④。自组织临界性理论自 1987 年巴克提出以来，日益为人们认识和探讨自组织演化的可能方向提供了思路。在巴克看来，自组织临界性是一种观察自然的新方式，其基本情况是大自然永远在失去平衡，但是处于平衡状态——临界状

① Hermann Haken. Synergetics: an introduction (3rd) [M]. Berlin Heidelberg: Springer-Verlag, 1983: 194.

② Hermann Haken. Lines of developments of synergetics [C] //Hermann Haken (eds.). Dynamics of synergetic systems: Proceedings of the international symposium on synergetics. Berlin Heidelberg: Springer-Verlag, 1980: 2, 4.

③ 马丽扬，张贺泉. 现代管理科学方法：系统论信息论控制论耗散结构论协同论突破论与现代管理 [M]. 北京：中国经济出版社，1990：120.

④ 梅可玉. 论自组织临界性与复杂系统的演化行为 [J]. 系统辩证学学报，2004 (04)：38-41.

态——在明确定义的统计法则下任何事情都可能发生的交织状态中，任何小事件的变化迟早会影响系统中的所有事物，如果最初的事件导致大量雪崩，那么这种影响将会很快而不是较晚发生①。这一理论认为临界态是指系统处于一种特殊敏感状态，微小的局部变化可以不断放大、扩延至整个系统②。呈临界态的系统常在空间上呈现分形结构（自相似性），而在时间上则呈现闪烁噪声（“flicker noise”或“1/ f 噪声”，时间上的标度不变性和长程时间关联）③。因而在分析自组织演化的可能方向时，把握这种临界态或者说具有对临界态的理性认识十分重要。

### （二）自组织理论的适切性

总的来说，自组织理论所刻画的系统演化可以概括为：在开放与远离平衡的外部物质、能量、信息流非特定的输入、输出交换条件下，系统受到内部子系统之间的非线性相互作用的推动，以及内、外涨落的随机启动，产生集体运动的协同效应，其协同关联所产生的“序参量”又反过来支配系统的集体行为，从而使系统走入循环、交叉作用并关联放大的循环链圈之中。在有效利用物质、能量和信息流的过程中，经历多种突变或渐变而使系统有序程度发生质的飞跃④。这一刻画逻辑实际上包含了对于复杂性系统为什么会演化、如何演化、可能朝哪些方向演化等问题的回答。北极安全治理作为一个复杂性系统，特别是在系统内适应性主体持续交互进而促进系统建构的过程中，也要重视其演化机理。从这个角度而言，自组织理论对北极安全治理复杂性系统演化研究的适用性主要体现在以下两个方面。

一方面，自组织理论所强调的演化条件、过程等契合北极安全治理复杂性系统建构起来之后的演化需要。在北极安全治理的 CAS 中，国家行为体与非国家行为体具有适应性以及一系列交互特性，更多的是停留在理论的分

① Per Bak. How nature works: the science of self-organized criticality [M]. New York: Springer-Verlag, 1996: 159.

② 黄欣荣. 复杂性科学方法及其应用 [M]. 重庆: 重庆大学出版社, 2012: 206.

③ 於崇文. 固体地球系统的复杂性与自组织临界性 [J]. 地学前缘, 1998 (03): 16.

④ 沈小峰，吴彤，曾国屏. 论系统的自组织演化 [J]. 北京师范大学学报, 1993 (03): 79-88.

析和描述层面。北极安全治理复杂性系统在现实的北极治理环境中如何发展、演化呢？这就需要借助自组织理论中耗散结构理论关于演化条件、协同理论关于演化过程等知识的指导。这正如在社会经济变化出现“波动性”复杂性演化的过程中，包括自组织在内的能够解释这种现象的理论，都应该考虑社会网络逐步的局部互动以及引导个人行为的激励措施是如何导致变化持续发生的[①]。在北极安全化与去安全化的现实中，探讨满足演化条件的自组织起来的治理主体、对象、方式的内部互动以及外部制度安排、环境变化等，同样是北极安全治理复杂性系统演化需要高度重视的问题。自组织理论所包含的系统状态、序参量、协同效应等理论概念，恰恰有利于我们从更加微观和现实的角度找到回答上述问题的答案。

另一方面，自组织理论中关于临界态的观念贴近北极安全治理复杂性系统路径的现实。作为一个复杂性系统的北极安全治理，具有涌现性、自适应性、自组织性等特性。这就决定了这个系统既可能具有稳定且缓慢的建构、演化过程，又可能产生“雪崩式”的快速变化，特别是在气候变化背景下北极安全治理需求不断凸显、北极安全与发展利益博弈日益增加的情况下，完全有可能受到系统内外部若干微小因素的扰动，使得北极安全治理复杂性系统面临重构、再组织甚至崩溃的情形。因此，有必要从自组织临界性理论中吸收一些观念和思维养分，重视北极安全治理的临界状态以及导致这一状态的可能因素，并将其作为北极安全治理复杂性系统演化的可能方向。中国参与作为北极安全治理复杂性系统演化的重要因素，也随之产生了自身的安全与发展利益，因此建构中国参与北极事务的正当身份，有助于为北极实现长久和平、稳定与安全提供更多的保障。

① A. Arenas, et al. Self-organized evolution in socio-economic environments [J]. Physical review. E, Statistical physics, plasmas, fluids, and related interdisciplinary topics, 2000, 61 (4PtA): 3466-3469.

# 第 二 章

# 北极安全治理的复杂性涌现及其中国参与的机遇挑战

按照第一章构建的分析框架，本章首先立足北极安全及其治理需求，以涌现生成理论为工具，分析北极安全治理复杂性涌现的基础、内容、逻辑与要求等。即将北极安全及其治理看作一个复杂系统，进而分析其为什么会产生复杂性、如何看待这种复杂性及其影响等，通过提供相关论据充实安全复杂性的理论命题内容，奠定基于复杂性视角认识北极安全治理问题的基础。其次，在北极安全治理复杂性涌现的背景下，围绕北极安全、北极治理、中国参与水平和环境等，探讨中国面临的机遇与挑战，为中国有效参与北极安全治理提供观察窗口和切入平台。

## 第一节 北极安全治理复杂性涌现的基础

对于分析复杂性涌现而言，要剖析系统本身的构成及其相互作用，运用层次研究的“三级关照原理”，即当你选定了某个系统作为研究对象时，为了认识和处理它的整体涌现性，必须将目光投向三个层次，一是对象所属的 K 层次，二是与它相邻的低层次 K-1，三是与它相邻的高层次 K+1，将这三个层次联系起来作总体的考虑，以便揭示出对象系统的整体特性是如何涌现出来的（机制或机理）①。本书将北极安全治理作为系统研究的对象，本身

① 苗东升. 论涌现 [J]. 河池学院学报，2008 (01)：6-12.

属于所谓的"K 层次"，认识这个层次涌现的复杂性，一方面要将其上索到"K+1 层次"，即北极治理系统；另一方面也要将其下索到"K-1 层次"，即北极安全系统与北极系统。为了便于理解，笔者按照自下而上的思路，依次对北极、北极安全、北极治理的系统性及其涌现进行分析，以把握北极安全治理复杂性涌现的基础。

## 一、北极的系统性及其涌现

如果将地球看作一个复杂系统，那么北极是其中一个不可或缺的子系统。这个子系统包含大气、冰雪、海洋、陆地和生物等多圈层的相互作用过程，通过全球大气、海洋环流的径向热传输与低纬度地区紧密联系在一起，使北极环境的变化与地球其他区域的变化息息相关，在全球变化中具有重要的地位和作用①。北极大气、冰雪、海洋、陆地、生物等的存在及其相互作用是北极具有系统性的基础，下面分别简要论述北极系统基本要素的主要作用。

其一是北极大气。事实证明，北极大气环流活动有助于保持北极地区乃至整个北半球的热量平衡，是全球大气环流中不可或缺的一环。每年，北极的太阳辐射净收益小于赤道地区，大气和海洋通过极向能量输送平衡这种不同的辐射加热，其中大气发挥主要作用，并且由于冬季差异辐射加热较强，此时北极大气输送量最大②。其二是北极冰雪。北极的冰雪覆盖是地表物理过程影响气候系统的重要因素，其季节和年际变化不仅受气候系统制约，而且对气候系统有重要的影响作用③。对于北极冰雪的消融，英国著名的海冰科学家彼得·瓦德汉姆将其称之为"死亡螺旋"，在这一情形中，就算是在冬季也可以预见一个全年都没有冰的北冰洋的终极状态。即使是在仲冬，无

① 陈红霞，刘娜，林丽娜. 中国极地科学考察水文数据图集——北极分册（一）[M]. 北京：海洋出版社，2015：2.

② Mark C. Serreze，Roger G Barry. The Arctic climate system [M]. New York：Cambridge University Press，2005：55.

③ 谢小萍，刘玉洁，杜秉玉. 利用 FY-1D 全球数据监测北极冰雪覆盖 [J]. 南京气象学院学报，2007（01）：57-62.

冰的北极也会形成与季节性冰覆盖的北极完全不同的水循环和热循环，这可能在一个世纪内出现，但到那个时候我们的星球将发生更为剧烈的变化，并且可能不再适合人类居住①。其三是北极海洋与陆地。北冰洋是北极海洋的主要部分，在一般用法中，北冰洋一词至少排除了白令海和格陵兰海以及拉布拉多海和巴芬湾。在文献中非常普遍的"中北冰洋"术语，其合理定义是全年被海冰覆盖的所有陆地区域以北的区域②。北极地区通常根据广泛的气候、地理和生物基础细分为高寒和低冰北极，作为一般性陈述，北极陆地的特点使其环境条件相对整个北极地区更加显著，这可以在植被类型和分布上反映出来③。北极海洋与陆地是北极以自然状态得以存在和体现的基础，复杂多样的北极海洋与北极陆地间的相互耦合，促进了北极独特环境与气候条件的形成及其作用的发挥。其四是北极生物。尽管北极气候严寒，但仍然具有相对丰富的生物多样性。北极地区约有6000余种动物、5890余种植物，这些动植物与生活在北极圈内的约900万人口，共同构成了北极地区的基本生物系统④。

事实上，在北半球扮演"散热器"角色的北极系统，其基本要素之间存在复杂的关联作用。有关学者基于这种作用，构建了一种新的北极区域地球系统模型（RASM），该模型包括相互耦合的大气（WRF）、海洋（POP）、海冰（CICE）和陆地（VIC）组件，可以在包括北半球所有海冰覆盖的水域和所有北冰洋区域中进行模拟运用⑤。还有学者进一步将RASM组件扩展到包括冰架、冰盖、山地冰川和动态植被等在内的因素，以便研究导致10

① Peter Wadhams. A farewell to ice: a report from the Arctic [M]. New York: Oxford University Press, 2017: 103.

② Mark C. Serreze, Roger G Barry. The Arctic climate system [M]. New York: Cambridge University Press, 2005: 19.

③ Mark C. Serreze, Roger G Barry. The Arctic climate system [M]. New York: Cambridge University Press, 2006: 32.

④ V. Callaghan T, et al. 环境变化背景下北极生物的多样性、分布及其适应性 [J]. AMBIO-人类环境杂志, 2004, 33 (07): 380-393+457.

⑤ J. J. Cassano, et al. Simulation of arctic climate with the Regional Arctic System Model (RASM): Sensitivity to atmospheric processes [J]. Inorganic Chemistry, 2015, 19 (12).

年尺度气候变化以及北极变化的物理耦合过程①。在这些模型所对应的北极系统中，包括人类在内的北极生物子系统是相当重要的影响因素。比如，人类生活、生产等活动不断地影响北极，北极的持续变化又反过来影响人类，人类经济社会系统与北极系统之间关系密切。

总的来看，北极大气、北极冰雪、北极陆地与海洋、北极生物等基本要素组合在一起而形成的北极系统，不仅产生了单独的北极大气、冰雪等要素所不具备的复杂作用，而且生成了对人类社会更加复杂的影响。这些新的作用、影响的产生都源于北极系统的涌现性。首先，北极系统在从年度到千年的时间尺度上经历了显著的气候和环境变化，试图了解北极的生物和物理系统必须考虑这种可变性背景；其次，许多驱动气候变化的自然力量——其中一些我们理解，其中一些我们仍在不断理解——将在未来继续影响北极，除非了解其原因、周期和影响，否则将会混淆人为变化的影响和共同努力以减轻这些变化的作用；最后，来自古气候记录的越来越多的证据证明了 20 世纪以来北极地区不寻常的变暖，似乎是温室气体增多的产物②。不能孤立地看待历经数万年演变且还在持续变化的北极系统，它涌现出来的影响与作用，并不是我们可以简单把握的，我们可以做的也许就是减少人类活动对北极系统的消极影响，最大限度地保护北极系统的多样性与稳定性，并不断探究北极系统发生变化、产生影响的深层机理。相关学者就呼吁应用地球工程（或者说太阳辐射管理）技术，以减少全球变暖在北极地区的影响③。正如科学研究表明，北极系统的若干具体部分，比如，海冰、冰雪、冰川、永久冻土、苔原、北方森林和泥炭地等都是全球气候变化的指示剂，它们对太阳

① W. J. Gutowski, W. Maslowski, J. Clement Kinney. The regional Arctic system model: Successes, challenges and opportunities [C]. American Geophysical Union, Fall Meeting, 2012.

② Glen MacDonald, et al. PARCS: Paleoenvironmental Arctic sciences: taking the long view of the Arctic system [J]. Arctic Research in the United States, Spring/Summer, 2003 (17): 58.

③ Versen Joseph, Mnatsakanyan Zaruhi, Urpelainen Johannes. Concerns of climate intervention: Understanding geoengineering security concerns in the Arctic and beyond [J]. Climatic Change, 2022, 171 (3-4): 1-22.

光、地表温度、海洋热传输、大气与海洋化学以及大气污染的微弱变化极为敏感[①]。我们如何通过把握这些指示剂的敏感性反馈作用，重视北极系统的整体涌现性，还需要长期探索与努力。

## 二、北极安全的系统性及其涌现

北极安全问题一直具有明显的系统特征，从共同安全的角度来看，其特征主要表现为：第一，北极安全议题的多源性与多样性特征。议题多源性是指引发北极共同安全问题的因素包括自然因素与人为因素及其衍生的其他因素在内的多种来源，由此导致北极共同安全议题具有政治性、经济性、社会性、文化性、军事性等多种色彩。第二，北极安全的层次性与交织性特征。层次性与交织性并存于北极共同安全议题中，北极本身的自然与人文安全、北极地区的整体安全、北极向外辐射的全球安全风险等构成上述议题的三大层次，而各层次安全议题及其包含的更加具体的安全风险又是相互交织影响的。第三，北极共同安全议题的区域性与全球性特征。这主要是针对北极共同安全议题的影响而言，北极安全问题是随着人类的开发和利用活动增加而产生和日益加剧的，包含其中的共同安全问题及其影响具有辐射性，其影响范围已经突破了北极区域的地理分界线，在相互交织的具体安全议题的推动下，形成了对区域性安全和全球性安全的长期作用[②]。进一步而言，基于北极安全议题多源性与多样性的现实情况，北极安全可以细分为政治安全、军事安全等传统安全议题与经济安全、资源安全、环境安全、人的安全等非传统安全议题，这些具体议题层层嵌套、相互交织，并对全球不同区域范围与安全领域持续产生系统性的安全影响。正如图 2-1 所示，包括北极自身安全、北极地区安全、北极人类安全以及北极向全球辐射的安全影响等北极安全相关要素之间存在着复杂关联并表现出系统性。

---

① 李文祺. 来自北极圈的电讯——中国首次北极科学考察散记［M］. 上海：上海科学技术出版社. 2000：28.

② 云宇龙. 共同安全：北极安全治理的新视角与新议题［J］. 亚太安全与海洋研究，2017（06）：110-120+126.

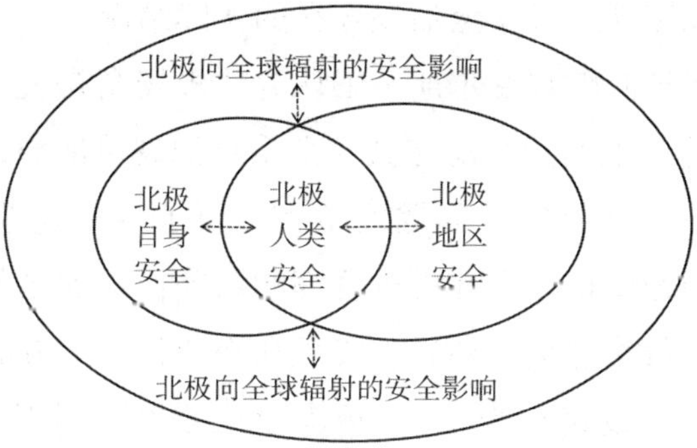


图 2-1　北极安全内部关联及其系统性

在北极治理过程中，传统意义上北极的安全考虑主要是通过政治和军事手段来重点关注国家领土完整的国家安全议程。虽然安全的军事和政治方面仍被认为是与北极环境息息相关，但更广泛的安全意识开始占主导地位，特别是在诸如气候变化、自然资源开采（主要是石油）、持久性有机污染物的增加以及北极生态系统保护等环境安全方面的问题[①]。在北极安全系统中，传统的政治与军事安全问题和非传统的环境、资源、气候等安全问题相互叠加、融合在一起，涌现出新的安全态势与安全影响，并在北极持续变化的过程中进一步凸显出来。北极安全的内外部环境已经发生了较大变化，正如奥·兰扬所说的："就像在其他复杂系统中发生的状态变化一样，现在在北极发生的转变正在急剧地改变景观，并快速进行着，将产生几乎肯定是不可逆转的结果"，在这样的背景下，"（北极）安全的视角倾向于将注意力集中在人类群体及其之间的相互作用问题上，它突出了诸如关于控制航道的管辖权冲突、划定沿海国家对超出专属经济区限制范围的海床延伸边界问题等"[②]。北极复杂变化过程中的安全实质要求从系统的角度把握其涌现性，并将重点放到全面涉及北极人类活动的众多安全领域与议题之间的相互作用

① Gunhild Hoogensen. Security at the Poles: The Arctic and Antarctic [M] //Hans Günter Brauch, Úrsula Oswald Spring, John Grin et al.(eds.). Facing global environmental change: Environmental, Human, Energy, Food, Health and water security concepts. Berlin-Heidelberg-New York: Springer-Verlag, 2009: 956.

② Oran R. Young. Arctic futures: the politics of transformation (Foreword) [M] //James Kraska. Arctic security in an age of climate change. New York: Cambridge University Press, 2011: xxi.

上，客观而理性地审视北极安全治理存在的实际情况。

丹麦皇家防务学院院长尼尔斯·王认为北极安全是“一个有多个未知数的方程式”的描述，说明了当前北极安全系统涌现可能导致的问题。当前不存在正式论坛来解决北极安全问题的事实，可能导致这些问题被抑制或忽视，从而形成使问题变得更大和更难管理的风险；再加之各个行动者面临相当多的利害关系，很难避免在划界、资源和渔业权利等方面的分歧，这可能导致实际的紧张甚至侵扰行为①。北极安全的系统性及其涌现出的新态势、新问题，亟须我们将安全概念及其现实理解为一种复杂现象，运用综合了多个具体安全领域的整体性知识来表达和应对。在这种情况下，一个类似于现实主义国际关系传统所采用的经典安全概念（消极/硬安全），将有助于探讨北极地区或非北极地区军事存在增加导致北极安全困境的可能性及其有效的应对手段②。把握北极安全系统涌现性，采用超越简单性思维的视角和方法，是我们认识北极安全复杂性特征以及推动其复杂性治理进程的重要基础。

## 三、北极治理的系统性及其涌现

北极治理是一个广泛的议题领域，可以理解为北极利益相关主体基于北极地区及其地缘政治、经济、安全等情况所秉持的理念、所采取的行动与方式等的总和。作为一个系统的北极治理，其特征主要通过北极治理主体、治理领域与议题、治理效果及其影响的系统涌现性来体现。其一，北极治理主体具有多样性与多层次性。根据表2-1的内容，当前北极治理主体可以从国际层面、国家层面、次政府与非政府层面进行分类，涵盖全球性与区域性行为体、北极域内外国家、北极地区地方政府与非政府组织、企业、科学家团体等，它们相互联系、共同参与北极治理的诸多方面，形成了当前北极治理

① Nils Wang. Arctic security: An equation with multiple unknowns [M] //P. Whitney Lackenbauer, Rob Huebert, Ryan Dean (eds.). (Re) Conceptualizing Arctic Security. Calgary: Library and Archives Canada Cataloging in Publication, 2017: 431.

② Marzia Scopelliti, Elena Conde Pérez. Defining security in a changing Arctic: helping to prevent an Arctic security dilemma [J]. Polar Record, 2016, 52 (6): 672-679.

的主体系统。

**表 2-1　当前北极治理主体的来源与分类**

| | | |
|---|---|---|
| 国际层面 | 全球性行为体 | 联合国系统内的环境规划署（UNEP）、教科文组织（UNESCO）等，世界气象组织（WMO）及其政府间气候变化委员会（IPCC）等 |
| | 区域性行为体 | 北极理事会（Arctic Council）、北欧部长理事会（Nordic Council of Ministers）、巴伦支海欧洲-北极圈理事会（Barents Euro-Arctic Council）、巴伦支地区委员会（Barents Regional Council）等 |
| 国家层面 | 北极国家 | 加拿大、丹麦、芬兰、冰岛、挪威、俄罗斯、瑞典、美国 |
| | 北极域外国家 | 德国、荷兰、波兰、英国、法国、西班牙、中国、日本、韩国、印度、新加坡、意大利、瑞士等 |
| 次政府与非政府层面 | 北极地区地方政府 | 美国阿拉斯加州政府、加拿大北部的西北地区与育空地区和努纳武特地区、俄罗斯摩尔曼斯克州政府等 |
| | 非政府组织、企业、科学家团体 | 国际北极科学委员会（IASC）、国际极地健康学会（IUCH）、北方论坛（NF）、北极圈保护联盟（CCU）、世界驯鹿牧民协会（AWRH）、海洋保护咨询委员会（ACOPS）、国际北极社会科学协会（IASSA）、国际土著事务工作组（IWGIA）、北美北极研究所（AINA）、国家地理学会（NGS）、北极大学联盟（UArctic）等 |

资料来源：孙凯. 机制变迁、多层治理与北极治理的未来［J］. 外交评论（外交学院学报），2017,34（03）:109-129；Arctic Council. Observers［EB/OL］.（2018-01-17）.［2023-10-20］. http：//www.arctic-council. org/index. php/en/about-us/arctic-council/observers.

其二，北极治理领域和议题的多元性与交织性。总的来看，北极治理领域可以概括为以下六个方面：第一是政治领域，主要包括北极国家的内政外交及其与域外国家的合作、维护北极的政治稳定与安全等。第二是经济领域，主要涵盖北极能源资源开采利用、航道开通运输、基础设施建设、地区经贸合作等。第三是社会领域，主要是指北极地区特别是原住民的医疗、教育、住房、社会保障水平以及社会可持续发展等。第四是文化领域，主要意指北极独特的冰原苔原文化与原住民的生活习惯与传统文化得以保存、发展以及合理有序的北极旅游开发活动等。第五是生态领域，主要涉及北极生物、冰川、海洋、陆地等在符合生态环境承载力的要求下得以合理安全利用并不断减少、治理和预防多种多样的北极生态环境污染。第六是军事领域，主要指的是北极国家在北极地区的军事部署与军事行动、防止北极核污染与核扩散以及消灭可能酝酿的恐怖势力温床等。上述北极治理领域又可以细分为众多的北极治理议题，比如，经济领域可以细分为北极资源治理、北极航道治理、北极可持续发展等热门议题，生态领域可以细分为北极海洋治理、北极环境治理、北极生物多样性保护等具体议题。

其三，北极治理效果及其影响的持续性与跨域性。在弗兰·乌尔姆看来，北极国家将继续以尊重和合作的方式共同努力，确保该地区遵守反映环境保护和可持续发展共同价值观的明确规则，以维护它们的共同利益。所有国家都应致力于保护北极这个极具价值和脆弱的地区免于融化、消解与转变为完全不同的生态系统，这才符合后代的最佳利益①。北极治理的实际效果不仅关系到北极本身是否能够以自然状态存续、进而实现包括北极国家与原住民利益在内的全人类共同利益，而且关系到子孙后代的生存与发展利益。北极治理效果还直接影响北极地区、北半球乃至全球相关地区生态、气候、环境等的变化程度，这种跨域影响性会进一步增加北极治理效果及其反馈作用的系统性。

上述各个要素构成的北极治理系统，有利于指明北极治理需要达成的迫在眉睫的目标，北极不能成为人类“自作自受”的安全威胁，更不能成为人类过分地向自然索取、满足自身过分私欲的“牺牲品”。一方面，北极治理系统涌现出新的需求，要求我们不断加强国际合作。在北极国际合作治理进程中，承认不存在公开冲突的权力行使，而不是陈旧协议的静态表述，更能够使我们考虑如何通过各种特定背景下的行动表现解决争议，来加强北极合作②。在气候变化的大背景下，北极域内外国家需要携手发挥各自的积极

① Fran Ulmer. Arctic governance [M] //Lassi Heininen, Heather Exner-Pirot, Joël Plouffe (eds.). Arctic Yearbook 2015: Arctic governance and Governing. Akureyri, Iceland: Northern Research Forum, 2015: 12.

② Elana Wilson Rowe. Arctic governance: power in cross-border cooperation [M]. Manchester: Manchester University Press, 2018: 2.

作用，重视北极相关治理领域之间的整体关联性。比如，当前和未来很长一段时期内，北极能源资源开采运输与北极航道开通利用的关联作用，就亟须相关利益主体协商合作、防控风险、实现共赢。在北极储藏丰富的能源资源可以得到进一步开发的经济利益刺激下，对北极原有航道通航条件进行改善、对过去尚未完全通航的航道进行试航甚至对新的北极海空航线进行探索等活动将会进一步增加。而航道通航基础设施的加快完善、新的海空航线不断开发等又将加快相关国家、地区政府、跨国企业等开发利用北极能源资源的步伐，以获取更大利益。北极治理系统涌现出的类似新问题，亟须多方合作予以应对。

另一方面，北极治理系统涌现出的多种传统与非传统安全影响，要求我们在审视北极治理现实问题时佩戴上一副具有安全底色的“眼镜”，以把握北极治理系统的安全化与去安全化诉求。实际上，当前备受关注的北极环境治理、海洋治理、航道治理等问题，都具有充分的安全关联和安全影响特征。例如，北极环境治理的关键目标在于维护北极环境安全，进而确保北极自身安全；北极海洋治理除了大气与洋流学、冰川与冻土学、海洋生物与环境学等方面的具体问题之外，还涉及北极国家之间的海洋划界、专属经济区重叠、试航通航权管辖，以及北极域外国家进出北极公域①、参与开发利用公域地区储藏的能源资源等问题，降低这些问题可能造成的矛盾、冲突甚至对抗风险，有利于保证北极地区安全。北极治理系统涌现的安全影响与需求，要求把握其复杂的要素与机理，不断优化现有的北极治理机制。奥·兰扬曾经提出的在北极建立一个“国际机制复合体”的构想就极具启发意义。他认为，这一新机制需要取得进展，离不开以下三个步骤：第一，承认并加强北极理事会作为解决新北极地区治理需求问题的主要场所的作用；第二，发展一种可操作性的话语体系，以使国际机制复合体具有连贯性并确保其整

① 根据《联合国海洋法公约》和《南极条约》，北极地区的北冰洋存在国际海底区域（未定，大致在30~300万平方公里之间）和200海里之外的公海（约300万平方公里）。极地公域的海洋地理连通性、战略威慑有效性、资源的丰富性、大国的集聚性以及气候变化和卫星通道的枢纽性，使得该公域对于国际安全的重要性正在不断上升（参看张侠. 极地公域与国际安全问题［J］. 世界知识，2015（18）：23-24.）。

体大于各部分的总和；第三，建立行之有效的机制，以便在构建和运作北极治理机制复合体的过程中听取非北极国家和非国家行为体的声音①。这事实上已经开始具备超越简单性思维的特点，促使北极系统的整体性治理绩效大于各个北极相关子系统的碎片化治理绩效的总和，并且有利于从整体上认识和应对北极治理系统涌现的新问题。

## 第二节　北极安全治理涌现的复杂性及其要求

如前节所述，北极、北极安全、北极治理所具有的系统性及其涌现，是北极安全治理复杂性不断涌现生成的基础。首先，北极系统及其涌现为北极安全治理提供了一个基本场景，治理北极的安全问题必须考虑北极大气、冰雪、陆地与海洋、生物等之间的复杂关联与耦合作用。其次，北极安全系统及其涌现的问题是北极安全治理的重要内容，需要不断把握北极自身安全、北极地区安全、在北极活动的人类安全、北极向全球辐射的安全影响等安全风险及其相互作用。再次，北极治理系统及其涌现为北极安全治理指明了一个观照介入视角，北极安全治理属于北极治理系统中一个必不可少的部分，加快对北极安全治理问题的认识与解决，有助于北极治理机制的优化。在这样的基础上，北极安全治理不断涌现出复杂性并产生一系列客观影响。

### 一、北极安全治理涌现复杂性的主要过程

在“三级关照原理”下，北极安全治理具有明显的系统特征，主要体现在北极安全为什么需要治理、谁来治理、治理什么、如何治理、治理效果如何评价等方面。因此，可以将北极安全治理涌现出复杂性的主要过程概括为以下两个方面。

一方面，北极系统与北极安全系统各自的内部要素之间以及这两大系统

① Oran R. Young. Building an international regime complex for the Arctic: current status and next steps [J]. The Polar Journal, 2012, 2 (02): 391-407.

之间相互作用导致的北极与北极安全新变化、新问题等，是亟须进行北极安全治理的本质原因。在地球系统的视角下，北极已经成为一个“临界点”，北极地区正在一个戏剧性的、神秘的和情感化的“挂毯”（Tapestry）[①] 上发生着突然的气候、生态、政治与经济变化；并且北极地区的变暖速度比地球上其他任何地方都要快，这正在引发其社会所必须依赖的相关生态系统的快速与意外变化[②]。北极变暖背景下发生的一系列政治、经济、社会、生态乃至军事变化，已经或将会产生诸如生态环境安全、经济社会发展安全、军事防卫安全等复杂性问题，这就需要系统性的北极安全治理体系与机制通过不断的安全化与去安全化来应对。

另一方面，当前北极治理系统所涌现的主体多样性与多层次性、领域和议题多元性与交织性、效果及其影响持续性与跨域性，长期影响乃至决定了北极安全治理的主体、对象、方式等的复杂性。首先，在理论上而言，几乎所有受到北极安全变化影响的国家与非国家行为体以及利益相关者，都可以成为北极安全治理的能动性参与主体，在北极安全议题中发挥不同程度的作用。其次，北极治理的众多领域和议题都是建立在北极自身安全与地区安全的基础上，也即真正负责任的北极治理必须考虑其具体领域与议题的安全化与去安全化诉求，以此把握北极安全治理对象和方式的实质。这并不是说要把所有的北极治理问题都进行安全化并全部采取相对应的治理方式，而是要根据相关北极治理领域与议题的安全扩散影响及其之间的复杂关联程度开展有针对性的北极安全治理。比如，对北极环境、航道、资源等治理问题进行整体性的安全考虑就相对迫切，因为北极资源开发利用诉求及其行动不断凸显，将引起北极航道试航、通航活动的增加，并在这个过程中形成对北极环境与北极人群[③]的安全威胁。再次，北极治理效果的持续性与跨域性影响也

① 笔者注：Tapestry，在英文中是指一种编制而成的挂毯，主要是运用不同颜色的材料编织出一幅完整的图案。在这里可以引申为不同的组织、机构及环境、气候等因素共同形成的对北极的整体性影响状态。

② Paul Wassmann，Timothy M. Lenton. Arctic tipping points in an earth system perspective [J]. Ambio，2012，41 (01)：1-4.

③ 包括长期生活在北极地区的人群、由于科考与商业等活动进出北极的人群以及可能受到北极气候变化影响的生活在特定地区的人群等。

具有一定的传统安全与非传统安全威胁特征，并可能形成新的交织性的北极安全问题。可以这样说，北极治理下复杂的安全与发展态势及其影响，是北极安全治理涌现出复杂性的主要效果呈现。图 2-2 简要概括了上述北极安全治理涌现复杂性的主要逻辑。在这个逻辑过程中，北极安全化与去安全化诉求及过程和安全治理主体、对象、方式等的日益复杂化，最终在相关的北极系统、北极安全系统、北极治理系统的整体作用下通过持续的适应与融合进而涌现出复杂性。

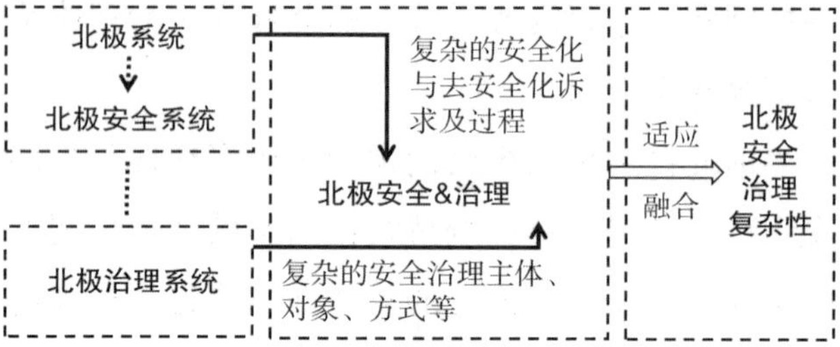


图 2-2　北极安全治理涌现复杂性的主要逻辑

## 二、北极安全治理涌现的复杂性内涵及分类

在北极安全治理涌现复杂性的逻辑过程中，如何定义这种复杂性呢？实际上，就像美丽一样，复杂性难以定义，然而很容易识别：非线性动力学、强烈相互关联的简单元素、某种在有序和无序之间的对立统一等[①]。进一步来说，尽管对复杂性的定义是非常困难的，但存在的一个好的研究假设可能是：一切都很复杂而并不简单，这实际上正是我们定义非线性行为的方式。由于不同的原因，事情总是看起来很复杂：（1）复杂性可能是由于缺乏洞察力；（2）复杂性可能是由于缺乏方法；（3）复杂性可能是系统固有的[②]。在这种情况下，把握北极安全治理涌现出的复杂性内涵，就首先需要理解北极安全治理这个复杂的耦合系统及其多方面的相互作用，逐步超越分解还

① Constantino Tsallis. Like beauty, complexity is hard to define ［M］ //Stefan Turner. 43 visions for complexity. Singapore: World Scientific Publishing Company, 2017: 75.

② Peter Schuster. Definitions of complexity are notoriously difficult ［M］ //Stefan Turner. 43 visions for complexity. Singapore: World Scientific Publishing Company, 2017: 61.

原、过分追求因果关系的简单线性思维。

北极安全治理系统是在北极系统、北极安全系统与北极治理系统的影响和作用下形成并逐渐演化的，构成这一系统的子系统及其若干部分十分复杂。简而言之，按照不同的划分标准，北极安全治理系统可以是涉及政治、外交、军事等领域的传统安全系统与涉及经济、环境、资源等领域的非传统安全系统以及这两者交织而成的安全系统；也可以是当前北极生态环境、资源开发、航道利用、可持续发展等亟须安全化与去安全化的相关议题所构成的安全系统；还可以是主要涵盖自然安全、人的安全、地区安全与全球安全等领域的安全系统。正是由于外部环境与内部要素的多样性构成与耦合性作用，北极安全治理系统不断涌现生成新的安全态势、治理需求与相互作用的动力学现象。在这个过程中，存在多种多样的能动性治理主体及其分别认知的治理对象、采用的治理方式等，它们具有充分的适应性，能够"对外部影响作出反应，或甚至是其自身行为的结果，从中'学习'——改变自身作出回应"①。北极安全治理系统中的主体及其行为相互渗透、融合进而产生整体的涌现性。因此，北极安全治理涌现的复杂性可以给出如下初步的内涵界定：在全球气候变化与北极开发利用日益深入的背景下，为了认识和应对北极安全化与去安全化问题的治理主体、客体、方式等不断地趋向系统化，在非线性的相互作用与融合过程中所涌现出来的一种适应特性。这需要我们在立足北极安全复杂性的基础上，密切关注北极安全及其治理系统的整体涌现性，从系统对环境的开放性、系统的规模及其组分的异质性、系统结构的多层次性、系统要素间的非线性关系及其相互作用的角度把握北极安全治理的复杂性。

在复杂性理论视角下，除了对北极安全治理涌现的复杂性进行界定之外，还可以对其进行初步分类。如表 2-2 所示，本书借鉴尼古拉斯·雷舍尔对本体论复杂性的分类标准，来论述北极安全治理涌现的复杂性。之所以选择本体论复杂性的标准，是因为本体论是"思考什么是存在"和"致力于

① ［英］伊恩·斯图尔特. 上帝掷骰子吗？——混沌之新数学［M］. 潘涛译. 上海：上海交通大学出版社，2016：389.

探索存在意义”的理论①。在复杂性作为系统固有属性的考量下，北极安全治理系统为什么会存在并体现出复杂性呢？这其实是由其本体上所具有的不同类型的复杂性来决定的。首先是北极安全治理的组分复杂性，构成北极安全治理系统的主体、对象、方式等在数量与种类上是繁多的，治理主体可以涉及众多的国家行为体与非国家行为体，治理对象可以涵盖诸多需要安全化与去安全化的议题，治理方式可以包括对话协商、直接参与、间接影响等。其次是北极安全治理的结构复杂性，北极安全利益攸关者的普遍性促进了治理组织和层级复杂性的形成，国际层面、国家层面、次政府与非政府层面的治理组织以多种组合的方式形成复杂网络化的相互嵌入态势，不同的治理层级之间持续地相互影响。最后是北极安全治理的功能复杂性，由于北极安全的复杂性，其所需要的治理模式、机制、规则等也是极其复杂的。加之当前北极理事会暂时将北极安全特别是军事安全议题排除在外，通过北极安全治理组分复杂性逐渐转向结构复杂性，进而实现功能复杂性将面临艰巨的挑战，并会是一个长期的复杂化过程。

**表 2-2　本体论的复杂性分类**

| | | |
|---|---|---|
| 组分复杂性（Compositional Complexity） | 构成复杂性（Constitutional Complexity） | 构成要素或组分的数量 |
| | 类别复杂性（Taxonomical Complexity） | 构成要素或组分不同种类的数量与多样性 |
| 结构复杂性（Structural Complexity） | 组织复杂性（Organizational Complexity） | 在相互关系的不同模式中，组分构成排列的各种可能方法的多样性 |
| | 层级复杂性（Hierarchical Complexity） | 包含和归类模式中的从属关系的复杂精致性 |
| 功能复杂性（Functional Complexity） | 操作复杂性（Operational Complexity） | 各种操作或机能类型的模式的多样性 |
| | 规则复杂性（Nomic Complexity） | 支配未决现象的规律的精细和错综 |

资料来源：［美］尼古拉斯·雷舍尔. 复杂性：一种哲学概观［M］. 吴彤译. 上海：上海世纪出版集团，2007：17-18.

① ［日］小川仁志. 完全解读哲学用语事典［M］. 郑晓兰译. 武汉：华中科技大学出版社，2016：210.

## 三、北极安全治理涌现复杂性的要求

现代科学技术的发展表明，不能把复杂性全部归结为认识过程的不充分性，必须承认存在客观的复杂性，真正的复杂性具备自身特有的规定性，即使已被人们认识，即使找到解决办法，它仍然是复杂的①。同样地，作为不断涌现生成的北极安全及其治理的复杂性也是客观的，并在产生一系列复杂影响的基础上要求我们转变观念、及时行动。

第一，要求我们采用新的切入视角，来深入认识和反思北极安全现实及其问题。由于历史和现实原因形成的北极安全问题，在北极国际治理与开发利用深入推进的背景下，日益产生新的安全化与去安全化诉求。与北极地缘政治安全、军事安全等相关的传统安全威胁，与北极环境变化、资源开发、人类可持续发展等相关的非传统安全威胁，已经相互交织形成了一个复杂的安全网络。一个小的安全威胁的产生、安全情境的改变、安全主体与指涉对象的变化等，都将增加北极这个安全网络的复杂度。这其中有北极冰雪消融、气候异常、生物多样性破坏等经历长时间尺度的北极自然安全因素造成的安全复杂性，也有比如悬而未决的划界争议、临时性的俄罗斯“海底插旗事件”、愈演愈烈的北极国家军事演习等北极地区安全因素酿成的安全复杂性，还有俄罗斯与以美国为首的西方国家的关系不稳定投射到北极等全球性安全因素加剧的安全复杂性等。这均需要基于复杂性理论视角，把握北极安全的复杂性。

但是，运用复杂性理论视角认识和解决北极安全问题，还需要防止过度安全化与盲目去安全化。在应对北极安全问题的现实过程中，最重要的是，在可以自由谈论经济安全、社会安全、粮食安全、环境安全甚至人类安全以及国家安全的时代，安全话语都有失去分析作用力的危险。这些问题是否有一些共同之处而有理由将它们视为安全问题？是否具有关于安全一般性质的重要命题可以帮助我们理解这些广泛的问题，并确定适当的方式来处理作为

① 刘军，张方风，朱杰．系统工程［M］．北京：机械工业出版社，2014：55.

政策问题的上述命题？或者，这种话语的范围不断扩大，其内容和作为思考北极政治的一种方式的作用被稀释了？[①] 北极安全问题的认识与解决离不开弹性和适应性，需要进一步明确北极复杂安全网络的基础性问题，探求相关安全问题形成、演变的复杂动力本质，不断促进和实现北极安全的复杂性治理。

第二，要求我们选择新的行动方向，来思考和完善应对包括北极安全在内的北极治理问题的相关机制。北极治理应当构建一个跨越不同主体层级、不同议题领域、不同受影响地域的整体性机制，这就需要新的多个学科的理论知识与多元主体参与的实践行动。北极安全治理涌现出的复杂性则进一步证明了这种需要的迫切性，北极治理特别是北极安全治理不再是“中心化”甚至是“门罗主义”倾向的、由北冰洋沿岸国家绝对主导的治理，而应该是众多利益攸关者平等有序参与的逐步“去中心化”的治理机制，是一个由北极治理与北极安全新态势、新诉求所推动的自适应与自组织过程。事实上，北极越来越多的区域性论坛共同代表了合作的重要意图，相互密切联系的氛围反过来对北极安全产生巨大影响；尽管可能会出现论坛之间相互妒忌的暗示，但关键的现实是，这些不同的论坛反映了一个基本的认识，即北极确实是一个奖励合作的地方[②]。进而言之，北极国际合作，可能不仅是可取的，而且可能也是应对在广阔和不断变化的北极安全环境中所出现的挑战的唯一选择，尽管其中仍然存在许多无法预料的情景和后果[③]。在这种机遇和挑战、合作与竞争并存的情况下，北极安全治理涌现的复杂性，同样需要以合作为基础的复杂性治理，以找准北极安全治理机制优化的正确方向。

第三，要求我们运用系统的认知与评价思路，分析和把握北极安全复杂

---

① Oran R. Young. Arctic futures: the politics of transformation (Foreword) [M] //James Kraska. Arctic security in an age of climate change. New York: Cambridge University Press, 2011: xxvi.

② The Simons Foundation. Ernie Regehr, O. C., Michelle Jackett, M. A. Circumpolar military facilities of the Arctic five [EB/OL].(2018-05).[2022-10-20]. http: //www.thesimonsfoundation.ca/sites/default/files/Circumpolar%20Military%20Facilities%20of%20the%20Arctic%20Five%20-%20updated%20to%20July%202018_2.pdf.

③ Katarzyna Zysk. The evolving Arctic security environment: An assessment [C] //Stephen Blank. Russia in the Arctic. Vitenskapelig antologi/Konferanseserie, 2011: 117.

的影响扩散及其效果对全球安全治理的多重影响。一方面是北极安全在全球层面的影响扩散。最显著的影响扩散是温室气体过度排放加剧全球气候变暖进而加速北极海冰消融，随之而来更为严重的问题是北极部分海底永冻层下蕴藏着大量的甲烷，一旦海冰消融过快，大量甲烷排出，将进一步加剧全球气候变暖，从而陷入北极海冰消融及其导致一系列问题的恶性循环之中。北极海冰消融加快全球海平面上升，对全球低海拔地区特别是小岛屿国家、低海拔国家沿海城市等的安全影响几乎是致命的，它们将遭受海水侵蚀、倒灌、淹没及其导致的一系列自然与社会灾害问题。

另一方面是北极安全在不同区域和层次的影响扩散。以北极环境安全为例，北极环境的客观变化将会使全球生态安全面临重大挑战，首先给北极地区带来毁灭性的生态灾难，北极熊失去大片赖以捕猎的浮冰，海豹不得不爬上陆地产崽，北极动植物的生存繁衍将受到更加严峻的人类影响乃至威胁；如果北极冰川全部融化，地球将进入缺乏淡水的时期；北极冰川的后退还使北极的沙尘被吹到欧洲北部和北美①。北极环境中潜藏着太多关系人类安全的影响因素，从北极恶劣脆弱的自然生存条件到北极海冰融化、海洋酸化，从北冰洋洋流变化情况到北极“臭氧层”异常，都有可能给在北极生存生活、从事科学研究与商业活动的人们带来不可预料的安全威胁，甚至远在北极之外的地区也有可能因为北极环境变化而遭遇极端天气、影响正常的工农业生产活动。因此，重视北极安全及其治理涌现的复杂性，需要在全球安全与全球治理体系中对北极安全及其治理问题进行合理定位，以有效应对其可能造成的安全威胁，从而促进北极地区安全与全球安全。

## 第三节　复杂性涌现下中国参与北极安全治理的机遇

在涌现生成理论的审视下，北极安全治理具有高度的复杂性，日益成为

① 夏立平. 北极环境变化对全球安全和中国国家安全的影响［J］. 世界经济与政治，2011（01）：122-133+158-159.

一个复杂的全球性公共问题。这一方面增加了人类开发、利用与保护北极的不确定性，北极复杂的安全化与去安全化诉求及其实践过程时刻影响着人类的北极活动。另一方面，复杂的北极安全因素及其多重影响越发成为主权国家参与北极事务的重要考量，既要保持和增强参与度及话语权，又要减少与避免参与过程中可能面临的安全威胁和战略风险。对于在合法性与合理性基础上参与北极事务及其安全治理的中国而言，更需要在北极安全治理不断涌现出复杂性的过程中抓住机遇并直面挑战，凭借参与北极事务的历史经验和现实能力，寻求参与北极安全治理的窗口期，与国际社会携手应对北极安全治理涌现的复杂性，成为北极事务的积极参与者、建设者和贡献者。

## 一、中国参与的合法合理性

从北极安全治理的系统性及其涌现来看，北极安全治理不能脱离当前已有的北极治理机制，尊重北极国家合理权益、发挥北极理事会等组织的重要作用以提升北极安全治理系统的适应性，仍然是题中之义。在此背景下，中国参与北极安全治理，具有充分的合法性与合理性，构成了参与的基础。

### （一）中国参与的合法性

中国参与北极安全治理的合法性根植于中国参与北极事务的合法性，也即符合相关国际法及其规则的要求，并据此具有正当的国际身份和合理的国家诉求。而随着全球气候变化与北极开发利用日益深入，北极安全事务的重要性日渐凸显，北极安全治理是北极治理及其日趋国际化过程中的关键内容。总的来看，中国参与北极安全治理合法性主要体现在以下三个方面。

其一，中国是《联合国海洋法公约》与《斯匹次卑尔根群岛条约》的缔约国，具有参与涉及北极安全相关事务的资格。1925 年 7 月 1 日，北洋政府代表中国签署和加入《斯匹次卑尔根群岛条约》。这一缔约国资格使我国在斯匹次卑尔根群岛具有自由出入、逗留活动的合法权益，这也为新中国成立后我国在北极地区进行活动以及后来开展北极科考、修建科学考察站等提供了明确的法理依据。1996 年 5 月 15 日我国批准加入的《联合国海洋法公约》保障了我国在北冰洋公海领域自由活动的权益。据《联合国海洋法公约》，北冰洋沿海国国家主权以及管辖范围外的“区域”及资源属于全人类共同继承遗产，这说明北极地区问题实质上是一个海洋争端问题，北极地区的治理可以依据《联合国海洋法公约》进行[1]。中国可以依据《联合国海洋法公约》和《斯匹次卑尔根群岛条约》的相关条款参与北极安全治理问题的应对与机制建构过程。

其二，2013 年 5 月 15 日，北极理事会接纳中国为正式观察员国，自此，中国在北极议题上享有更多的合法权益，比如受邀参与北极理事会相关会议、通过北极理事会下设的工作组参与实际工作、通过北极国家或永久参与方提出项目、在部长级会议上提交书面声明等。北极理事会下设六个工作组的具体任务或多或少涉及北极环境安全、动植物安全、海洋安全、发展安全等方面的议题，这实际上与本书所言的北极复杂性安全内涵存在相一致的地方。因而中国作为正式观察员国，一方面享有参与应对涉及北极安全治理问题的权利，另一方面具有承担维护北极地区长期安全与和平的义务，并通过持续的合作参与实践来保持权利与义务的真实性及其对等性。

其三，中国是众多涉及北极地区治理的全球普遍适用国际机制的参与主体，需要承担缔约国的责任与义务，并将其落实到完善北极安全治理机制的实际行动中。这些国际机制主要包括：《国际防止船舶造成污染公约》《生物多样性公约》《联合国气候变化框架公约》及其《京都议定书》，以及为铭记联合国环境规划署理事会 1996 年 2 月 7 日通过的第 19/13C 号决定而制定的《关于持久性有机污染物的斯德哥尔摩公约》等。除此之外，中国还积极参与和支持海洋保护咨询委员会（ACOPS）、国际北极科学委员会（IASC）、国际土著事务工作组（IWGIA）、北极大学联盟（UArctic）等与北极治理相关的非政府组织的工作。借助上述国际机制和平台，中国可以在北极安全治理中发挥建设性作用，基于合理合法的参与为打造一个安全稳定、

① 杨振姣，刘雪霞，辛美君．我国增强在北极地区实质性存在的实现路径研究［J］．太平洋学报，2015，23（10）：75-81.

和平发展的北极贡献力量。

### （二）中国参与的合理性

中国与世界的关联越来越密切，日益成为全球治理的重要角色。无数事实证明，中国是解决全球与地区安全和发展问题的积极参与者、可靠合作者与有效推动者，中国自身安全与发展问题的解决也有助于降低全球安全风险、增强全球发展动力。在这种背景下，参与北极治理、关切北极安全、推动北极安全治理机制的建构和优化，是中国和其他相关国家共同享有的合理权利。北极治理愈发具有全球性、北极安全愈发具有扩散性，包括中国在内的主权国家基于本国国家安全与国家发展的需要，充分关切本国在北极这一全球特定领域与安全事务中正当合理的权益，应当受到国际社会特别是北极国家的认可和尊重。中国参与北极安全治理除了具有和其他国家一样的普遍的合理性之外，还有其自身政策主张的合理性。

2018 年 1 月 26 日，国务院新闻办公室发表《中国的北极政策》白皮书，其内容包括前言、北极的形势与变化、中国与北极的关系、中国的北极政策目标和基本原则、中国参与北极事务的主要政策主张、结束语等。这是我国政府在北极政策方面发表的第一部白皮书，突出中国本着“尊重、合作、共赢、可持续”的基本原则参与北极事务，强调保护环境、主张合理利用、倡导依法治理和国际合作，并致力于维护和平、安全、稳定的北极秩序。中国的上述政策主张适用于全球气候变化背景下的北极安全及其治理需要，尊重是基础、合作是途径、共赢是目标、可持续是价值追求，基于此，中国应当持续深入参与北极国际治理，倡议打造北极安全人类命运共同体，在北极安全治理中发挥负责任的大国角色作用。

## 二、北极安全认知亟待增强

根据本书的研究结论，北极安全主要包括北极自身安全、北极地区安全、在北极活动的人类安全以及北极向全球辐射的安全影响等多个系统关联要素。目前对上述北极安全要素的认知多以简单性视角为主，尽管增强了对北极安全子系统及其局部要素的分析，但是可能会弱化对于北极安全的系统性与本质性认知。具体而言，主要存在如下四个方面的问题，需要包括中国在内的北极利益攸关国家参与应对，以增强北极安全认知。

### （一）北极自身安全认知存在不足

北极自身安全主要涉及自然安全与人文安全两个方面，前者主要是人类通过加强北极气候、冰川、生物等的研究与认识来维护北极自然环境的系统安全，后者则意指维护人类北极活动及其产生的物质财富与精神文化的安全。由于当前北极科学考察的困难性、北极科学研究的局限性以及人类北极活动的盲目性等，导致上述两方面的北极自身安全认知存在不足。

一方面，人类对北极自然的认知速度可能滞后于北极自然变化的速度。北极正在经历有史以来最大的变化，北极大气、冰雪、海洋、陆地、生物等之间的系统耦合与影响作用更加明显，气候变化下的“新北极”正在到来。2020年发表在《自然气候变化》（Nature Climate Change）上的一份研究成果显示：北极正在迅速变暖，海冰、海洋和陆地区域正在发生巨大变化，冰层融化、温度上升和降雨天数增加等数值均已远远超过以往的观测范围，但由于缺乏长期的科学观察，很难评估北极变化在统计上是否代表“新北极”气候①。目前以考察和研究为主要方式的人类北极认知活动，受到多方面因素的影响。比如，北极严寒冰冻的气候条件考验着考察装备和工具的质量并造成其使用寿命较短、更新换代成本较高等问题，由此可能影响北极考察的预期效果，导致一些北极观测数据缺失或不连续。由此可见，尽管近年来人类北极科学考察与研究取得了重大进展与成就，但是有效分析和把握北极自然环境系统在多方面因素影响下涌现出来的新特点、新趋势，加强对北极大气、海洋、陆地、冰冻圈以及太空等的观测与研究，仍需要长期的投入和攻关。正因为对北极自然变化的把握还不到位，北极自然安全也就蕴含着潜在风险，亟须通过国际合作予以应对。

---

① Laura Landrum, Marika M. Holland. Extremes become routine in an emerging new Arctic [J]. Nature Climate Change, 2020, 10 (12): 1108-1115.

另一方面，人类北极活动的盲目性与逐利性可能危及北极的人文安全。相关研究显示，人类活动本身可以以减轻或加剧人类影响的方式与气候或环境变化相互作用，北极地区的人类活动显著影响北极系统的变化轨迹[①]。在不同的利益诉求甚至非理性决策下，北极航道开通与运输、油气勘探与开采、渔业捕捞等不断常态化，人类活动与北极变化之间的相互影响日益显著。以北极油气资源开发为例，勘采过程中的基础设施建设将对北极海洋环境造成影响，施工中可能发生的事故、产生的垃圾甚至泄露的油气等会破坏北极脆弱的生态。这种不可逆的影响反过来又会形成人类开展北极活动的安全隐患，威胁在北极从事科研与生产活动的群体特别是北极原住民的身体健康、日常生活等。除此之外，随着社会发展、气候变化、资源开发等的影响，北极原住民的生计传承面临危机、文化传统遭受冲击[②]。如何满足北极原住民的权益诉求、确保其生存安全和文化安全，减少人类活动对北极的消极影响，是需要长期关注和解决的问题。

### （二）北极地区安全形势复杂多变

正如本章第一节关于北极治理系统性及其涌现的分析所指出的，北极地区在国际层面、国家层面以及次政府与非政府层面引起众多行为体的关注和行动，其涌现出的复杂治理状态中夹杂着多样化的利益诉求，成为北极地区蕴藏安全威胁、安全形势复杂多变的重要原因。相关研究认为，北极地区的存在可能是国际议程上的一个关注话题，俄罗斯与北约国家为获得北极控制权以及中国逐渐深入的参与，可能将该地区变成一个具有地缘战略意义的冲突区[③]。这一结论一方面有其合理性，即俄罗斯和北约国家之间的关系变化

① Henry P. Huntington, et al. The influence of human activity in the Arctic on climate and climate impacts [J]. Climatic Change, 2007, 82 (1): 77-92.

② 邹磊磊，付玉. 北极原住民的权益诉求——气候变化下北极原住民的应对与抗争 [J]. 世界民族，2017 (04): 103-110.

③ Florian Răpan; Daniela Răpan; Ivona Stoica. Security Perspectives in the Arctic Region: From Competition to Cooperation or Confrontation? [J]. International conference KNOWLEDGE-BASED ORGANIZATION, 2020, 26 (1): 123-129.

及其在北极的政治、经济、军事与话语权等方面的博弈乃至争夺，是北极地区安全充满不确定性的原因之一。另一方面，中国参与将影响北极地区安全的说法失之偏颇，北极地区安全格局深受北极国家各自的安全观念、政策及其相互之间安全竞合关系的影响，也即该地区安全形势复杂多变的主要影响因素来自其内部而非外部。

事实上，从历史角度看，北极地区向来是北极国家的“兵家必争之地”，充分体现出其重要的安全战略价值，也因之形成可能的安全隐患与威胁。从现实角度看，近年来北极国家纷纷加强北极军事部署，开展相关的北极军事演习，进一步加剧了北极地区安全的复杂局势。美国、俄罗斯、加拿大三国可用于北极安全与军事行动的基地与装备情况（截至 2019 年 9 月）如表 2-3 所示，数量与型号繁多、覆盖海陆空的北极军事设施，显示北极地区有可能上演新一轮军备竞赛，随之而来的是近年来北极军事演习数量、规模有所增加并且其针对第三方的特征也可能越发明显，对北极和平利用构成直接的安全挑战。2022 年 10 月美国发布新版《北极地区国家战略》报告，其争夺北极事务领导地位的尝试，或将导致北极事务从多利益攸关方之间的“弱竞争”，走向以认同分裂、阵营对立、前沿威慑、权益争夺和对话空白为特征的“强冲突”①。这种充满复杂性的安全局面，需要国际社会携手应对才能破局，以实现北极地区的持续安全。

**表 2-3　美国、俄罗斯、加拿大的北极军事设施类型及部署情况**

| 国家 | 基地<br>（包括车站、海军设施、雷达站等） | 装备 |
|---|---|---|
| 美国 | 艾尔森空军基地、埃尔门多夫空军基地、埃尔克森航空站、格陵兰图勒空军基地等 8 处空军基地，格里利堡 BMD 中段拦截部队、温赖特堡步兵战斗队与战斗航空旅、阿拉斯加指挥中心等 8 处陆上基地 | 航空母舰、MQ-1C 灰鹰无人机系统、小型无人机系统（sUAS）、Polar Scout 小卫星等 8 大类空中装备，轻型装甲车、M1A1 艾布拉姆斯坦克 2 大类陆上装备，水下无人机、潜艇、海上巡逻船、破冰船等 4 大类海上装备 |

① 贾平凡. 美国加紧战略部署 国际社会深感担忧 北极地区安全态势更趋严峻［N］. 人民日报海外版，2024-01-02（010）.

续表

| 国家 | 基地<br>（包括车站、海军设施、雷达站等） | 装备 |
| --- | --- | --- |
| 俄罗斯 | 北方舰队海军基地、俄罗斯北方联合战略司令部、阿拉库尔蒂海军/空军基地、北莫尔斯克（北方舰队总部）、法兰士约瑟夫地基地（又称“北极三叶草”）、新地岛（罗加切沃空军基地）等6处军事基地与13处空军基地以及16个深水港 | 北方舰队多种型号飞机、防空武器系统等多类空中装备，反导弹雷达系统、无人机、新型坦克、前向雷达和地面制导系统、两栖铰接式全地形车等15大类陆上装备，北方舰队多种海军舰艇、水下无人机、反潜舰、破冰船（包括核动力破冰船）、Bastion-P海防系统等8大类海上装备 |
| 加拿大（包括驻扎在南方可用于北极行动的基地和装备） | 北方联合特遣部队、军队北极训练中心（CAFATC）、北极高地气象站、海军停泊/对接和加油设施等9处 | CC-138“双水獭”等各型号飞机、监控无人机、卫星监控、加拿大防空识别区（CADIZ）雷达/武器等4大类空中装备，加拿大北方预警系统（NWS）、全地形车、隐形雪地摩托等5大类陆上装备，海岸警卫队破冰船、海军舰船、潜艇、水下监视系统等7大类海上装备 |

资料来源：Ernie Regehr，O C，Amy Zavitz，M A. Circumpolar military facilities of the Arctic Five [R]. The Simons Foundation Canada，2019：6-32，36-47，54-85.

### （三）北极人类安全概念难以落地

“人的安全”向来是安全研究的重要议题，如何通过国家与非国家行为体的合作来实现个体免受环境变化、自然灾害、社会危机乃至国家暴力等的威胁，则是这一议题的核心内容。进入全球化时代，“人的安全”成为人类的基本目标，受保护的个体泛指全球公民①。基于上述认识，当前北极人类安全的内核是人的安全，其主要指涉对象是在北极地区生活、生产的人类群体，其中以北极常住居民为代表。美国阿拉斯加大学费尔班克斯分校国土安全与应急管理学院的研究者，以美国北极地区的粮食和能源挑战为例，探讨

① 邢瑞利，刘艳峰.“人的安全”理念的演变与再思辨［J］. 太平洋学报，2016，24（01）：74-84.

了北极地区的国家安全与人类安全的关系，认为两者无论是在政策上还是在行为上，均不应被视为相互排斥的；人类安全有一种将国家安全“人性化”的方式，它有助于揭示两者之间的关系并助力更好地理解总体性安全，同时为定义和描述它自身和国家安全提供关联更强的解释[①]。在理论分析上，北极人类安全与国家安全可以明确相互的边界，形成应对安全威胁与挑战的合力。但在实际操作上，由于人类安全长期内嵌于国家安全且在概念上具有含混性，导致其观念和目标难以转化为安全政策实践。比如在北极国家颁布的众多北极战略中，往往将其国家利益排在首位，把北极民众利益置于其后乃至最末。可以在北极看到一个自相矛盾的局面：一方面，北极是“人类安全”问题最为突出的地区之一；另一方面，在国家层面尚未形成解决这些问题的综合方法，传统的以国家为中心的方法和对安全的传统理解仍然在北极国家的战略中占主导地位[②]。由此可见，北极人类安全概念在北极国家的安全政策与实践中还难以落地，影响了北极安全问题的系统化应对过程。

对于其他参与北极事务的北极域外国家而言，包括中国在内的绝大多数国家将维护本国北极活动、资产利益等的安全作为北极战略或政策的基本取向之一。尽管其中内含了维护在北极从事各类活动的本国公民安全的要求，但是当本国公民以个人身份和行动进出北极遭遇危险时，其安全救援难度极大。例如 2018 年 8 月 21 日俄罗斯外贝加尔边疆区一辆丰田越野车在横渡库安达河时沉没，车上 3 名中国公民获救，另一名溺水的中国公民失踪；当时俄方近一周的河面搜索，均无结果；国内民间救援队出发赴俄参与搜寻[③]。对于所有北极事务参与国家而言，由于受到多方面因素影响，如何在“人的安全”理念下真正实现北极人类安全仍然任重道远。

---

① Cameron D. Carlson, Troy J. Bouffard, Dana Woodward. Exploring a nexus of national and human security: Food and energy challenges in the U. S. Arctic [J]. Journal of Human Security, 2020, 16 (01): 37.

② Maria Lagutina. The place of the concept of "human security" in the strategies of the Arctic countries [C]. Northern Sustainable Development Forum 2020 (SHS Web of Conferences), 2021: 4.

③ 新华网. 中国“越野神人”在俄驾车遇险失踪 近 1 周搜索无果 [EB/OL]. (2018-09-02). [2023-08-26]. https://baijiahao.baidu.com/s?id=1610452424336291615&wfr=spider&for=pc.

### （四）北极全球安全影响较难应对

北极全球安全影响是随着人类对北极的认识增强、北极活动增多、北极议题不断细化而出现的，逐渐扩散到全球不同的地区与安全领域。如前文所言，北极潜藏着太多关系全球安全的影响因素，北极海冰融化、洋流变化、臭氧层异常等都有可能对北极地区之内和之外的人们造成安全威胁，形成全球性的安全影响。

以最受关注与影响最突出的北极变暖为例。从其产生的原因来看，北极的放大效应可以对其进行解释。相关研究表明，几十年来，北极增温幅度高达 1.2℃/10 年，是全球地表气温增暖最剧烈的地区，其增温幅度是全球平均增温幅度的 2 倍以上①。但是对于北极为什么会出现上述放大效应，研究者们并未达成共识。同时，北极部分海底永冻层下蕴藏的大量甲烷在气候变暖、冰层消融的条件下可能会加快排出。甲烷是全球气候变化和地质灾害的来源，由于甲烷水合物的准稳定性，对温度-压力平衡的任何干扰都可能引发水合物分解，然后引发甲烷排放，造成温室效应失控以及北极潜在的水下滑坡②，可能加剧北极变暖。从其影响的范围来看，北极地区变暖不仅会影响环北极地区的数百万人，还将对全球各国沿海地区、森林植被、淡水资源等自然生态系统和包括农牧业生产及旅游业等在内的各类经济活动造成直接而显著的影响。一旦北极气温上升幅度超过正常范围，远在千里之外的地方可能因此遭受极端天气灾害；而由此导致的海冰消融又将加快全球海平面上升，可能对全球低海拔、小岛屿国家与地区等带来海水侵蚀、倒灌乃至淹没等“灭顶之灾”。从其影响的结果来看，北极变暖的影响并不均衡，自然资源开采所带来的好处也因国家而异，这些成本和收益的分配不均要求在北极地区采用新的治理方法，以确保为受此影响最严重的群体提供公平的补偿和支持③。这

① 颉满斌. 变暖速度远高于全球平均 极地“火气大”成因复杂［N］. 科技日报，2022-01-06（005）.

② Elena Dyupina，Andre van Amstel. Arctic methane［J］. Journal of Integrative Environmental Sciences，2013，10（02）：93-105.

③ Janis Hoberg，Francisco Ascui. Arctic：Warming impact is uneven［J］. Nature，2013，500（7464）：529.

些复杂影响不仅在短时间内难以应对，也不是少数组织与国家可以解决的。总之，北极安全产生和扩散的全球安全影响具有复杂的内在机理，既离不开基于科学观测和研究的现象分析及本质揭示，又依赖于立足国际交流的政策对话与治理协同，以加快形成应对北极安全影响的合作机制。

## 二、北极治理合作趋势明显

冷战之后，北极地区的国际关系以外交对话与合作共赢为主要特征，以北极理事会为核心的北极治理机制发挥了重要作用。2021 年北极理事会部长级会议上通过了《北极理事会战略发展计划（2021—2030）》，提出北极治理的国际合作愿景："展望 2030 年，我们设想北极仍然是一个和平、稳定和开展建设性合作的地区，是一个充满活力、繁荣、可持续发展的地区，并为其所有居民（包括原住民）提供一个安全的家园。"① 尽管当前的北极治理容易受到大国关系变化的影响，在特定领域与议题的治理上出现波动和曲折，但总的来看，主权国家及其形成的区域性与全球性组织所推动的北极治理依然是以合作为趋势的。众多国家间的北极合作，为中国参与北极安全治理创造了良好的外部环境并提供了契机。

### （一）北极国家之间的合作日益深入

近年来，北极国家通过北极理事会、北欧部长理事会、巴伦支地区委员会等区域性组织开展了广泛合作，主要围绕北极居民及原住民权益维护、生物多样性保持、气候变化应对、海洋环境保护、污染物控制、紧急情况处理等议题进行对话与行动。从整体上看，以最近 4 届北极理事会轮值主席国提出的治理主题及其优先事项为例（表 2-4），合作、可持续、负责任、社区发展等是共同的关键词，应对气候变化背景下的北极问题、保护北极环境、提升北极地区的民生福祉、增强北极理事会的作用等成为北极国家开展北极合作的优先事项。可以确定的是，不管北极治理形势如何变化、治理主题如

① Arctic Council. Arctic Council strategic plan 2021 to 2030. [EB/OL]. (2021-05-20). [2023-01-28]. https://oaarchive.arctic-council.org/handle/11374.2601.

何选择、治理机制如何革新，北极国家之间的合作将一直存在。

**表 2-4　近 5 届北极理事会轮值主席国的治理主题与优先事项情况**

| 轮值主席国(时间) | 治理主题 | 优先事项 |
| --- | --- | --- |
| 美国（2015—2017 年） | 一个北极：共同的机遇、挑战和责任 | 加强北冰洋的安全、保护和管理；改善北极社区的经济和生活条件；应对北极气候变化；增强人们的北极意识 |
| 芬兰（2017—2019 年） | 将 2030 年议程框架用于北极合作，造福人类和自然 | 促进北极居民和社区的繁荣；加强北极理事会和北极经济理事会之间的合作；突出环境保护作为北极合作核心的定位和作用；促进北极地区可持续和负责任的发展等 |
| 冰岛（2019—2021 年） | 以可持续发展为首要主题，促进该地区及其他国家和人民之间的密切合作 | 加强北极海洋环境；优化气候和绿色能源解决方案；促进北极人民和社区发展；打造更强大的北极理事会 |
| 俄罗斯（2021—2023 年） | 负责任的北极可持续治理 | 改善北极居民（土著居民）的福祉、健康、教育和生活质量；加强环境保护，应对气候变化；促进可持续的社会经济发展；强化将北极理事会作为国际北极合作的主要形式 |
| 挪威（2023—2025 年） | 促进北极稳定和建设性合作 | 把重点放在气候变化的影响、可持续发展以及提高该地区人民福祉的努力等核心问题上。确定四个优先主题：海洋、气候与环境、经济可持续发展和北极地区人的福祉 |

资料来源：Arctic Portal. Arctic Council（Chairmanship）.［EB/OL］.［2023-01-28］. https：//arcticportal. org/arctic-governance/arctic-council.

从个案上看，美国和俄罗斯是北极秩序中的“双中心”权力结构①，因此美国和俄罗斯之间的北极合作意向及其实践等可以作为典型代表。尽管近年来俄罗斯与西方北极大国之间日益激烈的军事竞争已经危及北极地区基本和平的关系并可能形成安全困境，但美国拜登政府承诺让美国重返全球参与和多边主义以及 2021 年俄罗斯成为北极地区主要政府间机构北极理事会和

① 徐广淼. 变动世界中的北极秩序：生成机制与变迁逻辑［J］. 俄罗斯东欧中亚研究，2021（01）：106-124+157-158.

北极海岸警卫队论坛的主席，为重建俄罗斯与其北极邻国之间的信任和信心并缓解危险的紧张局势提供了机会①。表 2-5 对近年来俄罗斯与美国相关机构官员与负责人所表达和阐述的两国北极合作意愿及前景进行了部分列举。从表 2-5 来看，即使两国关系变化不定甚至趋于紧张，但两国在北极领域的对话渠道一直保留，合作议题与项目也在持续推进，深刻反映了当前和未来北极国家的合作治理趋势。

**表 2-5　俄罗斯与美国的北极事务合作意愿表达与前景阐述情况（部分）**

| 意愿表达与前景阐述人员及其场合、时间 | 具体意愿与前景 |
|---|---|
| 俄罗斯安全理事会第一副书记尤里·阿韦里亚诺夫接受《俄罗斯日报》采访（2019 年 6 月） | 就北极议程的热点问题进行俄美对话将有助于加强该地区的安全，并可能为莫斯科和华盛顿在其他领域进一步合作奠定基础。两国在北极事务上的接触是建设性的，富有成果的 |
| 俄罗斯外交部巡回大使、北极理事会俄方高级官员尼古拉·科尔丘诺夫接受卫星通讯社采访（2021 年 6 月） | 俄美通过北极海岸警卫论坛建立的务实关系，以及我们的合作伙伴愿意在该平台上进一步开展对话并进行磋商和举行联合演习。俄美在北极的合作是具有前景的方向之一，莫斯科和华盛顿方面在此具有共同利益 |
| 美国北极特别代表罗伯特·帕普向媒体表示（2016 年 10 月） | 尽管美国和俄罗斯局势加紧，两国在北极理事会框架下的合作依然保持稳定 |
| 美国驻俄罗斯大使馆发言人杰森·雷博尔兹在北极理事会成立 25 年之际向卫星通讯社表示（2021 年 9 月） | 北极理事会成员国之间的合作有助于维护该地区的和平。美国和俄罗斯正在北极就共同关心的问题开展合作，包括在北极理事会内的合作 |
| 北极经济理事会麦斯·弗雷德里克森向卫星通讯社表示（2021 年 6 月） | 国际空间站和北极是俄罗斯和美国目前为实现共同目标而合作的唯一地方。尽管俄罗斯与西方之间的政治局势一直紧张，但北极地区的公司成功进行跨境贸易 |

资料来源：笔者根据相关公开报道整理得出。

### （二）北极域内外国家间的合作不断加强

在本书的研究中，北极域外国家主要是指德国、荷兰、波兰、英国、法

① James Kenneth Wither. An Arctic security dilemma: Assessing and mitigating the risk of unintended armed conflict in the High North [J]. European Security, 2021, 30 (4): 1.

国、西班牙、中国、日本、韩国、印度、新加坡、意大利、瑞士等具有北极理事会正式观察员国身份并且在北极开展了实质性活动的国家，也即第三章将谈到的具有中等优势的近北极国家。上述国家与北极国家之间的合作首先是建立在遵守《北极理事会观察员国手册》要求的基础上的，主要包括通过相关工作组参与北极理事会的工作，通过北极国家或永久参与者提出项目，根据北极理事会轮值主席的判断发表声明、提交书面声明、提交相关文件并对所讨论的问题提供意见等。尽管北极域外国家受制于当前北极治理规则与制度体系的限制，但对环境保护、污染治理、海上搜救等低政治领域议题拥有与其北极利益和国家实力较为相符的参与能力①。实际上，近年来北极域外国家与北极国家之间的合作不断深化。比如，2021 年 10 月在冰岛举行的北极圈论坛大会上，论坛主席、冰岛前总统格里姆松表示，中国和北极有着密切联系，很高兴看到中国以建设性和务实的态度积极参与北极有关对话和合作②。以中国与北极国家开展的合作项目为例，如表 2-6 所示，我国参与了俄罗斯、美国、冰岛、芬兰等国家的北极能源资源开发、科学观测研究、考察站点建设等相关项目。随着合作议题的增多与领域的深化，我国将在北极治理合作中贡献更多的力量。

**表 2-6　近年来中国与相关北极国家的项目合作情况（部分）**

| 合作项目（启动时间） | 中国参与情况 |
|---|---|
| 中俄北极天然气合作开发项目（2017 年 11 月） | 中国为亚马尔液化天然气及 LNG-2 液化天然气项目提供融资 |
| 中国参与美国阿拉斯加州液化天然气开发项目（2017 年 11 月） | 签署了价值 430 亿美元的《阿拉斯加液化天然气项目联合开发协议》 |
| 中芬“北极观测联合研究中心”（2018 年 4 月） | 中芬两国共建的国际性开放合作平台 |

① 徐广淼. 变动世界中的北极秩序：生成机制与变迁逻辑［J］. 俄罗斯东欧中亚研究，2021（01）：106-124+157-158.

② 中国网. 中国参与北极圈对话获高度评价［EB/OL］.（2021-10-18）.［2023-05-11］. http：//news. china. com. cn/2021-10/18/content_ 77817491. htm.

续表

| 合作项目（启动时间） | 中国参与情况 |
|---|---|
| 中冰北极科学考察站（2018 年 10 月） | 中冰两国合作共建并联合管理 |
| 中俄帕亚哈油气田项目（2019 年 6 月） | 中国建设原油处理工艺装置、装运码头等 |
| 中国参与实施“雪花”国际北极站项目（2022 年 2 月） | 中国主要负责提供设备 |

资料来源：笔者根据相关公开报道整理得出。

正如相关研究者运用情景分析、专家访谈与文献研究等相结合的方法对 2050 年北极的复兴场景所描述的那样：“各国同意将北极探索作为国际合作和人类永恒追求进步和发展的象征。”① 有理由相信，随着北极治理在全球治理中的关注度和重要性日益提升，北极域内化治理的状态将不断被打破。北极的未来不应成为北极国家与非北极国家之间争论的焦点②，北极国际合作特别是北极国家与北极域外国家的合作将呈现出新的实践状态。

### （三）北极域外国家之间的合作有所增加

在北极域外国家中，英国、荷兰、德国、波兰、法国、意大利、中国、日本、韩国、印度等 10 个国家公布了官方的北极政策文件，阐述了本国参与北极事务的背景、目标、战略、主张等；新加坡、瑞士、西班牙等国家虽然暂时未见官方正式的北极政策文件，但是在这些国家的相关法律、战略、报告及高层领导讲话中，也表达了本国的北极事务立场和主张（具体内容将在第三章第一节阐述）。由于上述国家在参与北极事务的过程中具有相类似

① Alexandra Middleton，Anastasia Lazariva，Frode Nilssen et al. Scenarios for sustainable development in the Arctic until 2050 ［Z］ //Lassi Heininen，Justin Barnes，Heather Exner-Pirot （eds.）. Arctic Yearbook 2021. Thematic Network（TN）on Geopolitics and Security of the University of the Arctic，2021：13.

② Кефели И Ф，Николаенко А В. Взаимодействие арктических и неарктических государств внаучных исследованиях и практическом освоении геополитического потенциала Арктики ［J］. Управленческое консультирование，2022（03）：24.

的治理身份、诉求与叙事，所以合作是其共同的关键词，不仅体现在相关文件和讲话中，更落实到了相应的北极治理实践中。比如在上述国家中有 8 个欧洲国家，除永久中立国瑞士之外，其他 7 个国家均为北约成员国，除 2017 年公投“脱欧”的英国之外的其他 6 国均是欧盟（EU）成员国，这些国家在北极事务方面的合作日益深化并体现出强烈的政策导向。就北约而言，对外高调宣示参与北极事务的意愿，重视气候变化和北极冰融对联盟活动能力带来的负面制约，强化北极军事演练与能力建设①；就欧盟而言，其新的北极政策将北极事务纳入欧盟对外政策主流，更加关注地缘安全，同时试图塑造更高标准的规范，旨在回应北极地区面临的多重挑战②。再比如同属亚洲国家、2013 年同时成为北极理事会正式观察员国的中国、日本、韩国三国，自 2016 年起就开展了多轮北极事务高级别对话，明确了中日韩在北极科学研究、环境保护、国际交流等方面的合作事项。

总之，北极治理多方面、多层次、多领域国际合作的进展与趋势，将为包括安全议题讨论与应对在内的北极治理提供新的机遇和动力，打造真正实现和平、稳定和可持续发展的“新北极”。“新北极”将是一个存在竞争的和平区域，即使大国博弈对以北极的影响日益显著，北极事务中“混合动机”的国际互动也可以促使各方在特定问题上的合作，并将注意力转向北极国家和其他各利益攸关方共同关心的问题上③。

## 四、中国参与水平稳步提升

近年来，我国按照“认识北极、保护北极、利用北极和参与治理北极”的目标，秉持“尊重、合作、共赢、可持续”的基本原则参与北极事务。截至 2024 年 12 月，我国已成功开展了 14 次北极考察，在以北极理事会为

① 赵宁宁，龚倬. 北约北极政策新动向、动因及影响探析［J］. 边界与海洋研究，2022，7（02）：37-50.

② 房乐宪，谭伟业. 地缘竞争背景下的欧盟新北极政策［J］. 当代世界与社会主义，2022（02）：142-150.

③ 奥兰·扬，杨剑，安德烈·扎戈尔斯基. 新时期北极成为和平竞争区的发展逻辑［J］. 国际展望，2022，14（03）：1-21+156.

核心的北极治理机制与平台中发挥了建设性作用，与北极国家、其他北极利益攸关国家开展了多方面的合作等，我国参与北极治理的水平稳步提升。作为一个大国，中国处于有利地位，可以利用制度复杂性来发挥自己的优势①。正如哈里·玛基-雷尼卡在接受《光明日报》记者专访时表示，中国在北极可持续发展方面已作出令人瞩目的努力和贡献②。我国北极考察事业取得了丰硕成果，基本实现了从无到有、从有到多、从多到精的转变。基于我国技术装备、人才投入与法律体系等保障支撑的北极治理参与水平提升，为我国逐步参与北极安全治理奠定了良好基础。

### （一）技术装备应用水平日益提升

我国目前的极地技术装备主要涉及“国内基地—交通工具—极地区域”三大流程，即涵盖进入极地前的准备、过程、活动等环节。首先在国内基地层面，形成了“一个中心、一个基地、一个专用码头”的国内极地技术装备格局，为我国参与北极治理提供了良好的后勤保障。中国极地研究中心是我国唯一专门从事极地考察的科学研究和保障业务中心，承担着极地科学研究、极地考察业务保障、极地科学信息管理等重大职责。除了中国极地研究中心，我国还有选定在黑龙江省尚志市亚布力滑雪场的训练基地，为奔赴极地的考察队员提供严格的类极地训练。2008 年 7 月通过竣工验收的中国极地考察国内基地码头是世界首座极地考察船专用码头，主要承担我国极地科学考察破冰船和国外极地考察船的靠泊及后勤保障任务③。

其次在交通工具层面，进入“双龙探极”时代，强化了我国进一步认识、保护和利用北极的机动保障。1993 年我国从乌克兰进口并按我国极地考察需求进行改装的“雪龙”号，于 1994 年代替“极地”号服役至今，承担了迄今为止我国南北极考察的几乎所有航行任务。2016 年 12 月，我国自

① M. Taylor Fravel, Kathryn Lavelle, Liselotte Odgaard. China engages the Arctic: A great power in a regime complex [J]. Asian Security, 2022 (18): 138-158.

② 张智勇. 北极：合作共赢是未来主旋律——访芬兰外交部北方政策大使、北极顾问委员会秘书长哈里·玛基-雷尼卡 [N]. 光明日报，2019-07-18 (012).

③ 张媖. 极地考察船有了专用码头 [N]. 中国船舶报，2008-07-23 (005).

主建造的第一艘极地科学考察破冰船在江南造船厂正式开工建造，并于2018年9月开始新船的内装工程并下水调试，分别在2019年上半年和下半年完成新船常规测试和极地区域试航。新的极地考察船被命名为“雪龙2号”，2019年10月该船首次出征暨与“雪龙”号共同执行国家第36次南极科考任务，2021年7月“雪龙2号”前往北极执行中国第12次北极科考任务。2024年6月，我国自主设计、建造的新一代破冰科考船“极地”号在广州南沙正式交付，成为我国极地考察的重要新生力量。

最后是在极地区域层面，极地考察站为我国在广袤的极地区域开展科学考察和研究提供坚实保障。目前我国建成1座北极考察站，即中国北极黄河站，该站建立于2004年7月28日，位于北纬78°55′、东经11°56′的挪威斯瓦尔巴群岛的新奥尔松小镇。黄河站是中国继南极长城站、中山站两站后的第三座极地科考站，中国也成为第8个在挪威的斯瓦尔巴群岛建立北极科考站的国家。除此之外，我国还与俄罗斯、冰岛等国家合作共建北极考察站点。北极考察站的建成和正常运转，意味着我国具有较高水平的极地活动与考察研究能力。

### （二）人才队伍建设水平不断提高

一个实力强大的海洋国家应该是一个海洋科研实力雄厚、人才充实的国家[①]。我国目前还没有专门的极地科学人才培养机构，历次北极考察队员都是面向相关部门、高校、研究机构等进行公开选拔的，组建以考察任务为导向的考察队次。北极考察队员特别是不同学科的科学家、研究者是我国开展北极科学观测与研究的中坚力量。下图2-3根据中国极地科学考察管理信息系统的检索信息，统计了我国历次极地考察中具有相同或相似学科背景考察队员的数量。从图2-3可以看出，由于我国极地考察的自然科学性质与要求，考察队员的学科背景主要涉及海洋学、地球物理学、地质学、大气科学、生物学、环境科学等以及上述部分一级学科的二级学科。比如海洋学下

① 朱坚真等. 中国海洋经济发展重大问题研究［M］. 北京：海洋出版社，2015：268.

的海洋生物学（17人）、物理海洋学（21人）、海洋化学（67人）、海洋地质学（4人）、海洋气象学（1人）、海洋环境科学（1人）等，地质学下的地球化学（12人）、构造地质学（5人）、岩石学（2人）等，生物学下的微生物学（12人）、动物学（1人）、植物学（4人）、生物化学（2人）等。由此可见，我国极地考察队员的自然科学学科背景比较全面，有助于我国充分认识北极自然状况并为北极变化与我国气候、环境等的关联提供关键证据，从而助推我国深度参与北极治理。

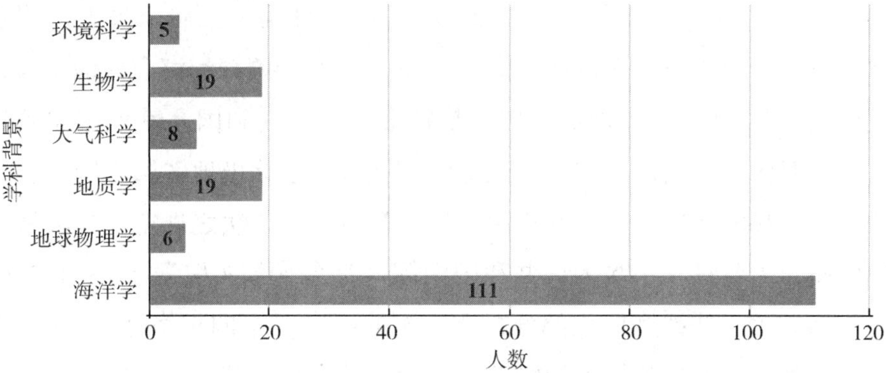


图2-3　中国历次极地考察中相同或相似学科背景的考察队员数量

此外，我国还有一大批从事有关中国为何与如何参与北极治理研究的人文社会科学专家学者，主要来自武汉大学、上海交通大学、同济大学、中国海洋大学、大连海事大学等高校与中国社会科学院、中国极地研究中心等机构，形成了良好的社科研究格局并取得了丰硕的研究成果，产生了较强的社会影响力。我国参与北极治理，特别是在北极安全治理中发挥应有作用，需要不断整合以极地考察科学家为代表的自然科学研究者和来自多个人文社会科学领域研究者的力量，大力培养和使用极地科学与研究人才，快速提升人才保障水平。

### （三）法律法规保障水平逐步增强

我国参与北极治理的法律法规保障机制，一方面是指我国已经批准加入的相关国际公约、条约与规则等国际法，比如《联合国海洋法公约》《斯匹次卑尔根群岛条约》等，它们为我国参与北极国际事务、承担北极治理的国际义务提供了有效依据。到目前为止，中国已经很好地适应了北极治理系统，尽管这个系统需要更加灵活地应对不断产生的新挑战①。另一方面是我国制定的涉及中国北极事务的相关法律、涉海行政法规、国务院部门规章等三个层面的内容，具体如下。

在相关法律层面，主要涉及以下两部法律：第一，前文所述的2015年7月1日第十二届全国人民代表大会常务委员会第十五次会议通过的《中华人民共和国国家安全法》；第二，2016年2月26日第十二届全国人民代表大会常务委员会第十九次会议通过的《中华人民共和国深海海底区域资源勘探开发法》，该法所称深海海底区域，是指中华人民共和国和其他国家管辖范围以外的海床、洋底及其底土。这实际上就包括了北极地区属于国际公共海域的部分，我国在这些地区的资源勘探开发应遵守该法之规定。在涉海行政法规层面，主要是《中华人民共和国国际海运条例》（根据2023年7月20日《国务院关于修改和废止部分行政法规的决定》第四次修订），该条例所适用的与国际海上运输相关的辅助性经营活动，包括其分别规定的国际船舶代理、国际船舶管理、国际海运货物装卸、国际海运货物仓储、国际海运集装箱站和堆场等业务。我国利用北极航道进行国际海上运输应当遵循该条例的要求。

最多的是在部门规章层面，以原国家海洋局及其办公室制定和发布的规范性文件数量最多且最具代表性。表2-7列举了其发布的有关北极事务的规范性文件。其中专门针对北极的1项，适用于南极和北极的共计8类。这些办法和规定涉及北极考察、研究、活动的诸多具体方面，有利于指导和规范我国相关组织与公民在北极的活动与行为。除此之外，2017年5月由国家发展改革委、原国家海洋局联合印发的《全国海洋经济发展“十三五”规划（公开版）》要求拓展深远海空间，开展极地环境综合考查与资源潜力

① Reinhard Biedermann. The polar silk road: China's multilevel Arctic strategy to globalize the far north [J]. Contemporary Chinese Political Economy and Strategic Relations: An International Journal, 2020, 6 (2): 571-615.

评估，实施“雪龙探极”工程。同年6月，国家发展改革委与原国家海洋局又联合发布《“一带一路”建设海上合作设想》，提出推动共建经北冰洋连接欧洲的蓝色经济通道，积极参与北极开发利用等。2021年3月，《中华人民共和国国民经济和社会发展第十四个五年规划和2035年远景目标纲要》强调参与北极务实合作，建设“冰上丝绸之路”。诸如此类的规划和设想也在一定程度上发挥了我国参与北极法律保障的作用，有助于提高我国的北极治理参与水平。

**表2-7　原国家海洋局及其办公室发布的有关北极事务的规范性文件汇总**

| 时间 | 主送单位 | 文件名称 |
|---|---|---|
| 2010年11月2日 | 各有关单位 | 《中国极地科学考察样品和数据管理办法（试行）》 |
| 2013年2月1日 | 极地考察各有关单位 | 《极地考察船火灾现场处置预案》等11个预案、《极地考察直升机失去联系现场处置预案》等7个预案 |
| 2013年2月4日 | 各有关单位 | 《“南北极环境综合考察与评估”专项管理办法》 |
| 2013年2月6日 | 各有关单位 | 《国家海洋调查船队管理实施细则》 |
| 2013年2月19日 | 各有关单位/极地考察各有关单位 | 《“南北极环境综合考察与评估”专项经费管理办法》《极地考察航空器突发事件应急预案》 |
| 2017年4月27日 | 中国大洋矿产资源研究开发协会各理事单位 | 《深海海底区域资源勘探开发许可管理办法》 |
| 2017年8月30日 | 各有关单位 | 《北极考察活动行政许可管理规定》 |
| 2017年12月29日 | 各有关单位 | 《深海海底区域资源勘探开发资料管理暂行办法》《深海海底区域资源勘探开发样品管理暂行办法》 |
| 2018年3月13日 | 各有关单位 | 《中国极地考察数据管理办法》 |

资料来源：中华人民共和国自然资源部政策法规库（网址：http：//f. mnr. gov. cn/）。

## 第四节 复杂性涌现下中国参与北极安全治理的挑战

前文的研究结论显示，北极安全及其治理问题，已经不再是北极国家及其主导的治理机制按照以往简单性观念、思路和方式能够认识和应对的。随着北极治理在全球治理中的关注度日渐上升，全球化时代的北极安全问题，在北极安全认知不足与应对有限的情况下，不断涌现出新的风险和威胁。芭芭拉·帕德托娃教授以美国五家极具影响力的媒体①的 112 篇新闻报道为案例研究了北极的安全化过程。其研究结论提出了媒体叙事中的四个关键维度的北极安全问题，即（1）北极作为资源基础（经济安全）；（2）北极作为自然保护区（环境安全）；（3）北极作为保护国家利益的区域（政治和军事安全）；（4）北极作为传统生计地区（社会安全）②。这些问题有的正在解决当中，有的在短时间内难以解决，还有的悬而未决，充分反映出北极安全治理问题的复杂性。在此背景下，中国参与北极安全治理首先就面临其治理理念相对滞后、治理机制建构缓慢的影响与制约，其次面临部分负面国际舆论长期存在的局面，形成参与北极安全治理的现实挑战。

### 一、北极安全治理理念相对滞后影响中国参与过程

本书第一章的分析结论显示，当前北极安全治理主要是建立在简单性思维基础之上的，具有北极安全问题层次性划分、治理机制领域化设计、实践行动分散化进行等特征。其背后所体现出的域内化自理、安全性警惕、选择式合作等治理理念，已经逐渐滞后于全球化时代北极安全涌现出的治理需求。首先，尽管北极国家内部存在一定矛盾，但是当它们面对包括安全在内的北极治理议题时，往往倾向于内部协商与解决，按照北极区域性组织搭建

① 笔者注：即《华盛顿邮报》《纽约时报》《华尔街日报》《洛杉矶时报》和《今日美国》。

② Barbora Padrtova. Frozen narratives: how media present security in the Arctic [J]. Polar Science, 2019 (21): 37-46.

平台、北极国家内部双边与多边对话、形成合作声明与治理项目的逻辑进行。“门罗主义”一直存在于北极治理实践中，制约着北极治理体系与机制的优化。中国参与北极安全治理，容易遭遇北极国家域内化自理理念下带有排外动机与特征的行为阻力，参与过程面临挑战。

其次，从北极国家出台的北极政策与战略来看，近年来它们不断将维护和实现本国在北极的安全和发展利益作为重要目标。北极国家内部之间的安全竞争行为与现象一直存在，而北极域外国家不管以何种形式参与北极事务，都有可能引起北极国家的警惕，更不用说是在政治敏感度较高的安全领域有所倡议和行动了。比如，中国与俄罗斯的北极合作，在受到少数国家与媒体的挑拨乃至抹黑的情况下，需要我国把握好合作参与的限度，避免对两国的全面战略协作伙伴关系造成不良影响。就像相关研究所指出的，虽然中俄在北极已经进行了多项合作且成效显著，但中俄及其他国家对北极的认知差异性，全球气候变化带来的不确定性以及美国等相关国家推行北极战略军事化等因素，在一定程度上制约了中俄北极安全合作进程①。

最后，北极事务国际合作更多地集中在环境保护、科学考察、商业开发等领域，并且合作的时机、深度等受到北极国家的选择性影响。从理论上讲，北极地理现状所形成的障碍是影响北极“硬”安全思维的一个主要因素，再加之非北极安全问题的“溢出”效应，其结果就是北极地区的安全差异性可能会通过“软权力”平衡来表现②。这种“软权力”平衡是带有选择性的，其约束力主要体现在北极域外国家的参与上。如果中国等域外国家被北极国家视为对己有利的平衡对象，则两者有可能在北极开展安全合作，反之则难以合作。

## 二、北极安全治理机制建构缓慢制约中国参与效果

北极安全是全球安全的一部分，全球安全议题的建构与治理离不开相关

---

① 谢晓光，杜洞光. 防御性现实主义视域下的中俄北极安全合作［J］. 区域与全球发展，2022，6（03）：5-21+153-154.

② Marc Lanteigne. Ties that bind：The emerging regional security complex in the Arctic［R］. Norwegian Institute of International Affairs，Policy Brief，2016：2.

制度与机制的作用，北极安全治理同样如此。从国际制度的角度来看，北极治理还处于国际规则竞争阶段（国际制度竞争的初始阶段），并且国际规则构建存在滞后性和不完善性，整体呈现出“松散化”的特征①。全球性国际制度对北极安全治理的影响较小，区域性的国际制度所发挥的治理作用存在差异，作为高级别政府间论坛存在的北极理事会是北极地区最重要与最管用的治理机制。然而这一机制还面临不少问题。比如，北极理事会明确排除了军事问题的讨论，并限制了政治问题的合作；而北极国家军事上的合作与竞争、政治上的对话与博弈又恰恰是造成北极地区涌现地区性安全风险的重要原因。再比如，北极理事会作为边界组织的有效性正在受到要求其更加注重行动压力的影响②。当前，俄罗斯与美国、加拿大、冰岛、丹麦、挪威等属北约的北极国家，在安全对话与战略互信上陷入低谷。尽管“北极理事会的活动不应受到任何政治动机的影响”③，但是当北极地区出现政治信任危机并蕴藏潜在冲突的风险时，亟须北极理事会在安全治理议程推动与行动合作方面有所作为。正如相关研究者所指出的：“北极理事会能否继续产生积极影响并发挥合作论坛的作用，将取决于它如何应对气候变化以及北极国家允许解决安全问题的程度……如果没有明确的战略，北极理事会的许多努力可能只是具有临时性、应激性而非响应性，并且缺乏适当的前瞻性规划。”④但令人遗憾的是，以北极理事会为代表的北极治理体系，在其安全治理机制的建构与运行上显得停滞不前，徒增北极地区安全应对的不确定性与复杂性。在此背景下，中国等北极利益攸关国家参与北极安全治理过程中倡议的理念、推进的项目、期待的作用等，难以落到实处，参与效果可能大打折扣。

---

① 肖洋. 北极治理的国际制度竞争与权威构建［J］. 东北亚论坛，2022，31（03）：92-107+128.

② Jennifer Spence. Is a melting Arctic making the Arctic Council too cool? Exploring the limits to the effectiveness of a boundary organization［J］. Review of Policy Research，2017，34（06）：790-811.

③ O Y Krasulina，et al. Assessment of the probability of the Arctic Council expansion（Conference Paper）［J］. IOP Conference Series：Earth and Environmental Science，2019，302（012090）：1-7.

④ Tom Barry，et al. The Arctic Council：An agent of change?［J］. Global Environmental Change，2020，63：1-10.

进一步而言，当前建构缓慢的北极安全治理机制，难以全面把握北极地区长期存在的复杂安全化与去安全化诉求，导致北极安全治理需求响应相对有限。从非传统安全角度来看，北极环境、航道、资源等方面的治理问题需要进行整体性的安全考虑和设计，以满足保护北极自然环境、改善北极通航条件、进行适当资源开发的需求。北极地区现有的区域性国际制度，涉及的基本上是非传统安全领域的议题[①]，因此上述非传统安全领域的治理需求大部分能够得到响应，少部分依赖于进一步的合作响应与治理。但从传统安全角度来看，北极地区充斥着北极国家所主张的本国安全与发展利益，它们在资源利用、军事活动、话语权力等方面的分配与争夺可能导致摩擦与冲突。特别是当俄罗斯与以美国为首的西方国家的关系在北极或其他地区发生变化时，北极传统安全领域的竞争和挑战随之产生，涌现出迫切的治理需求。由于当前以北极国家为主导的北极理事会排除了北极安全与军事方面的议题，导致北极传统安全领域的治理需求响应不足。

具体来说，近年来一方面是北极地区地缘政治矛盾冲突再起波澜，俄罗斯与美国及其同盟的北极军事竞争与对峙活动不断增加；另一方面却是北极治理与合作机制面临权威缺乏、内部分歧、难以协调等瓶颈[②]。美国和俄罗斯在过去数十年里进行着经济制裁与反制裁、国际外交对抗与反对抗、地缘政治渗透与反渗透等多方面的博弈，这映射到了双方的北极关系处理过程中，成为北极地区涌现出亟待响应的传统安全治理需求的根源之一。根据2020年10月13日国际文传电讯社（Interfax）的报道，俄罗斯联邦安全会议副主席德米特里·梅德韦杰夫在俄安全理事会上表示，“包括美国在内的主要北大西洋联盟成员国一直在努力限制我们在北极的活动”，“他们正在使用各种方法，从加强我们边境附近的军事活动到施加制裁压力”，“尽管某些国家不断试图破坏北极局势的稳定，但俄罗斯显然会继续捍卫其在该地

---

① 王传兴. 论北极地区区域性国际制度的非传统安全特性——以北极理事会为例［J］. 中国海洋大学学报（社会科学版），2011（03）：1-6.

② 观察者网. 张耀：三次“北极会议”背后的极地治理新变化［EB/OL］.（2019-05-27）.［2023-04-18］. https：//www. guancha. cn/ZhangYao/2019_ 05_ 27_ 503256_ 2. shtml.

区的地位”①。在2022年2月俄罗斯与乌克兰的冲突爆发后，芬兰拉普兰大学北极中心的蒂莫·科伊武罗瓦教授指出，这一危机下的北极合作可能仍会继续，但或许会因军事安全问题蒙上一层阴影②。实际上，自2022年3月开始，北极理事会的工作因俄乌冲突而宣布暂停，美国、加拿大、挪威等国家在6月表示将在没有俄罗斯参与的情况下有限恢复相关项目，俄罗斯则认为在其缺席的情况下北极理事会通过的决定将不具合法性。这说明北极安全治理的传统安全特征正在加快凸显，而现有的不论是以《联合国海洋法公约》《生物多样性公约》等为代表的全球性国际制度，还是众多的北极区域性国际制度，对于上述问题均缺乏有效的应对思路和行动，进一步反映出北极安全治理的需求响应严重滞后。

### 三、部分负面国际舆论长期存在加剧中国参与难度

从充满不确定性的国际局势看，当前西方国家发动对华“舆论战”、西方媒体对华进行负面报道、西方民众对华刻板成见与不信任等的复杂国际舆论环境预计还会持续较长时间，成为中国面对的国际舆论场的“基本面”③。在此情况下，我国参与国际事务的倡议、行动与效果等均可能受到外部舆论的过分解读乃至怀疑和抹黑。造成这种消极影响的背后逻辑往往是部分“权威”人士在不同的领域与议题上故意污蔑、诬陷甚至丑化中国，导致部分媒体跟风报道、推波助澜，普通民众被误导而形成或加剧对中国的负面印象。例如，2023年4月，美国独立性民调机构、知名智库皮尤研究中心发布的民调显示，83%的受访美国民众对中国持负面看法，52%的受访者将中国视为美国的最主要竞争对手。这种复杂的国际舆论环境在中国参与北极事务上也

---

① Attempts by U. S., NATO to limit Russia's activity in Arctic put national security at risk-Medvedev (Part 2) [N]. Interfax: Russia & CIS Military Newswire, Moscow, 2020-10-13.

② High North News. Hard security focus may once again come to dominate the Arctic, Researcher fears [EB/OL]. (2022-03-29). [2023-04-20]. https://www.highnorthnews.com/en/hard-security-focus-may-once-again-come-dominate-arctic-researcher-fears.

③ 涂凌波，田欣荷. 新冠肺炎疫情下中国面对的复杂国际舆论环境：表现、原因及影响 [J]. 当代世界，2020 (11): 57-64.

体现得比较明显，部分媒体、研究者对中国参与北极治理的目的和作用持质疑和否定态度。同时，一些智库所发表的观点，对我国塑造参与北极事务的国际舆论环境造成了较大挑战。从总体上看，美国智库对中国参与北极事务持有警惕和防范态度①。例如，2018年2月，美国战略与国际问题研究中心（CSIS）发布报告《中国的北极梦》，建议美国警惕中国的北极愿景与行动。用其作者的希瑟·康利的话说，这“与美国政策形成鲜明对比”，并将“对美国经济和安全利益产生显著影响”②。2021年4月，美国著名智库布鲁金斯学会发布一篇名为《远征北方：中国的北极活动与野心》报告指出，“中国的内部话语和活动证实，中国将北极视为国际体系中大国之间的竞争区域”，“在可预见的未来，北京将继续利用它认为的机会来塑造北极这个‘新的战略前沿’”③。我国必须对这种似是而非的论调予以关注和重视，以实际行动证明其谬误。

此外，部分西方媒体的不实与负面性报道，也增加了中国参与的过程压力。西方媒体掌握较大的国际舆论话语权，在政治导向与意识形态等因素的作用下，对中国的北极活动做出负面报道，会导致他国媒体及民众将中国参与北极治理误解为企图争夺北极资源，给我国参与北极治理增添了较大阻力。比如在“中国人已将北极视为其未来经济发展和寻求全球影响力的关键”④的认知下，“美国和其他北极国家表示担心中国会以其投资为借口，无视或重新解释目前管辖北极的各种法律和条约”⑤，从而将中国开展北极活动打上具有政治与军事意图的标签，提高中国参与安全议题讨论与治理的

---

① 黄雯. 美国智库对中国参与北极事务的认知及启示［J］. 江南社会学院学报，2021，23（01）：37-42+68.

② Johannes Mohr. Heather A. Conley：China's Arctic dream，Washington，D. C.：Center for strategic & international studies，Februar 2018［J］. SIRIUS-Zeitschrift für Strategische Analysen，2018，2（03）：308-310.

③ Rush Doshi，Alexis Dale-Huang，Gaoqi Zhang. Northern expedition：China's Arctic activities and ambitions［R］. The Brookings Institution，2021：44.

④ Sherri Goodman. China's Arctic ambitions［J］. Sea Technology，2019，60（3）：7.

⑤ Florian Răpan；Daniela Răpan；Ivona Stoica. Security Perspectives in the Arctic region：from competition to cooperation or confrontation?［J］. International conference knowledge-based organization，2020，26（01）：123-129.

门槛，甚至还有个别人认为我国在北极从事网络间谍活动，“尽管许多北极国家对中国网络间谍活动的报道有限，但鉴于中国对北极的高度兴趣及其间谍活动的倾向，中国的活动很可能未被发现或报道不足”①。针对类似无中生有、胡乱揣测的言论，我国必须及时回击，逐步增强国际话语权，适应“话语即权力”的国际政治现实局面。

最后，国外普通民众的认知偏差及其影响，造成了中国参与的信任受损。近年来，“中国威胁论”以新的特点和方式在西方国家与社会蔓延，种族主义、排外倾向、反华情绪等时常出现。西方民众在对中国缺乏实际了解与形成刻板印象的情况下，极易产生不信任感，加剧中国参与国际事务的难度。具体到北极事务，在中国还未被接纳成为北极理事会正式观察员国之前，西方民众就产生了对中国参与北极事务的认知偏差。2011 年 1 月，沃尔特和邓肯·戈登基金会和加拿大蒙克全球事务学院全球安全研究中心委托 EKOS Research Associates 公司进行北极安全民意调查，并发布《重新思考世界之巅：北极安全民意调查》报告，该报告是基于北极 9 个不同地区人群中大约 9000 次随机抽样调查而形成的。内容显示，在要求被调查对象就“(您所在国家）处理北极问题时，您最不喜欢以下哪个国家?”进行排序选择时，除了俄罗斯受访者将美国列为第一选择之外，其他受访者均将中国列为第一选择，即中国是他们最不想要和最不喜欢的合作伙伴②。随着中国北极事务参与的深入，西方国家的民众认知可能在特定的议题与事件上出现波动性偏差。比如北极国家民众对中国的北极投资的看法和评价就容易出现两极分化情况，有的表示接受和肯定，有的则表示怀疑和反对，极易受到所在国家的政治与媒体宣传及其与中国的关系影响。在中国逐步参与北极安全治理的过程中，需要密切关注北极地区普通民众的看法，展现并扮演好中国推动构建北极安全共同体的倡议者与行动者角色，避免出现信任危机。

---

① Iasiello Emilio. China Arctic cyber espionage [J]. The Cyber Defense Review, 2021, 6 (03): 121.

② EKOS Research Associates. Rethinking the top of the world: Arctic security public opinion survey [R]. Ottawa, Canada. January 2011: 37.

# 第五节　本章小结

本章基于复杂性理论视角，对北极安全治理复杂性涌现的基础、逻辑、内容、要求等进行了分析，最终都指向于论述清楚北极安全治理的复杂性，以突出北极安全复杂性的本质特征。北极安全及其治理问题，已经不再是北极国家按照以往建立在简单性思维基础之上的思路和方式能够认识和应对的。当前以北极理事会为基础的北极治理机制，在把握北极系统、北极安全系统、北极治理系统基于一定的时空条件所涌现的新问题、新需求方面，已是力所不逮。出现这种情况的根本原因，就在于长期秉持的北极简单性治理理念、采取的北极简单性治理方式与行动等已经形成了一定的路径依赖，进而忽略了北极治理特别是现在还未引起充分重视的北极安全治理的自适应性与自组织性。这将造成北极安全化与去安全化的问题及其过程充满更多的不确定性，也将给全球安全治理带来更多变数。因此，需要以北极安全复杂性为基础，高度重视北极安全治理持续涌现的复杂性，有序推进北极安全的复杂性治理。

基于上述判断，中国参与北极安全治理需要立足合法性与合理性，注重把握机遇并应对挑战。一方面，当前北极安全认知不足、北极治理的合作趋势、中国参与水平的稳步提升，分别为中国参与北极安全治理创造了明确参与领域、找准合作对象、强化参与保障等方面的机遇；另一方面，在北极安全治理理念相对滞后、治理机制建构缓慢以及部分负面国际舆论长期存在的情况下，我国参与北极安全治理面临外部制约、难以介入、易受非议等挑战。这需要我国尽快定位参与北极安全治理的身份与资格，发挥北极科学考察、商业开发、国际合作等优势，为维护和实现北极的永久和平与安全贡献力量。

# 第　三　章

# 北极安全治理的复杂性系统建构及其中国参与的身份定位

北极安全治理不断涌现生成复杂性，需要按复杂性治理方式来处理，而不是一味地进行分解还原的简单性治理。因此，本章定位于如何应对北极安全治理的复杂性，着力建构北极安全治理的复杂性系统并建立相关模型。复杂性系统建构是在把握当前北极治理现实情况的基础上进行的理论分析，进而为安全复杂性治理提供一种理论注脚和实践情境。在北极安全治理复杂性系统建构的过程中，中国是参与的适应性主体，与北极域内外相关国家形成了良好的交流与合作关系，能够为北极安全治理提供一定的公共产品，形成了参与北极安全治理的关联者、贡献者与适应者的身份定位，进一步强化了参与的依据。

## 第一节　北极安全治理复杂性系统建构的核心内容

在本章研究视域下，北极安全治理的复杂性系统建构是一个对 CAS 理论的核心概念与思路进行拓展与运用的过程，这离不开对北极安全治理中已经存在或者潜在的系统主体的复杂适应特性的刻画及呈现。当前北极安全治理中的适应性主体、主体特性与交互机制等，是北极安全治理复杂性系统建构的核心内容。

## 一、北极安全治理中的适应性主体

适应性主体是 CAS 理论的关键概念。首先，主体是主动的、活的实体，这使得它能够用于经济、社会、生态等其他方法难以应用的复杂系统；其次，主体与环境的相互影响、相互作用，是系统变化的主要动力；再次，通过主体与主体、主体与环境的相互作用，使得主体的变化成为整个系统变化的基础；最后，基于 CAS 理论的方法引进了随机因素的作用，使它具有更强的描述与表达能力①。在北极安全治理复杂性系统建构的语境中，适应性主体主要是指与北极安全及其变化相互影响并随着时间和环境不断适应、学习和成长的能动性对象。从一定程度上来说，可以将北极安全治理中的适应性主体理解为人类社会中的“人”，因为北极安全治理主要是由人类及其组织形成的国家行为体（State Actors）与非国家行为体（Non-state Actors）来推动和实现的，归根结底是一种以人类理念、行为、实践等为基础的治理活动。并且，北极安全化与去安全化的问题与过程影响最大的均是人类及其组织形成的上述行为体。在这些行为体中，每个主体都有其内部状态和行为规则，有些状态和规则是针对主体的生存与生活而确定的，而有些状态和规则是通过与其他主体或外部环境的互动来改变的②。国家行为体与非国家行为体参与北极治理均具有一定的目标与阶段性特征，受到的北极安全影响及其对北极安全变化的关注与侧重点也具有差异。因此，国家行为体与非国家行为体是北极安全治理中两个关键的适应性主体，这两大主体均具有一定的自主性和交互性，可以通过不同程度的内外部环境感知来进行反应并做出选择和动作。第二章所论述的以北极大气、冰雪、海洋与陆地、生物等为基础的北极系统，承载北极自身安全、地区安全、人类安全及其向全球辐射的安全影响的北极安全系统，只是复杂的环境因素而非主体因素，尽管它们对北极安全变化及问题能够产生缓慢且不明显的反馈作用，但它们并不具备主观意

① 李崇阳，李茂青．软科学研究的复杂性范式［M］．厦门：厦门大学出版社，2009：148.

② Joshua M. Epstein, Robert L. Axtell. Growing artificial societies: Social science from the bottom up (Complex Adaptive Systems)［M］. Washington D. C.: The Brookings Institution, 1996: 4.

识，它们能够发挥反馈作用只是由于它们本身的存在，因而不属于适应性主体范畴。下面对北极安全治理中的两大关键主体进行初步描述。

### （一）国家行为体

主要是指北极安全利益相关国家。本书根据历史和地缘因素将其分为以下三种具体类型：第一类是具有先天优势的北极国家，即加拿大、丹麦、芬兰、冰岛、挪威、瑞典、俄罗斯、美国等北极八国，它们在地理上距离北极更近，能够掌握包括应对北极安全问题在内的北极事务的重要话语权。第二类是具有中等优势的近北极国家，即能够自由安全进出北极的北极理事会正式观察员国[①]，主要是北半球国家，包括英国、德国、法国、韩国、日本、中国等国家。第三类是不具备明显优势的其他国家，即目前没有实质性参与北极事务的其他北极域外国家。以上第一类与第二类实质性参与北极治理的北极域内外国家，均依据一定的国际法以及自身能力、意愿、需求等，出台了相关的北极政策文本，以此作为各自参与包括安全事务在内的北极治理的行动指南。表 3-1 对这些国家主要的北极政策及其表达的北极安全关切进行了概括。表 3-1 所列国家相关政策的出台、修改也是根据各自感知的北极变化、设定的北极事务目标、北极事务参与的历史经验和现实阶段等来进行调整的，它们是能够在诸多层面参与和影响北极安全事务的关键行动者。

**表 3-1　国家行为体的北极政策文本及其表达的北极安全关切**

| 第一类<br>国家行为体 | 北极政策文本<br>（出台时间） | 北极安全关切 |
|---|---|---|
| 加拿大 | 《加拿大北极与北方政策框架》<br>（2019 年） | 加拿大北极政策具有八个优先领域，重点聚焦居民健康、基础设施建设与经济发展。其中与加拿大北极安全相关的具体领域包括确保北方和北极居民的安全；恢复加拿大北极事务全球领导者的地位；推进和加强与原住民民族和非原住民民族的关系等 |

① 主要是指截至 2023 年，实质性参与北极事务的 13 个北极理事会正式观察员国，分别是：英国（1998 年）、德国（1998 年）、波兰（1998 年）、荷兰（1998 年）、法国（2000 年）、西班牙（2006 年）、中国（2013 年）、日本（2013 年）、韩国（2013 年）、印度（2013 年）、新加坡（2013 年）、意大利（2013 年）、瑞士（2017 年）。括号内的年份是以上国家成为北极理事会正式观察员国的时间。

续表

| 第一类国家行为体 | 北极政策文本（出台时间） | 北极安全关切 |
|---|---|---|
| 丹麦 | 《2011—2020年丹麦王国北极战略》（2011年） | 海洋安全与北极主权安全利益是丹麦北极国家利益的重中之重。丹麦武装力量通过在北极执行重要任务来捍卫北极主权，并注重与北极伙伴国家建立信任与合作关系 |
| 芬兰 | 《芬兰2013年北极地区战略》（2013年） | 芬兰要在北极国家安全与国际安全层面采取全面综合安全观并推动运行良好的合作。芬兰国防力量将会针对北极特殊的环境和特定的国家利益需要开展训练、行动和演习合作 |
| 冰岛 | 《关于冰岛北极政策的议会决议》（2011年） | 冰岛要通过民众化的手段来维护在北极地区广泛定义的安全利益，以此反对任何形式的北极军事化。冰岛注重加强与其他国家的合作，以维护集中体现在北极环境保护、社会福利和可持续利用等方面的安全利益 |
| 挪威 | 《挪威北极战略——基于地缘政治与社会发展之间》（2017年） | 挪威高度重视本国北极水域的安全，维护北极安全与防务利益是挪威总体北极政策的重要内容，挪威武装力量将在行使主权和权威以及关注和维护北方安全态势方面发挥作用 |
| 俄罗斯 | 《2035年前俄联邦北极国家基本政策》（2020年） | 俄罗斯实施国家北极基本政策，旨在维护保证主权和领土完整、巩固北极地区作为国家战略资源基地的地位、保护北极环境以及原住民的居住环境和传统生活习惯等北极利益，注重评估俄罗斯在北极地区的安全风险与外部威胁，通过军力建设提升应对武力威胁的能力等 |
| 瑞典 | 《瑞典北极地区战略》（2020年） | 繁荣的北极地区有助于瑞典的国家安全，瑞典将继续加强在其北部和邻近地区的军事行动能力，进一步发展和深化北欧和欧洲-大西洋的安全和国防政策合作，通过北极海岸警卫队论坛（ACGF）促进北极民用危机管理和救援服务的跨境合作等 |
| 美国 | 《北极地区国家战略》（2013年，2022年发布新版） | 提高对可能影响美国安全、环境和商业利益的北极地区活动条件和趋势的认识；确保美国受国际法承认的自由使用北极海域和空域的一切权利；为美国未来的能源安全提供保护，北极地区的能源因素是美国国家安全战略有关能源安全的核心组成部分 |

续表

| 第二类<br>国家行为体 | 北极政策文本<br>（出台时间） | 北极安全关切 |
|---|---|---|
| 英国 | 《适应变化：英国对北极的政策》（2013 年） | 英国要通过多种手段确保涵盖北极地区的能源供应安全，推动北极海上运输以安全、无害环境、依据国际法惯例的方式进行，促进安全可持续的北极旅游业发展，注重维护英国北极渔业、生物勘探等方面的国家利益 |
| 德国 | 《德国北极政策指南：承担责任与抓住机遇》（2013 年） | 保护北极的独特环境、生存条件和生物多样性，建立自然保护区域，是德国联邦政府北极事务的高度优先事项，将北极地区纳入多边稳定的制度框架下至关重要 |
| 波兰 | 《波兰的北极政策：关键地区与优先行动》（2015 年） | 波兰在北极地区没有重要和直接的经济与政治利益，多方面地参与北极治理国际合作，有利于改善波兰的国家安全，增强波兰的国际地位 |
| 荷兰 | 《北极地区的未来：合作还是协调?》（2014 年） | 维持北极的和平稳定与建设性合作局面，有利于解决北极面临的气候变化与全球公共物品管理等问题，实现荷兰在北极包括石油与天然气开采在内的经济安全利益，维护荷兰与北极国家中五个北约成员国的高度依赖性安全关系 |
| 法国 | 《国防和国家安全白皮书》（2013 年）、《北极大挑战——国家路线图》（2016 年） | 法国与其他欧盟国家具有共同的安全利益，重视位于北极和北大西洋航线出口处的圣皮埃尔和密克隆群岛的安全和发展利益。法国参与北极事务注重确定和维护法国在北极的经济、国防、科学等方面的利益，在北冰洋治理中实现国家利益与公共利益的平衡，不断强化法国在北极国际论坛中的合法地位与影响力 |
| 西班牙 | 《国家安全战略》、《国家海洋安全战略》（2013 年） | 西班作为欧盟国家的一员，具有涉及北极在内的广泛的海洋安全利益。西班牙将能源与海洋空间的脆弱性视为国家安全的风险和威胁内容，从而致力于实现能源的多样化、保证能源运输和供应的安全并促进能源的可持续发展 |

续表

| 第二类国家行为体 | 北极政策文本（出台时间） | 北极安全关切 |
| --- | --- | --- |
| 中国 | 《中华人民共和国国家安全法》（2015 年）、《中国的北极政策》（2018 年） | 中国坚持和平探索和利用国际海底区域和极地，增强安全进出、科学考察、开发利用的能力，加强国际合作，维护中国在国际海底区域和极地的活动、资产和其他利益的安全。中国参与北极事务坚持科研先导，强调保护环境、主张合理利用、倡导依法治理和国际合作，并致力于维护和平、安全、稳定的北极秩序 |
| 日本 | 《日本的北极政策》（2015 年） | 日本重视北极安全活动，认为北极航线开通和资源开发可能引发新的摩擦，相关国家的军事存在可能加剧北极紧张局势，这将影响日本及其周边的国际安全环境 |
| 韩国 | 《北极政策基本计划》（2013 年） | 韩国致力于成为推动北极未来可持续发展的领先的极地国家，韩国具体的北极安全及利益关切涉及北极气候变化影响、北极海洋运输、能源资源开发（造船和海上工程技术开发）、渔业资源开发合作等方面 |
| 印度 | 《印度和北极：建立可持续发展伙伴关系》（2022 年） | 印度一直密切关注北极地区的发展态势，2007 年启动了以应对气候变化为主的北极研究计划，重点关切北极自然生态安全问题。印度的北极安全关切体现在包括科学、环保、商业和参与战略等北极利益之中 |
| 新加坡 | 《新加坡在北极》（2013 年）、《安全与新加坡的安全》（2014 年） | 新加坡与北极地区及其丰富的天然资源没有直接的利益关系，但认识到气候变化所导致的海平面上升对新加坡生存发展构成的安全威胁，应与区域合作伙伴一起解决共同的安全挑战 |
| 意大利 | 《意大利北极战略：国家指南》（2015 年） | 意大利认为北极海域对欧洲尤为重要，在北极复杂的环境下，需要以最高标准确保北极海上作业安全和保护北极自然生态系统。意大利从环境与人的安全维度关注着北极海洋环境、大气污染和气候变化、生物多样性以及北极地区城市发展和土著居民生存生活生产问题 |

续表

| 第二类国家行为体 | 北极政策文本（出台时间） | 北极安全关切 |
|---|---|---|
| 瑞士 | 《瑞士的安全——联邦情报局FIS的情况报告》（2017年） | 瑞士国家安全政策的核心是尽早发现和评估相关威胁，制定适当有用的安全对策。能源安全、对瑞士自由行动能力的限制、地缘政治经济危机等被视为国家安全的威胁内容（2017年才被接纳成为北极理事会正式观察员国的瑞士将会把安全理念贯彻到北极事务的参与过程中） |

资料来源：笔者根据各国公开发布的相关北极政策文本翻译、整理得出。

### （二）非国家行为体

意指除国家行为体之外的其他北极安全利益相关者。在安全治理的背景下，非国家行为体通常被认为是国家垄断力量的违背者，也是有效治理的挑战者①。虽然说非国家行为体在一定程度上影响甚至催化比如跨国犯罪、恐怖主义等新的安全威胁问题的出现，但是在全球安全治理需求日益凸显的趋势下，非国家行为体在识别新的安全威胁、构建安全对话与合作平台、提供公共安全产品等方面也发挥着越来越大的积极作用。总的来看，非国家行为体一般可以分为两类：私人行为体和政府间组织，前者包括诸如私营公司、慈善机构、当地压力团体、国家和国际非政府组织等各种形式，后者主要指的是由主权民族国家组成的多边机构及组织②。这两大类若干种、可能影响北极安全治理的非国家行为体之间并非如理论上那般泾渭分明，它们相互影响并构成了一定的治理网络。

如表3-2所示，首先，在具有私人性质的非国家行为体中，跨国企业更加感兴趣的是参与北极能源资源开发、利用和运输，在这个过程中可能造成对北极生态自然环境的污染乃至破坏，因而它们需要严格遵守北极环境保护、

① Anja P. Jakobi, Klaus Dieter Wolf. The transnational governance of violence and crime: Non-state actors in security [M]. England: Palgrave Macmillan UK, 2013: 8-9.

② Elke Krahmann. From state to non-state actors: The emergence of security governance [M] //Elke Krahmann. New threats and new actors in international security, New York: Palgrave Macmillan, 2005: 8.

航行规则、污染处置、应急救援等方面带有安全要求的规定。其次，相关慈善机构则更倾向于保证与维护北极特定群体的生存、生活与发展安全，它们的目标是筹集更多的资金、呼吁更多的参与、确保更高的保障水平。再次，北极原住民组织向来是包括北极安全事务在内的北极治理不可或缺的主体，提高它们在相关国家与组织中制定、执行涉及北极治理各项政策中的地位，鼓励其积极参与北极事务并听取其有关北极治理及自身合法权益保障诉求的意见至关重要。然后，各类非政府组织主要关注北极快速变化对于北极生物多样性、生活在北极的人们以及支持他们的生态系统的影响和意义。现有的北极非政府组织论坛一方面有助于制定支持北极可持续发展的、涉及不同国家与地区的北极政策，进而发挥积极作用，引导人们关注共同感兴趣的领域，不断提高认识并就新出现的北极问题提供专业意见；另一方面，有利于促进相关主体北极决策的科学化，通过建立定期对话平台为非政府组织提供深入合作参与北极治理的新的可能性，以凸显其立场并直接与决策者进行接触和沟通①。

最后，在政府间组织中，全球性的组织能够为包括安全事务在内的北极治理提供一个宏观的制度背景，为北极治理机制的优化提供助力。比如，国际海事组织曾经出台《在北极冰覆盖水域内船舶航行指南》与《在极地水域内船舶航行指南》，2014 年 11 月又通过了带有强制性的《极地水域船舶航行国际准则》，对于从制度与规范层面保护船舶以及船员在极地水域航行安全具有重要意义。地区性组织则向来是北极治理至关重要的行为主体，在北极事务中，全球性与其他特定组织在北极治理核心议题上的作用还有待观察，当前只有北极域内 8 国主导的北极理事会牢牢把握着北极治理的核心话语权，域外国家参与北极事务也只有通过北极理事会这一平台和机制才能获得更多的北极治理权益。北欧部长理事会、巴伦支海欧洲-北极圈理事会、巴伦支地区委员会等其他涉及北极治理的地区性组织则在更加具体的地区、事务与议题上发挥作用，与北极经济理事会、北极海岸警卫论坛等专门性组织共同构成了可能影响北极安全治理的行动者体系。

① Arctic NGO Forum. Introduction [EB/OL]. [2023-12-01]. http://www.arcticngoforum.org/about.aspx.

**表 3-2　北极安全治理可能涉及的非国家行为体归类与列举**

| 非国家行为体 | | 具体列举 |
|---|---|---|
| 私人性质行为体 | 跨国企业 | 埃克森美孚公司、皇家荷兰/壳牌集团、俄罗斯天然气工业股份公司、凯恩能源公司等 |
| | 相关慈善机构 | SEA-AES①、ACYF② 等 |
| | 当地压力团体 | 因纽特人北极圈理事会、哥威迅国际理事会、阿留申人国际协会、北极阿萨巴斯卡人理事会、俄罗斯北方土著人民协会和萨米理事会等北极原住民组织③ |
| 非政府组织 | | 国际北极科学委员会、国际极地健康联盟、世界驯鹿牧民协会、海洋保护咨询委员会、国际北极社会科学协会、世界自然基金会等 |
| 政府间组织 | 全球性组织 | 联合国环境规划署、联合国教科文组织、联合国教科文组织政府间海洋学委员会、国际海事组织、政府间气候变化专门委员会等 |
| | 地区性组织 | 北极理事会、北欧部长理事会、巴伦支海欧洲-北极圈理事会、巴伦支地区委员会等 |
| | 其他专门性组织 | 北极海岸警卫论坛、北极海上石油和天然气监管机构论坛、新奥尔松科学管理委员会等 |

① SEA-AES（发音为“sea ice”），全称 Arctic Eider Society /SociétédesEiders de l’Arctique，是一家已注册的加拿大慈善机构，它与 Inuit 和 Cree 社区合作，为社区驱动的研究提供培训和能力，为青年提供与文化相关的教育，以及提供帮助社区解决海冰和海洋生态系统的粮食保障、安全和环境管理问题的创新工具和技术等（参看 SEA~AES. About us［EB/OL］.［2023-12-01］. http：//arcticeider. com/en/about.）。

② ACYF，全称 Arctic Children and Youth Foundation，是一家加拿大慈善机构，总部设在伊魁特，服务于努纳武特。该机构希望所有北极儿童和青少年在教育、机会、健康和福祉方面都能获得与加拿大其他地区类似的生活和服务标准（参看 ACFY. Arctic Children and Youth Foundation［EB/OL］.［2023-12-01］. http：//www. acyf. ca/.）。

③ 也有学者认为北极原住民组织是非政府组织，它们对当前及未来的北极事务具有举足轻重的影响力，采取多样化的形式来参与北极治理，以在实现自身权力的同时保护北极区域的生态环境，促进北极区域的可持续发展（参看叶江. 试论北极区域原住民非政府组织在北极治理中的作用与影响［J］. 西南民族大学学报（人文社会科学版），2013，34（07）：21-26+4.）。本文为了便于分析以及根据压力集团的定义，将北极原住民组织归类为压力集团。压力集团是指为实现某种特殊的经济和政治利益而向议会、政府施以政治压力和影响的社会集团（参看王邦佐等. 政治学辞典［M］. 上海：上海辞书出版社，2009：75.）。北极原住民组织长期生活在北极当地，具有自身广泛的政治、经济、社会与文化权益，它们积极参与所在国家与地区涉及北极事务的政策过程，以维护自身权益。当然，这也说明原住民组织兼具非政府组织特征与压力集团或者说利益集团的特征，事实上，包括北极安全在内的所有北极治理均不能脱离北极原住民组织的作用和诉求。

以上两大类行为体将成为北极安全治理复杂性系统建构中的关键适应性主体，本节只是对其基本情况和状态进行描述，其本身所具有的更多的 CAS 理论谈及的主体特性，其内部存在着的复杂结构与功能关系等，将在下面的内容中详细阐述。

## 二、北极安全治理中的主体特性

CAS 是由许多单元（通常称为主体）组成的系统，其简单的交互产生高阶的涌现行为。通常，这些主体都遵循控制它们如何相互作用的相同简单规则，但由于这些相互作用，主体可能变得专业化和个性化[①]。概括而言，CAS 中的主体具有如下四个通用特性：第一是聚集，它具有如下两层含义：其一是把相似的事物聚集成类，其二是指主体通过黏合形成较大的更高一级的介主体[②]。第二是非线性，在主体适应性能力下，主体与主体、主体与环境之间持续的相互作用是超越一般因果及“线性叠加”的非线性关系。第三是“流”，意指在主体与主体、主体与环境以及主体内部之间存在复杂的物质流、能量流与信息流等。第四是多样性，在非线性复杂开放系统中，多样性是基于丰富要素间的非线性相互作用的自组织过程中的一个突出特征，需要通过跨学科研究的科学范式来进行解释[③]，可以理解为主体不断交互而形成的类型、差别乃至分化的多样性。这四个特性使 CAS 中主体适应性及其产生复杂性的过程更加具有指向性，主体及其适应性活动促进了 CAS 的建构与发展。上一节归纳的北极安全治理中的适应性主体，也明显地具有上述主体特性，下面进行具体论述。

### （一）聚集特性：产生不同的治理网络与层次

不同的国家行为体与非国家行为体具体归纳只是初步的聚集成类，两大

---

① Robert L. Goldstonea, Yasuaki Sakamoto. The transfer of abstract principles governing complex adaptive systems [J]. Cognitive Psychology, 2003, 46 (04): 414-466.

② 刘兴堂等. 复杂系统建模理论、方法与技术 [M]. 北京：科学出版社，2008：54.

③ Eiichi Ryoku Nakamura, et al. (eds.). Complexity and diversity [M]. Tokyo: Springer - Verlag, 1997: Preface.

类主体内部通过自然或人为的黏合规则形成能够对北极安全治理系统建构产生实质性作用的所谓介主体，才是其更加重要的聚集特性，并主要表现为不同层次行为体之间形成的复杂网络型的聚集状态。一方面是从国家行为体到国家间或政府间组织的聚集特性。比如，第一类国家行为体，即北极国家基于共同的地缘政治认同和北极治理目标，进而聚集而成北极理事会这一当前最重要的北极治理主体，并不断吸引北极域外国家在尊重北极现有治理机制与北极国家合理权益的基础上按照一定的规则①参与其中。其他由国家行为体聚集而形成的北极地区性政府间组织也在一定程度上遵循上述逻辑②。不同的国家行为体基于共同的北极认知、目标、身份等不断聚集而成具有一定结构与功能的非国家或者说超国家行为体，从而产生单个国家行为体之间的简单合作难以具备的作用。可以设想的是，在北极安全治理系统建构过程中，将会也应该会有一定数量的、由更多的国家行为体基于北极安全治理涌现的复杂性及其应对需求而聚集形成的新的治理主体体系。另一方面是在全球安全治理趋势与机制影响下多种类型行为体的聚集特性。北极安全及其治理日益成为全球安全治理的重要影响因子，包括联合国相关机构、政府间气候变化委员会、国际海事组织等相关国际组织在内的具有全球安全关切的治理机制，也会在一定程度上加速催化北极安全治理主体的聚集过程，促进更多的北极安全治理行为体参与其中。在安全复合体理论的视域下，北极可以被视为一个因为受到周边行为体的安全关切而逐渐被周边安全复合体渗透、融合的地区，从而形成以后苏联地区安全复合体（俄罗斯）、北美地区安全复合体、欧洲联盟地区安全复合体等为基础，以北极为地理中心的新的北极安全复合体③。在北极快速变化、安全影响不断交融扩散的背景下，北极安

① 具有北极理事会正式观察员国身份的国家与组织，受邀参与北极理事会相关会议、通过理事会下设的工作组参与实际工作、通过北极国家或永久参与方提出项目、在部长级会议上提交书面声明等（参看 Arctic Council. Role of observers [EB/OL]. [2023-12-04]. http://www.arctic-council.org/index.php/en/about-us/arctic-council/observers.）。

② 比如，北欧部长理事会就是由丹麦、芬兰、冰岛、挪威、瑞典这 5 个兼具北欧国家与北极国家身份的国家聚集而成的。

③ 张新平，胡楠. 安全复合体理论视阈下的北极安全分析 [J]. 世界经济与政治，2013 (09)：125-144+160.

全治理复合体将会进一步聚集形成。

除此之外，其他可能影响和参与北极安全治理的主体事实上也是基于一定的目标和规则而聚集在一起的。比如，不同的跨国企业就有可能基于相同的经济利益而共同参与北极资源能源开采、加工、运输等项目，针对不同特定群体的相关慈善机构也有可能基于相同的目标举行覆盖面更广、形式更灵活的慈善活动。这就更不用说一开始就是基于共同的民族、文化、生活习惯等聚集起来的原住民组织和基于相同的科学研究追求、实践活动目标而聚集起来的非政府组织了，它们更加具有 CAS 主体所具备的聚集特征。完全有理由相信，随着北极安全治理日益提上议程，将会产生更多相关规则下的新的聚集主体。

### （二）非线性：体现主体之间的复杂作用关系

非线性比线性更能反映自然界的复杂特征，从而更加接近客观事物的本身性质。事实上，这种非线性关系也客观地存在于人类的政治、经济、社会、文化与军事等实践活动中，尽管在很多时候我们为了认识与行动的方便，对非线性关系进行了“近似”的线性处理。北极安全治理涌现的复杂性中所包含的一个重要方面就是治理主体、对象、方式、环境等之间非线性的相互作用关系，特别是主体的非线性特性，是促进北极安全治理 CAS 建构乃至演化的关键因素。

其一是主体与主体之间非线性的相互作用关系。北极安全治理中的国家行为体之间存在着复杂的非线性关系，比如，北极国家之间，2007 年俄罗斯的“海底插旗”事件①举世震惊，该事件发生后，引起了一系列连锁反应，美国、加拿大、丹麦、挪威等北极国家纷纷采取行动，包括进行类似的北极全面考察、新建军事基地、购置与建造新的北极装备、发布与更新北极

① 2007 年 8 月 2 日，俄罗斯北极科考队乘坐潜艇成功潜至 4261 米深的北冰洋海底，插上了一面高 1 米、能保存 100 年左右的钛合金俄罗斯国旗，并留下了一个密封舱，里面存有考察队给后人的信件，用这种方式向世界宣示了俄罗斯对北极的主权（参看李剑. 海疆争夺的历史与现实［M］. 北京：军事科学出版社，2014：313.）。

政策等带有宣示本国北极主权意图的活动，吹响了军事大国新一轮深海争夺的号角。这增加了北极地区安全问题的不稳定变数，间接地导致了俄罗斯与以美国为首的西方国家的关系再度“遇冷”。再如，2018 年 1 月我国《中国的北极政策》白皮书发布后，个别媒体与组织据此揣测中国参与北极治理具有相当的战略与军事意图，甚至产生了所谓的“将南海北极化”的错误论调。在关涉北极国家主权及其与北极域外国家共同具有的安全与发展利益时，北极安全治理中国家间的非线性作用将变得更加复杂多变。如果再加上跨国公司、非政府组织、地区性组织及其不断聚集而成的不同规模北极安全行为体的参与，北极安全治理主体间将产生更多的非线性相互作用。归结起来，出现这种现象的主要原因在于，复杂的政治世界中充满了空间、时间与功能的非线性，行为体对细小变化的敏感性、非平衡动力学、复杂模式的出现以及结果突然变化的可能性等，都存在于政治世界的非线性模型之中[①]。北极安全治理的复杂性在一定程度上就是以这种非线性为基础而不断生成、演化的。

其二是主体与环境之间非线性的相互作用关系。这种非线性关系较之上述主体间的非线性关系更为复杂，这主要是由于北极安全治理所涉及的环境复杂性造成的。总的来说，主体与环境之间的非线性关系主要包括以下两方面：第一是主体对环境的作用，集中地表现为以人类活动为基本单元的行为体对北极系统、北极安全系统等的影响，比如，人类不当的北极活动对北极环境的污染乃至破坏，人类温室气体排放不加以控制导致全球气候变暖进而可能加速北极冰雪消融并将带来一系列不良结果。第二是环境对主体的作用，主要是冰雪消融、环境污染、非正常大气与洋流活动等北极快速变化及其后果对生活在北极地区、其他特定地区乃至全球的人类的影响。当前可观察到的例子就是回流进北冰洋的一些污染性元素已经对北极熊、鲸鱼等生物的繁衍、生存甚至北极原住民的健康、生活等构成了一定威胁。当前北极科学考察与研究的一个重要目标就是具体分析上述非线性作用，也即深入探索

① Diana Richards. Political complexity：nonlinear models of politics［M］. Michigan：University of Michigan Press，2000：6-8.

在北极快速变化的大环境下，诸多具有反馈与层叠效应的北极环境因子正在发生哪些具体变化以及将对地球与人类产生哪些或积极或消极的作用。尽管北极研究人员尚未开发出北极系统的综合功能模型并进行准确预测以支持北极治理框架和政策，然而，对正在进行的和即将到来的北极社会经济变化作出紧急反应来为可持续的北极未来铺平道路已经越来越迫切了[①]。尤其是在北极安全治理的复杂性系统建构中，把握这种非线性关联及其作用至关重要。

### （三）流的特性：物质、能量与信息交互过程

北极安全治理中国家行为体与非国家行为体均具有不同水平的适应性，进而产生不同程度的聚集并不断体现非线性作用过程，说明不同主体及其内部之间、主体与环境之间已经存在或需要出现多种多样的物质流、能量流与信息流等。这种作为主体重要特性的流，可以具体理解为主体及其内部之间关于北极安全治理政策、研究、项目、人才等的交流，以及主体与环境之间的影响、响应、反馈等，下图 3-1 初步描述了这种流的存在与作用。

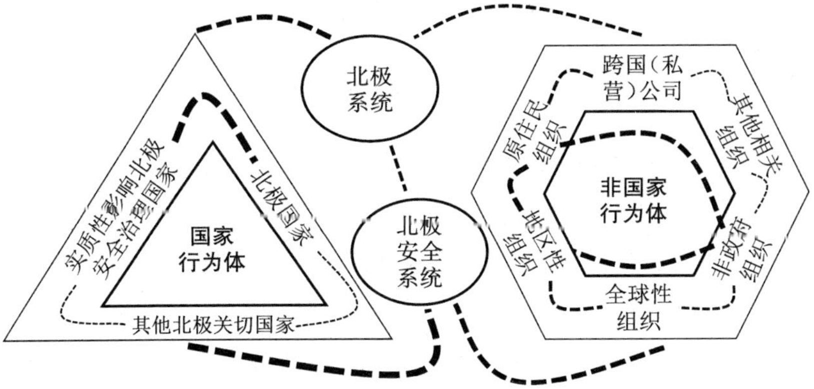


图 3-1 北极安全治理中主体流的存在与作用的初步描述

① Julia Schmale，Maja Lisowska，Malgorzata Smieszek. Future Arctic research：Integrative approaches to scientific and methodological challenges ［J］. EOS：Earth & Space Science News，2013，94（33）：292.

实际上，更加具体而多样的流还存在于主体及其交互活动中。比如，在国家行为体中，北极国家之间就存在以各自北极权利主张、北极政策行动、北极科学研究、北极治理设想等为内容，以对话、协商、合作、博弈、竞争等为形式的多种能量与信息的交流，而这种流的强度、作用方向往往影响北极治理走向，甚至在一定程度上或延缓或加速北极安全治理议题的提出与机制的构建。其他北极利益攸关国家之间也存在类似的能量与信息流，并通过不同的聚集与非线性作用对北极安全及其治理产生影响。而非国家行为体之间的物质流、能量流与信息流尽管可能相对弱小些，但部分非国家行为体，比如，北极原住民组织、北极非政府组织、北极地区性组织等，因为其内部本身蕴含较多的主体间纷繁复杂的流的作用（这在另一个侧面也说明这些非国家行为体在北极安全治理复杂性系统建构中的作用与价值不可忽视），所以以它们为节点能够产生的流，强度可能更大、方向可能更具针对性、作用也可能更明显。除此之外，北极安全治理中所关涉适应性主体与环境之间，本身就一直存在着多种形式的相互影响流。上文所论述的主体与环境之间非线性的相互作用关系就可以证明这一点，这也要求我们还要不断通过科学观测、研究、实验等方式去探查这种流并将其呈现出来。

### （四）多样性：形成多元主体参与的治理趋势

北极安全治理中存在类型多样、作用不一的主体，这些主体不断地聚集、进行持续的非线性作用、形成不同的作用流，进而不断产生交互。这本来就是一个多样性的产生与呈现过程。北极安全治理复杂性系统建构的目的之一就在于寻找并凸显这种多样性，为在全球气候变化与北极开发利用日益深入的背景下认识和应对北极安全化与去安全化问题提供更加多样与有效的思路、方式、路径等。由于作为北极安全治理基础性载体的北极治理，在北极国家的主导下，确定了“外部排他，内部协商”的治理模式，从而推动北极理事会“域内自理化”趋势的发展①，这种现实情况并不能适应北极安

① 肖洋. 北极理事会“域内自理化”与中国参与北极事务路径探析［J］. 现代国际关系，2014（01）：51-55+62+64.

全治理的复杂性需要，极具复杂性特征的北极安全问题已经远超北极国家可以应对和处理的范畴。因此，要依托 CAS 理论所表明的“适应性造就复杂性”观点，重视主体适应性以及主体进行自适应与自组织交互所产生的多样性。这就启示我们，北极安全治理需要类型更加丰富、差别与分化程度更加明显的主体的参与，甚至应当具有去中心化的趋势。

复杂性科学研究的去中心趋势波动分析表明，质量中心的绝大多数变化随时间呈现负相关，同样以幂律的形式出现①。这里所谓“质量中心的绝大多数变化随时间呈现负相关”与“幂律形式”的表述所蕴含的道理，同样可以对应地存在于北极安全治理复杂性系统建构的主体多样性特性分析之中。对北极安全治理发挥不同作用的主体，在起始阶段将具有较大且明显的作用，但是随着时间的推移，多样性主体间不断交互，其作用差异将可能缩小但会产生一定分化，进而以比较稳定的“幂律形式”来发挥作用。北极安全治理中主体的多样性可能没有复杂性研究中自然科学视野下的主体多样性来得复杂，但却夹杂了人类行为活动中的多样化利益诉求，这仍需要我们进行小心翼翼的分析，重视多样性主体的不同作用，不至于因为忽视而造成复杂性被简单化、出现失序局面。因为在一个利益分化和利益主体多元化的 CAS 中，系统利益格局的和谐是不同利益群体博弈的结果②，这种博弈恰恰将长期地存在于北极安全治理主体的多样性交互活动中。

## 三、北极安全治理中的交互机制

CAS 理论还强调了主体与环境及其他主体进行持续交互的机制，为我们进一步理解主体特性提供了新的工具。这些交互过程主要包括以下三套运作机制：第一是标识，即在主体既相互联系又相互区别的情况下，帮助主体在 CAS 中进行聚集和交互、带有共性特点的信息标志与识别机制，标识有助于

① Michael J. Spivey. Discovery in complex adaptive systems [J]. Cognitive Systems Research, 2018 (51): 40-55.

② 杨博文，任娟. 论复杂适应系统中利益群体博弈的形成过程 [J]. 系统科学学报，2010，18 (01): 39-41+49.

主体的身份区分及其相互之间的选择和协调合作，并促进信息交流的实现。第二是内部模型，它体现了主体在接受外部刺激（扰动），做出适应性反应的过程中能够合理调整自身结构，通常包括两大类：一是根据未来状态的预测，指明主体当前行为的隐式内部模型；二是根据各种可能的选项，用于主体内部探索并指明前瞻过程的显式内部模型①。内部模型有助于主体在接收环境大量输入的情况下选择合适的反应方式，并将其转化为能够解决类似情境下问题的行为模式，是主体适应环境的能力和结果。第三是积木块，它是主体内部模型的基本构成要素，也是 CAS 的基础性单元。积木块的重新组合方式比积木块的数量和大小更加能够影响和决定 CAS 的复杂性程度，并且积木块和其他积木块之间的相互影响与作用情况直接关系到主体通过内部模型所产生的适应性。内部模型与积木块的作用在于加强层次的概念，即"把下一层次的内容和规律作为内部模型'封装'起来，暂时'不考虑'其内部细节，以一个整体参与上一层次的相互作用"②。以上三大交互机制也存在于不断涌现出复杂性、作为一个 CAS 的北极安全治理系统中。

### （一）标识：主体参与的共识及其身份

在北极安全治理中适应性主体产生聚集、具有非线性作用并形成主体之间、主体与环境之间多种作用流的过程中，用于区别主体身份、实现信息交流的标识发挥了重要作用。从理论上讲，标识广泛地存在于北极安全治理的国家与非国家行为体中，因为这些不同层次和类型的行为体之间具有特定且繁杂的信息流，这些流的特定性又往往是由于主体及其形成的聚集体的特定标识所造成的。在北极安全治理复杂性系统建构过程中，最重要的是基于地缘、能力与相关国际法而形成的国家身份标识。比如，对于第一类国家行为体而言，其共同标识有北极（域内）国家、北极理事会成员国、北极事务的关键行动者等；对于第二类国家行为体而言，其共同标识有北极域外国家、北极利益攸关国家、北极理事会正式观察员国、实质性参与北极事务国

① 刘兴堂等. 复杂系统建模理论、方法与技术［M］. 北京：科学出版社，2008：54-55.
② 盛昭瀚等. 社会科学计算实验理论与应用［M］. 上海：上海三联书店，2009：24.

家等。这两类国家行为体依据其实际具有或其自身理解的标识来增强相互联系，主动选择与具有何种标识的行为体进行哪些具体方面、希望达到哪种程度的信息交流。可以这样说，国家行为体之间的标识越类似，那么它们之间产生信息流的可能性越高、类型越多、强度越大。

另一方面是基于主体聚集、非线性作用等而形成的国际与地区性组织成员身份标识。在国家行为体聚集、作用而成的国家间或政府间组织中，这种组织成员的身份标识又进一步强化了它们各自的国家身份标识，从而有助于凝聚起它们共同应对北极安全化与去安全化问题的共识与合力。比如，尽管北极理事会暂时排除了军事、安全等领域的议题，但是它提供了一个北极域内外国家、北极原住民组织、相关国际机构进行对话与合作的广阔平台，并一直发挥着越来越重要的参与标识作用，北极安全治理复杂性系统的有效建构就不能脱离北极理事会的作用。在非国家行为体中，对于众多关涉北极安全治理的非政府组织、原住民组织、跨国企业、慈善机构等而言，其形成过程就是一个不同参与主体基于相同标识的聚集过程，并在之后形成更加具有一致性与独特性的组织成员身份标识。以北极原住民组织的标识为例，首先基于不同民族、文化、生活习惯、生存地区等形成诸如因纽特人北极圈理事会、哥威迅人国际理事会、阿留申人国际协会、萨米理事会等具体的、持续进行内部交流的原住民组织，接着出于维护整个北极地区原住民生存与发展权益的需要，这些不同的原住民理事会之间不断产生共识，进而以北极原住民组织这一整体性标识身份参与北极事务。总之，在北极安全治理复杂性系统建构过程中，主体间新的聚集、非线性、作用流等的产生必然伴随着新的标识出现，从而有助于促进更加广泛的主体与主体、主体与环境的信息交流，形成有利于识别和应对北极安全化与去安全化问题的合力。

### （二）内部模型：主体参与的内在机制

北极安全治理涉及的众多适应性主体，特别是国家行为体及其聚集形成的北极地区性组织主体，均有其特定的复杂内部机制。在认识和应对北极安全问题上，不同主体基于自身的北极事务参与目标、阶段、经验、教训等，调整自身结构并作出合理的适应性行为。主体一方面根据自身对北极安全状态的预测，强化对当前自身行为的认知并增强其合理性；另一方面根据参与和影响北极安全及其治理状态的可能选项，形成有效的内部行为模式以找准行动方向。主体内部模型是北极安全治理中主体与主体、主体与环境进行交互的基础，在北极安全治理复杂性系统建构过程中，主体基于以往北极事务参与结构与功能模式所产生的结果和影响，确定如何参与北极安全治理事务的内部机制，并调整与其他主体的交互方式，从北极变化的环境要素输入中寻求和确立合适的行为模式。正如在南极形成以《南极条约》为核心的治理机制过程中，主权国家的作用不可或缺[①]一样，北极安全治理复杂性系统的建构在很长一段时间内还是依赖于国家行为体及其聚集的组织来推动。而国家主体的内部模型往往会影响其聚集体的行动机制，运用 CAS 理论的话语解释就是若干主体基于简单的规则和非线性作用将产生适应性并可能成为影响整个系统建构与发展的重要因素。由于篇幅限制，本节仅简要地列举分析美国、俄罗斯、加拿大这三个北极国家以及英国、德国等北极域外国家在考虑和应对北极安全治理问题中的内部模型[②]。

其一，美国基于全球战略考量，高度关切北极安全问题以及北极快速变化下的国家利益。美国具体负责制定和实施有关海洋、北极和南极等国际问题国家政策的部门是国务院海洋和国际环境与科学事务局（Bureau of Oceans and International Environmental and Scientific Affairs，OES）下属的海洋和极地事务办公室（The Office of Ocean and Polar Affairs，OPA），该办公室首要目标是通过加入并积极执行“海洋法公约”这一管理海洋利用的综合框架、

① 在避免由于南极领土主权问题所可能引发的争端和冲突、各国普遍追求南极事务国际合作的背景下，阿根廷、澳大利亚、比利时、智利、法国、日本、新西兰、挪威、南非、美国、英国、苏联等 12 个国家代表，从 1958 年 6 月开始经过多轮筹备会议，于 1959 年 10 月 15 日在华盛顿召开正式外交会议，最终在当年 12 月 1 日签署《南极条约》，并宣布于 1961 年 6 月 23 日该条约开始生效。由此，以和平利用为目标、以尊重规则为基础、以保护人类共同继承财产为原则的南极治理模式正式确立并不断发挥积极作用。

② 其他北极国家、实质性参与北极事务国家以及北极原住民组织、地区性组织等也有其复杂的内部模型，特别是在当北极安全情况出现变化时，这些主体都会形成一定的内部机制并不断调整，进而对北极安全治理复杂性系统建构产生适应性影响。

参与北极理事会并推动美国担任理事会主席期间设定的议程、加入其他国际论坛等来促进美国在海洋与北极事务中的利益。在这一内部决策与执行机制下，美国通过增加海岸警卫队的现代化破冰船，在阿拉斯加北部海岸建立全年运行的永久军事基地等，使美国有足够能力满足在北极的国家安全要求，保护美国的北极利益①。

其二，俄罗斯利用北极地缘政治优势，确保北极安全并实现其在北极的核心利益。俄罗斯在北冰洋拥有漫长的海岸线，这既给其带来了方便进出北极、加快北极开发、凸显北极事务影响力的机遇，也形成了其在实现北极地区安全、处理与其他北极国家在领海与导航方面的关系、促进俄罗斯北极地区发展等方面的挑战。俄罗斯应对北极安全及其治理问题的内部机制是通过其北极战略及一系列实施保障计划来体现的②。俄罗斯除了强烈的北极地区与地缘安全观念及其实践行动之外，还比较注重北极国际合作，因为对俄罗斯而言，加强在北极地区的国际合作更为合理，而不是将重点放在与其他北极国家的冲突上，这只会使俄罗斯北部边界的军事化威胁越来越严重③。

其三，加拿大树立强烈的北极安全观，采取多种手段维护北极与其北方地区的领土、主权和发展安全相联系的国家利益。在北极安全及其治理上，

---

① Melissa Renee Pegna. U. S. Arctic policy: The need to ratify a modified UNCLOS and secure a military presence in the Arctic [J]. Journal of Maritime Law and Commerce, 2013, 44 (02): 169-194.

② 2013年2月俄罗斯总统普京签署并颁布的《2020年前俄罗斯联邦北极地区发展与国家安全保障战略》指出，本文件制定旨在维护俄罗斯联邦在北极地区的国家主权与国家利益，整合一切与该地区国家政策休戚相关的资源和力量，有利于解决俄罗斯在北极地区发展的核心问题并确保该地区的国家安全（参看 Стратегия развития Арктической зоны Российской Федерации и обеспечения национальной безопасности на период до 2020 года [EB/OL]. (2013-02). [2023-12-08]. http://static.government.ru/media/files/2RpSA3sctElhAGn4RN9dHrtzk0A3wZm8.pdf.）。2016年8月俄罗斯总理梅德韦杰夫批准了推进实施上述战略的详细计划，涉及6个部分的80项具体任务，并规定了每项任务的责任者、执行时间期限和预期结果，涉及俄罗斯北极地区的能源安全、生态环境安全、军事安全以及国家边界安全等（参看 мероприятий по реализации Стратегии развития Арктической зоны Российской Федерации и обеспечения национальной безопасности на период до 2020 года [EB/OL]. (2016-08-30). [223-12-08]. http://static.government.ru/media/files/ObB3ODIP9rOAwfYbgWrOzHIxaHTla8s1.pdf.）。

③ Кокис, Кира Андреевна. К вопросу о формировании арктической политики РФ [J]. Арктика и Север, 2015 (19): 79.

加拿大向来是以国家利益为最高准则的，并通过强化公众和民族意识来确保这个准则的落实。北极主权问题总是被视为关系加拿大民族主义和认同的问题，如何处理北极争端将决定加拿大北极的未来①。出于此种目的，加拿大政府支持北极与其北方地区的可持续发展，进而增强这些地区的人民对加拿大的国家认同感，以夯实加拿大维护北极安全与发展利益的社会基础。总的来看，北极安全与防务是一个极其复杂的政策领域，新出现的威胁及其不确定性增加了解决当前北极安全问题的复杂性，加拿大的北极安全不仅和领土主权有关，而且也越来越关乎加拿大北方人民的权益。

其四，英国强化北极意识，提升北极事务参与能力，积极承担北极治理责任，加强北极国际合作，为实现北极安全与发展利益创造机遇。英国在尊重北极国家对其领土行使管辖权的主权、尊重在北极地区生活和工作的人们的意见和利益、尊重北极环境及其脆弱性对全球气候产生重要影响的基础上，不断寻求北极合作机遇，力图成为负责任的北极事务参与者。英国的北极政策制定需要注意“北极政策框架（Arctic Policy Framework，APF）”不应该被用来作为与北极事务没有更大关系的借口，一个所谓“活跃”和“反应迅速”的 APF 可能很容易被等同于“观望”的方法，这可能削弱英国在北极事务中的未来影响力②。从现实情况来看，英国一直致力于确保北极地区持续的和平与安全，同时还努力通过现有的各种论坛和法律机制促进北极地区的善治③。一个处于良好治理状态的北极有利于英国最大限度地维护北极安全和发展利益，从而符合英国北极事务参与者、合作者的角色期许。

其五，德国注重发挥科技和环保优势，增强在北极事务中的技术话语权，审慎地表达北极利益诉求，为实现北极安全与发展利益寻求窗口期。德

① Nicole Hamm. Cold contact：A study of Canada-US relations in the Arctic [D]. Saskatoon：University of Saskatchewan，2010：10.

② Duncan Depledge. Emerging UK Arctic policy [J]. International Affairs，2013，89（06）：1455-1457.

③ Richard Caddell. Pursuing the northern rights：The emergent Arctic policy of the UK [J]. Environmental Law Review，2014，16（02）：122-128.

国将设定典型的北极环境标准和确保北极科学研究自由作为其参与北极事务的目标[①]。凭借科技优势，德国能够有效识别北极环境变化对其经济社会发展可能造成的安全隐患，并为保护北极环境以及该地区的生物多样性提供科学标准与技术手段。北极环境安全与科技安全利益也因此成为德国北极安全利益的核心内容。为实现上述目标，德国注重整合不同层级和性质的北极事务参与部门和机构的力量，包括外交部，联邦环境、自然保护、建筑与核安全部、联邦教育与研究部、联邦经济与能源部等联邦部委，以及汉堡、不来梅、石勒苏益格-荷尔斯泰因州等北部联邦州[②]，以此强化北极事务参与的人员与资金支撑。经过这种整合不同力量、促进知识交流、夯实科技基础并使其形成良性循环的努力，德国逐步明确了包括重视北极在地球气候变化中的作用、保护北极生态系统与促进土著居民可持续发展、确保有效获取北极矿产资源以提高能源原材料安全等方面的北极利益，并为实现这些利益采取切实行动。

### （三）积木块：主体参与的差异化选择

在北极安全治理下适应性主体各自复杂的内部模型中，还包含诸多相对简单的积木块，这些积木块被主体进行不同的排列组合，可以在北极安全治理复杂性系统建构中促进不同层次间的交互作用。从狭义层面理解，积木块意指主体在参与北极安全治理过程中的组织机构、人员分工、资金安排、政策活动、行动目标等部分，不同的组织机构设置、人员职责、资金多寡、活动与目标情况等既决定了主体内部模型的交互功能，又影响着北极安全治理复杂性系统中主体与主体、主体与环境的交互行为以及整个系统的适应性。从广义层面理解，可以按照主体在参与北极安全治理中的意愿强弱与能力大小来初步归纳其积木块。在表 3-3 中，从积木块 Ⅰ 到积木块 Ⅵ，表示积木块在交互中的作用程度依次递减。主体均可以根据自身实际情况进行积

---

① Auswärtiges Amt. Leitlinien deutscher Arktispolitik [EB/OL]. (2013-11).[2023-11-02]. http://www.auswaertiges-amt.de/blob/257426/5a5b39352a0328025571b3e5355d95d2/arktisleitlinien-data.pdf.

② Vladislav B. Belov. Germany's strategy for the Arctic [J]. Arctic & North, 2016, 24 (03): 96-104.

木块搭配，并判断自己在北极安全治理中的位置以找准行动方向。比如前文列举的美国、俄罗斯、加拿大等北极国家以及北极理事会、北欧部长理事会等组织主体就可以对积木块Ⅰ、积木块Ⅱ进行选择和细化，发挥其对北极安全治理复杂性系统建构的影响力。当然，这里的积木块类型与搭配只是在理论层面的初步分析，在现实的北极安全治理主体交互过程中，随着新的标识与内部模型不断产生、调整，可供选择和排列的积木块将更加复杂。

**表 3-3 主体参与北极安全治理中积木块的类型与搭配**

| 意愿与能力 | 强 | 适中 | 弱 |
|---|---|---|---|
| 强 | 积木块Ⅰ | 积木块Ⅱ | 积木块Ⅳ |
| 适中 | 积木块Ⅱ | 积木块Ⅱ | 积木块Ⅴ |
| 弱 | 积木块Ⅲ | 积木块Ⅲ | 积木块Ⅵ |

## 第二节 北极安全治理复杂性系统描述及其模型分析

CAS 模型是在 CAS 主体适应性以及聚集、非线性、流、多样性、标识、内部模型、积木块的基础上产生的，然后再对 CAS 进行总体性描述，进而构建基于主体的行为模型和基于宏观系统的回声模型，以实现 CAS 在微观层面与宏观层面的有机联系。下面按照这种思路，以北极安全治理适应性主体及其多种特性与交互机制为基础，对北极安全治理复杂性系统进行描述并构建初步的模型。

### 一、北极安全治理复杂性系统的 CAS 描述

对 CAS 进行描述，就是将其主体特性与交互机制整合在一起，编织成一个有机统一体并呈现出来，以加深人们对 CAS 的认识和理解。对北极安

全治理复杂性系统的 CAS 描述，一方面要以复杂系统理论一些基本的规则为出发点，也即从遵循系统理论的所谓公理开始。这些公理主要包括：语境公理——系统意义是由系统周围的环境和相关因素决定的；目标公理——系统通过使用途径和手段等带有目的性的行为来实现特定目标；信息公理——系统创建、拥有、转移和修改信息；操作公理——系统必须在呈现出有目的行为的过程中就地解决问题；生存能力公理——必须控制系统中的关键参数以确保系统持续存在①。北极安全治理复杂性系统首先要有明确的语境，即根据北极系统、北极安全系统、北极治理系统以及它们的涌现来确定其建构的意义；其次要树立目标观念，就是在把握北极安全治理涌现复杂性的基础上，探寻应对北极安全化与去安全化问题的系统路径；再次要注重基于信息的系统可操作性，能够在主体与主体、主体与环境的持续交互中解决北极安全问题；最后要重视系统的存续性，通过把握北极安全治理复杂性系统中主体与环境在微观和宏观层面的相互作用来实现。

另一方面，要充分借鉴霍兰关于 CAS 的 7 个基本点的整合思路，为适应性主体提供一个适用于所有在 CAS 中出现的不同种类主体的定义，通过 CAS 树的形式来描述一次又一次反复出现的 7 个基本点，从而引出一系列机制和方向②。图 3-2 是笔者借鉴霍兰的思路，对北极安全治理复杂性系统进行的 CAS 树状描述。如图所示，北极安全治理复杂性系统在本质上就是围绕适应性主体的 7 个基本点不断承担其角色、发挥其作用的过程。在这种基于描述所形成的模型图示中，还应当揭示出一般原理，实现微观与宏观层面的交互联系，以帮助我们从简单的规律中发掘出复杂的 CAS 行为。这将在下面的小节中进行阐述。

① Kaitlynn Whitney, Joseph M. Bradley, Dale E. Baugh et al. Systems theory as a foundation for governance of complex systems [J]. System of Systems Engineering, 2015, 6 (1/2): 15-32.

② ［美］约翰·H·霍兰. 隐秩序——适应性造就复杂性［M］. 周晓牧，韩晖译. 上海：上海科技教育出版社，2000：38-19.

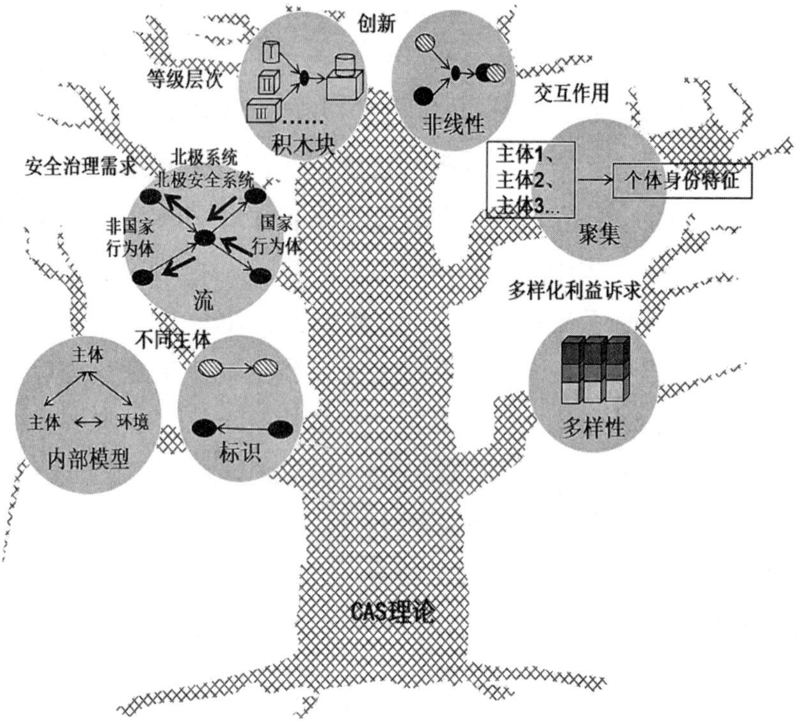


图 3-2　北极安全治理复杂性系统的 CAS 描述

## 二、北极安全治理复杂性系统的模型分析

适应性主体是影响 CAS 建构与变化的关键变量，因此基于主体行为构建模型有助于深刻认识主体的适应性并促进系统功能优化。在 CAS 理论框架中，霍兰将 CAS 中适应性主体的行为定义为执行系统，这一系统刻画了主体在某个固定时点上的能力，即在尚不知道进一步如何适应的情况下能够做什么，主要包括一组探测器（表征主体从环境中抽取信息的能力）、一组 IF/THEN 规则（表征主体处理信息的能力）和一组效应器（表征主体作用于环境的能力）这三个基本元素①。除此之外，霍兰还提出信用分

① ［美］约翰·H·霍兰. 隐秩序——适应性造就复杂性［M］. 周晓牧，韩晖译. 上海：上海科技教育出版社，2000：86-87.

派机制①，为解释主体如何比较、选择和应用规则并发现或产生新规则以提高主体的适应性提供了思路。实际上，这种基于主体行为的建模思路具有较高的普适性，几乎所有的 CAS 均有其主体基于刺激-反应的微观行为模型。比如，在复杂社会系统中，基于主体对象建模的路径和重点，就体现了主体受到环境变化的刺激，然后基于一定规则进行信息处理，进而产生反应行为的过程。如表 3-4 所示，主体基于一定的目标主动或被动地从系统环境中获取信息，并通过主体与主体间的沟通及相互作用、主体与环境间的交互及策略行动，来获得对其他主体及环境的有效认知。

**表 3-4　复杂社会系统基于主体对象建模的关键问题**

| 路径（Path） | 重 点（Focus） |
|---|---|
| 观点 | 信息和联系（包含主体从世界获得的信息） |
| 意图 | 着重于主体的目标 |
| 话语 | 主体之间的沟通（记录主体发送给其他人的信息） |
| 行动 | 基于相互作用的（体现主体之间发生的所有互动） |
| 生存 | 基于收益的（关系到主体的收益） |
| 工作 | 包含主体的策略和行动 |
| 正念② | 基于认知的（主体所采用的认知水平） |
| 关注点 | 模型焦点和异质性（模型足以捕获感兴趣的现象） |

资料来源：John H. Miller, Scott E. Page. Complex adaptive systems: An introduction to computational models of social life［M］. Princeton: Princeton University Press, 2007: 94-102.

除此之外，霍兰在微观的主体刺激-反应模型的基础上，开始建构整个

① 信用分派将向系统提供评价和比较规则的机制，“竞争”是信用分派的基础，对于每个规则分派都有一个“竞争”的特定数值，被称为强度或适应度。修改强度的过程谓之信用分派。每次应用规则后，主体将根据应用结果来修改强度，即适应度确认与修改，这实际上就是“学习”或“积累经验”。随着经验的积累，加入竞争的更为具体的例外规则将不断修改内部模型，从而提高个体适应环境的能力（参看刘兴堂，梁炳成，刘力等. 复杂系统建模理论、方法与技术［M］. 北京：科学出版社，2008：56-57.）。

② 笔者注：正念（mindfulness）是心理学范畴的名词，意指保持对我们的思想、感受、身体感觉和周围环境处于同一时刻的意识，有目的地觉察、不做任何判断、思想不再漫无目的地发散与妄想，将内在和外在的意识体验专注于当下的事物。

系统的、他称之为“回声模型”的宏观模型。他提出了回声模型的判据，定义了除了主体这一概念之外的资源和位置概念，回声模型的基础是通过指定一组“可更新的”资源奠定的，其“地理环境”由一组相互连接的位置规定，主体既可以从所在位置收集资源，也可以从与该位置处其他主体的交互过程中获取资源①。

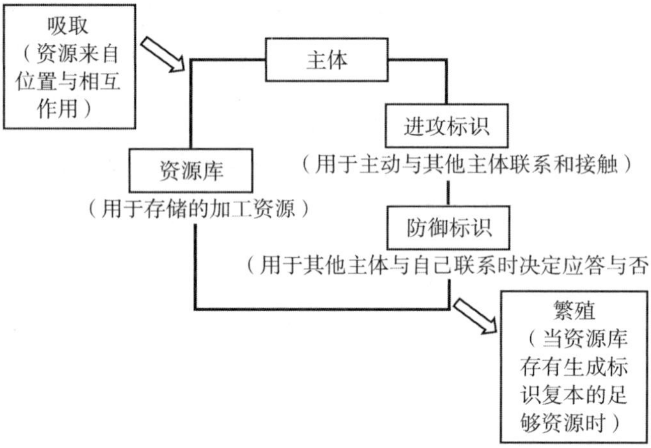


图 3-3　回声模型中的主体

回声模型中的主体如图 3-3 所示，其基本过程主要体现为整个系统包括若干位置，每个位置中有若干主体，主体之间进行交往，交流资源和信息②。霍兰又对基本的回声模型进行了拓展，引入了“交换条件”“资源转换”“粘着”“选择交配”“条件复制”等 5 种机制③，使其具备了一定的表达与描述能力，有助于进一步研究 CAS。综合上述思路，本节首先对北极安

① ［美］约翰·H·霍兰. 隐秩序——适应性造就复杂性［M］. 周晓牧，韩晖译. 上海：上海科技教育出版社，2000：99-105.

② 黄欣荣. 复杂性科学的方法论研究［M］. 重庆：重庆大学出版社，2006：139.

③ “交换条件”机制，即在进攻标识相符的条件下，还要加上某种交换条件的确认，比如，在采购原材料时，并不只是有某种原材料就行，还要考虑价格和质量。“资源转换”机制，即主体具备加工，利用和重组资源的能力，增加这一功能为主体的分工和专门化打下了基础。“粘着”机制，即若干主体通过建立固定的联系，成为一个多主体的集合体在系统中一起活动。“选择交配”机制，即主体可以有选择的与其他主体结合，通过交换形成新的更强的主体。“条件复制”机制，即主体在资源充裕，条件适宜的情况下，复制增加自身的功能（参看陈森发. 复杂系统建模理论与方法［M］. 南京：东南大学出版社，2005：236.）。

全治理中适应性主体的刺激-反应行为进行概括，其次构建具体的主体行为模型，再次基于此形成基本的回声模型并借鉴其模型拓展思路，对北极安全治理复杂性系统的宏观模型进行适当补充，以更好地发挥模型的解释作用，寻求有助于实现北极安全复杂性治理的理论思路。

### （一）北极安全治理复杂性系统的主体刺激-反应行为

霍兰在 CAS 理论中所提供的探测器、IF/THEN 规则、效应器、信用分派等概念和观点，实际上蕴含了主体接收刺激因素并产生响应行为进而根据结果来确定规则有效性的逻辑过程。通常情况下，主体被刺激所包围，它所收到的信息比能够使用的要多得多，主体的第一个任务，就是过滤其周边环境产生的、大量涌入的信息，用一组效应器来描述主体的行为，在任何给定的时刻，主体的全部反应由在该时刻活动的一组效应器产生①。在这个过程中主体的刺激-反应行为过程可以用图 3-4② 来表示。将如图所示的内容与逻辑对应到北极安全治理复杂性系统中，可以推知，两大类行为体中的若干具体主体首先观测和感知有关北极安全变化情况的信息，然后基于一定积木块和内部模型所产生的规则来对上述信息进行过滤、选择和处理，进而形成对北极安全变化的反应行为。

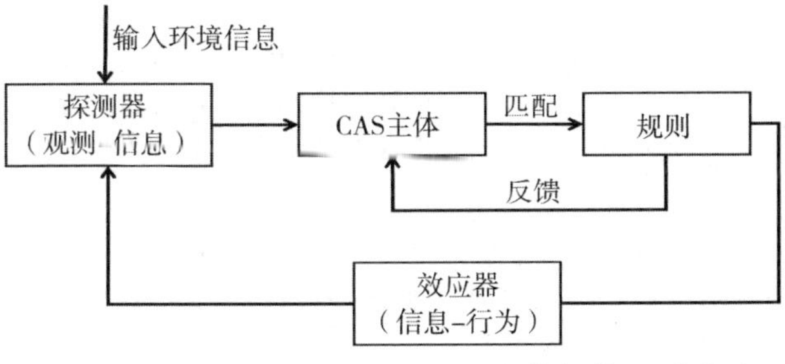


图 3-4　北极安全治理复杂性系统中的主体刺激-反应行为过程

① ［美］约翰·H·霍兰. 隐秩序——适应性造就复杂性［M］. 周晓牧，韩晖译. 上海：上海科技教育出版社，2000：43-45.

② 该图转引自刘兴堂，梁炳成，刘力等. 复杂系统建模理论、方法与技术［M］. 北京：科学出版社，2008：56.

在上述逻辑下，归纳主体所接收的刺激因素并概括其反应行为，成为主体行为模型构建和运行的基础。表 3–5 对此进行了简要概述。

**表 3–5 北极安全治理复杂性系统建构中主体的刺激–反应行为**

| 行为体 | 具体主体 | 刺激因素 | 反应行为 |
|---|---|---|---|
| 国家行为体 | 北极国家 | 北极自身安全、地区安全、人的安全等发生变化可能导致的北极新局面，并体现出相对迫切的治理需求 | 强化现有的北极治理机制；增强北极国家应对北极安全变化的合力；是否引领建构新的北极安全治理机制等 |
| | 实质性影响北极安全治理国家 | 北极安全变化的全球及地区扩散影响效应，域外国家参与北极开发利用的机遇及挑战；北极安全问题的敏感性 | 深度参与现有北极治理机制；加强观测、认识与利用北极；适时推动北极安全治理机制建构等 |
| | 其他北极关切国家 | 北极安全变化对全球安全的影响事关全人类共同利益 | 表达出一定的北极安全关切并寻求北极事务参与机会 |
| 非国家行为体 | 原住民组织 | 北极自身安全变化直接影响其生活环境；北极地区安全、人的安全变化可能形成其生存与发展的威胁因素 | 进一步提高在包括安全议题在内的北极治理中的话语权；表达强烈的北极安全关切并采取维权措施 |
| | 地区性组织 | 北极安全环境变化对其结构与功能提出变革性要求；需要处理更为复杂的涉及北极安全问题的内外部关系 | 开始关注并重视北极安全问题；根据实际情况对组织结构与功能进行调整；优化或重新设置组织相关规则 |
| | 全球性组织 | 北极安全问题的全球性影响；现有相关国际法及规则可能不完全适用于包括北极安全在内的北极变化情况 | 关注北极安全影响；呼吁更多的北极安全利益相关者参与北极治理；增强国际法相关条款的适用性或权威性 |
| | 非政府组织 | 北极安全变化带来新的关注议题；组织边界可能日益模糊；更多相关主体参与进来的诉求 | 研究北极安全变化及其影响；提高组织的灵活性与适应性；减少政治色彩，增强参与度 |
| | 跨国企业 | 北极安全变化导致北极投资总体环境的变化；相关北极项目、业务等面临严格的环保、技术与安全要求 | 关注北极安全形势；履行企业责任；提升企业环保、技术与安全能力 |
| | 其他相关机构与组织 | 北极安全的多重变化及其具体影响 | 嵌入北极治理；关注和应对更加具体的北极安全议题 |

如表 3-5 所示，在国家行为体与非国家行为体中，涉及北极自身安全、地区安全、人的安全、全球安全等方面的北极安全变化及其影响，均是各具体主体面临的重要刺激因素。具体而言，各个主体对刺激因素的感知和把握程度及其反应行为存在差异，比如，北极国家由于其地缘与历史优势而形成的北极事务深度参与能力和经验，因而对刺激因素的感知比较明显，对涉及北极安全治理问题的反应行为也更加具有针对性与引领性；而实质性影响北极安全治理国家与其他北极关切国家则相对缺乏这样的优势和机会。再比如，在非国家行为体中，原住民组织、地区性组织、全球性组织、非政府组织、跨国企业等对作为总体刺激因素的北极安全变化及其影响的关注侧重点并不一样，可以分别集中归纳为自身存续发展、内部多重变革、全球影响把握、目标定位优化、活动标准变化等，这些不同的主体由于这 5 个方面不同的刺激因素进而产生不同的反应行为。在这个过程中，主体内部模型和积木块的不同，使主体应对刺激因素的方式差异较大。比如，北极国家与北极地区性组织，它们可以具有参与和推动北极安全治理的较强的能力和意愿，因而可以运用的积木块也属于Ⅰ型和Ⅱ型，从而有助于它们通过设置更加具体的机构、开展更具针对性的项目、进行双边与多边的深层次合作等来把握北极安全变化及其治理需求状态。其他治理主体所能运用的积木块的作用程度相对较弱，因而更多的是扮演倡议者、参与者角色，尽可能地通过介入相对不太敏感的北极环境、气候等安全领域来发挥作用，以有效的反应行为来应对刺激因素。

### （二）北极安全治理复杂性系统的主体行为模型

复杂性系统中的主体行为优化，即主体在其接收刺激因素、产生反应行为的基础上，经过持续、相互的复杂适应过程，使北极安全治理这个复杂系统中包括治理主体、对象、方式等在内的内部机制能够有效运转，从而实现北极安全化与去安全化目标，国家行为体是这一过程中极其重要的主体。尤其是当北极安全涉及北极国家主权、安全与发展利益时，它们将充分利用其优势，强化“外部排他，内部协商”的北极治理模式，不断增强自身在所属北极区域的存在感和影响力，采取政治、经济与军事手段维护自身北极利益。而北极域外国家特别是具有北极理事会正式观察员国身份的国家，充分发挥各自北极科学考察、环境保护、航道利用、资源开发、国际合作等方面的优势，致力于在北极安全变化及其导致一系列现实问题的背景下获得更多的参与机会和话语权。在北极安全议题和机制构建日益紧迫的情况下，北极国家将接受和引导实质性影响北极安全治理国家的参与活动，后者也会影响和补充前者的北极安全治理行动。

进而言之，主要由国家行为体聚集而成的北极地区性组织和相关全球性组织，反过来又通过提供组织身份、制定和优化相关规则、设定共同目标等作用于国家行为体，以形成北极安全治理合力。除此之外，北极原住民组织、非政府组织、跨国公司等主体之间也存在着复杂的相互作用关系，它们构成北极安全治理的一个重要的适应性整体，一方面将在国家行为体的影响与引导之下参与北极安全治理复杂性系统建构，另一方面也将发挥有关北极安全变化及其影响的反馈作用，促进主体间的复杂适应过程。

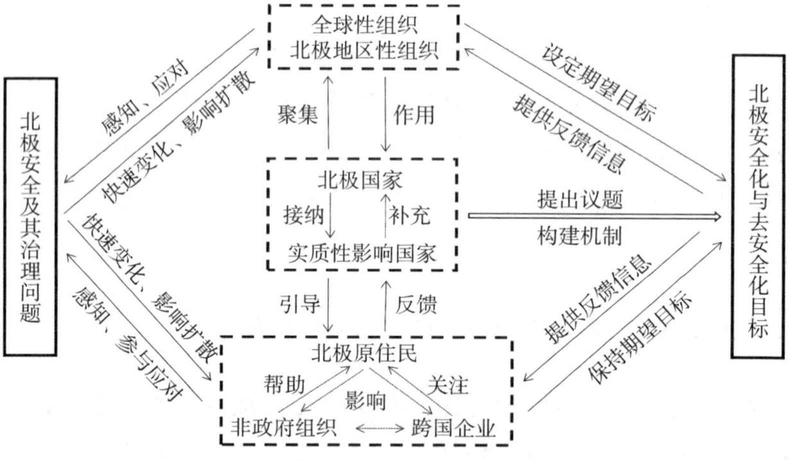

图 3-5　北极安全治理复杂性系统的主体行为模型

总之，北极安全治理复杂性系统的主体行为模型可以用图 3-5 来表示，不同的主体接受相同或不同的刺激而产生反应行为，这种带有主体标识与积木块特征的内部机制，是主体与主体、主体与环境进行持续交互并产生适应性的前提。正是这种基于主体行为的交互作用，形成了北极安全治理复杂性系统建构并有效运转的微观层面的动力，与下文所述宏观层面的回声模型一起构成了北极安全治理复杂性系统模型的基本内容。

### （三）北极安全治理复杂性系统的回声模型

按照前文所述概念和思路，这里首先定义北极安全治理复杂性系统中的“资源”和“位置”概念，所谓“资源”是指国家行为体与非国家行为体中的多种主体参与北极安全治理所需物质和能量的总和，除了一般的人力、物力和财力，还包括有关北极安全变化的信息资源、参与应对北极安全问题的身份资格与话语权资源、倡议和建构北极安全治理机制的制度供给资源等。所谓“位置”是指容纳一个或多个主体在北极系统、北极安全系统、北极治理系统等之中进行活动的、带有距离特征的场所，它能够提供主体所需的资源与环境条件，并且不同主体基于北极事务参与的历史、地缘、实力等情况可以在不同位置间进行选择和移动，找到更加适合自身发展的位置。在北极安全治理复杂性系统中，国家行为体特别是实质性参与北极事务的国家，致力于获取和运用尽可能多的资源来占据更加有利的位置，北极原住民组织、地区性组织、非政府组织则倾向于促进相互之间资源的交流，增强不同位置上主体间的沟通。

除此之外，不同的主体还具有以下三个基本部分：第一是资源库，主体用以存储所收集、加工的资源的仓库。这在北极安全治理复杂性系统建构中，更多的是主体基于历史经验与现实教训所寻找、积累、使用应对北极安全变化问题的诸多资源的过程，集中体现在各主体涉北极机构的设置、政策的执行、人才的培养、合作的参与等方面。第二是所谓的进攻标识，用于主体与其他主体联系和接触以获得资源与能力。比如，相同的北极国家身份、北极理事会正式观察员国身份、原住民身份、北极安全利益攸关者身份等标识，将促进不同主体间的相互接触并保持联系，产生积极的交互作用以强化主体能力或产生新的主体。第三是所谓的防御标识，用于其他主体与自己联系时是否决定应答、保持接触和联系，除了共同的北极安全治理目标、身份之外，主体所拥有资源的多寡、所处位置的优劣也决定着主体是主动或被动应答，资源多、位置好的主体选择应答与否的主动权相对较大，能够选择应答的对象、时机，而资源少、位置差的主体多数处于被动地位，在复杂系统中的适应性也相对较差，由此形成北极安全治理复杂性系统回声模型的基本框架：主体从所处位置和交互作用中吸取资源，按照一定的进攻与防御标识进行深入的位置选择和资源交换，不断实现主体位置间的迁移和适应性能力的变化。

在回声模型的基本框架中，还需要补充一些复杂属性，以形成最终的基本模型。首先，要明确主体间相互作用的交换条件确认机制，比如，在关于北极安全变化的信息资源交流时，除了重视信息的来源和数量之外，还必须考虑信息的质量与可靠性。也就是说主体具有对交换资源的辨别和确认能力，以确保主体间合适的匹配与交互。其次，要建立主体进行资源转换的能力机制，北极安全治理复杂性系统中主体能够自主进行各种资源的加工、利用和重组，并且通过资源的深度交换和使用，促进主体间的分工和专门化。比如，北极国家更加关注涉及其主权、安全和发展利益，它们对这些方面的北极安全治理议题及其相关资源更感兴趣；北极非政府组织更加注重维护北极自然安全、人的安全及地区安全，它们对如何通过科学研究、国际合作来实现上述安全目标的资源更有兴趣。然后要优化主体间持续交互的联系巩固机制，具有类似北极安全治理参与身份、目标、行动等的主体能够产生相对固定的联系，并不断聚集成一个多主体的集合体以在复杂性系统中顺利活动。比如，在北极地区性组织中，北极理事会就提供了这样一种主体间联系巩固的机制，主体能够就与北极安全相关的北极航道、环境、科考等问题交换意见并寻求合作。再次，要增强主体间的自主选择机制，主体能够决定与哪些主体进行哪些方面的合作，通过交互以形成能力更强的主体。随着北极安全治理复杂性系统不断建构，不同主体的自主选择空间也相应增大，不同主体在北极安全治理具体领域和议题上的合作将越来越多。最后，要健全主体的自身功能强化机制，主体通过位置迁移和资源交换，获得相对充裕的资源、具备适宜的内外部条件，从而以复制和学习的方式增加自身功能。以我国参与北极安全治理为例，我国将不断寻找符合我国北极事务参与意愿和能力、身份和诉求的“位置”，基于双边与多边合作来获取相关“资源”，从而形成北极安全治理的倡议能力、公共产品合作供给能力、制度建构参与能力等。

在北极安全治理复杂性系统的回声模型中，主体从内部的刺激-反应行为逐渐过渡到主体与主体、主体与环境交互的宏观动态过程，并通过一系列具体方式和机制来保证这个过程的延续性。当然，这只是理论上的状态描述，北极安全治理复杂性系统的实际建构与运行还面临更加繁杂的内外部环境和主体利益诉求，还需要不断地根据北极安全变化的实际情况进行调整和应对。正如在世界政治中，模型是基于对现实问题的关注，力图把握不可观察的机制，力图解释某事物是如何发生的，而非因果关系的规则性①。北极安全治理复杂性系统建构的 CAS 模型，正是侧重于分析北极安全治理中的核心机制，解释在复杂性不断涌现的背景下北极安全治理的复杂适应过程是如何产生的，这一过程恰恰是帮助我们认识和寻求北极安全复杂性治理之道的关键。

## 三、北极安全治理复杂性系统模型分析的启示

在 CAS 理论中，微观层面的刺激-反应模型与宏观层面的回声模型是一切 CAS 模型的基础，“适应性造就复杂性”的理念也是通过主体特性、交互机制以及从微观个体到宏观系统的模型等得以体现的。在北极安全治理复杂性系统建构中，基本的模型一方面在总体上能够为我们指明北极安全治理体系完善的方向。当代的治理安排被描述为基于一些简单的规则来运作，这些规则可能导致复杂的系统性质。在社会系统内，治理是通过个体、团体、组织和机构的复杂网络进行的，实现这一目标，就需要探索网络和系统结构是如何将治理安排描述为 CAS 的基本要素②。两个基本模型涵盖从主体适应性

---

① 刘慧. 复杂系统与世界政治研究［M］. 南京：南京大学出版社，2011：70.

② Christopher Koliba，Lasse Gerrits，Mary Lee Rhodes et al. Complexity theory and systems analysis［M］//Christopher Ansell，Jacob Torfing（eds.）. Handbook on theories of governance. Cheltenham：Edward Elgar Publishing，2016：368-369.

到整个系统复杂性的全过程，北极安全治理就是要围绕这个思路，强化复杂性治理的应对方向。另一方面，基本模型也提供了北极安全治理能力提升应当考虑的相关核心机制，包括主体与主体、主体与北极系统及北极安全系统等在内的环境之间的非线性交互机制，主体内部的行为机制，不同主体的聚集与标识机制等。概而言之，对北极安全治理复杂性系统进行模型分析的主要启示如下。

第一，应当不断优化北极安全治理的主体来源及结构。当前北极安全治理还缺乏整体性的应对机制，在很大程度上是主体参与有限造成的。主体简单性的参与目标和过程已经不足以应对北极安全变化及其导致的一系列问题。根据 CAS 理论中基本模型的描述与分析，主体适应性是系统得以建构和发展的关键。因此，北极安全治理要进一步增加除北极国家之外的其他北极安全利益攸关国家的参与渠道，增加北极地区性组织中的主体多样性与代表性，更多地吸引非政府组织、跨国企业等关注北极安全具体议题，以形成促进北极安全复杂性治理的主体结构。

第二，增强北极安全治理机制的功能。CAS 模型是逐步形成其机制并拓展其功能的，北极安全治理复杂性系统建构所具备的 CAS 模型特征也要求遵循这种思路，在通过优化主体来源及结构来形成机制的前提下，至少注重拓展以下三个方面的功能：首先是北极安全复杂性变化的识别功能，这需要北极安全治理机制整合来自自然科学研究与社会科学研究的知识，通过长时间跨度的考察、观测、分析来识别这种变化。其次是北极安全治理复杂性涌现的应对功能，这依赖于北极安全治理机制朝着复杂网络化的方向发展，通过兼具层次化与扁平化特征的治理结构来应对这种涌现。最后是北极安全复杂性治理的主体交互功能，这需要北极安全治理机制能够重视多样化主体的参与及其作用发挥，通过提供更多的平台与机会来增强这种交互。

第三，提升北极安全治理的适应性。北极与北极安全的系统性，使得北极安全及其治理影响具有从地区到全球的外溢性，北极安全问题愈发成为全球公共问题中的重要内容。而随着地球变得越来越拥挤，生态系统变得越来越紧张，后代的命运将依赖于我们如何管理和保护生态系统中包含的公共产品和公共池塘资源①。从这个角度而言，通过 CAS 主体特性、机制、模型等来促进北极安全治理复杂性系统建构的核心意旨就在于通过提升其适应性，为我们保护北极、实现北极安全与稳定找到一条可行路径。

## 第三节　复杂性系统建构下中国参与北极安全治理的身份定位

北极安全治理是一个复杂性的全球公共问题，其治理系统的建构，离不开北极域外国家的参与。中国与北极自身安全变化、地区安全变化、全球扩散性安全变化等具有复杂性关联，中国的北极科学考察、科学研究、国际合作有助于促进对北极安全及其治理的复杂性认识，中国共同安全、综合安全、合作安全、可持续安全的全球安全治理观则充分证明中国是推动北极安全治理复杂性系统建构与演化的重要适应性主体。

### 一、北极安全系统变化的复杂性关联者

全球气候异常背景下的北极安全变化主要涉及北极自身安全、地区安全及其全球扩散性安全等方面的变化，并深刻影响在北极活动与北极之外的不同人群的安全。中国作为北极安全变化复杂性关联者的身份定位，主要体现在以下三个方面，并凸显出对人的安全的复杂性考虑。

#### （一）中国与北极自身安全变化的复杂性关联

北极自身安全是北极作为一种稳定状态而自然存在的安全，因而是北极安全及其治理的基础性内容，其变化情况直接关系到北极安全治理的方向选择和成效判断。中国与北极自身安全变化的复杂性关联，首先是建立在对北极自

① George I. Hagstrom, Simon A. Levin. Managing marine ecosystems as complex adaptive systems: emergent patterns, critical transitions, and public goods [J]. Ecosystems, 2017, 20 (03): 458-476.

身特征尤其是自然特征[①]及其安全变化情况进行把握的基础之上，进而分析这种变化对于我国经济社会发展乃至国家安全的可能影响来凸显这一关联性。

从已有研究和文献来看，国内学者对北极自然特征及其安全变化情况的研究从未中断过。早在 1946 年，就有学者分析了北极因独特自然地理环境形成的重要交通与军事要冲作用，并将北极称为“未来战略重要地带”[②]。国内学界对北极自然特征及其变化的研究经历了一个从整体视角到局部视角、从宏观层面到微观层面、从单一分析到综合分析、从理论上的方法研究到基于观测的跨学科研究等过程。以对北极海冰的分析和预测为例，既有对北极海冰综合特征的分析，又有长时间尺度的北极海冰变化预测和对比，还有北极特定地区或特定时间内海冰变化及其广泛影响探讨，以及一些更加微观具体的北极冰酸度与化学元素研究等。北极自身特征变化引致的北极自然安全变化，还需要我们通过获取更多的观测资料、采取更多的科学方法、运用更多的学科知识来进一步把握。

北极自然情况变化及其影响与我国特定地区的气候、降水、气温等存在不同程度的关联，这说明中国与北极自然安全变化因素存在复杂性关联。下面以研究成果最丰富、关联度更显著的北极海冰与北极涛动的复杂影响[③]为例进行阐述。北极海冰变化情况与我国的复杂性关联，表现为纷繁复杂的时空影响：一方面是在整体的大范围气候影响上，7 月北极海冰与翌年 1 月大气环流及亚洲中、高纬地区气温趋势具有较好的相关关系[④]，也即 7 月份的

---

① 在本文的研究视域下，北极自身安全的核心是北极自然安全，所以北极自身安全变化的核心也主要是北极自然安全变化。因此，本节主要是立足北极自然特征及其安全变化情况，来分析和把握中国与北极自身安全变化的复杂性关联。

② 杜若. 未來戰略重要地帶——北極 [J]. 世界知识，1946 (08)：20-23.

③ 部分研究成果显示，北极极涡对我国的及部分地区的降水、气温等也具有一定影响，可参看如下文献：张恒德等. 北极涡活动对我国同期及后期气温的影响 [J]. 南京气象学院学报，2006 (04)：507-516；张恒德，高守亭，张友姝. 北极涡年代际变化及其与我国春季降水的关系 [J]. 气候与环境研究，2006 (05)：593-604；张友姝等. 新疆夏季降水异常的时空特征及北极涡与阻塞高压对其的影响 [J]. 干旱区地理，2007 (06)：879-887；张恒德，金荣花，张友姝. 夏季北极涡与副热带高压的联系及对华北降水的影响 [J]. 热带气象学报，2008 (04)：417-422；章慧英，闫生杰. 北极极涡变化特征与云南降水量的关系 [J]. 气象科技，2015，43 (03)：488-496 等。

④ 任广成. 7 月北极海冰与翌年 1 月大气环流及亚洲中、高纬地区气温趋势的关系 [J]. 海洋预报，1992 (02)：46-51.

北极海冰间接地影响着翌年 1 月份中国部分地区的气温变化；北极 III 区海冰面积低频变化对北半球冬季大气环流异常产生作用，从而对我国天气气候特征具有明显的差异性影响①。

更重要的一方面是北极海冰在不同时节或不同方面的变化情况与中国特定地区或特定时间内的气候因素具有密切联系。从整个北极海冰的情况来看，已有研究显示，北极海冰与中国夏季高温存在联系，当北极海冰发生异常时，中国夏季高温异常的响应是滞后的②；与中国秋季气温也存在相关性③。对我国长江上、中游汛期水情的影响具有 4—9 个月的时滞④；对黄河上游汛期水量丰枯也能够产生影响⑤；与我国干旱半干旱区夏季降水具有密切关系⑥；对我国青海省春季（3—5 月）降水可能造成影响⑦等。

从不同时节的海冰变化情况来看，春季北极海冰与我国华北夏季降水呈正相关关系，春季北极海冰面积偏大（小），当年夏季华北大部分地区偏涝（旱）⑧；近年来夏季北极海冰的快速融化与我国南方冷空气频数的年际振荡特征具有相关性⑨；夏、秋季北极海冰异常与秋、冬季青藏高原极端低温日数存在关联⑩；秋季北极海冰变化对长江中下游地区冬季气温的影响，拉普

---

① 王春红，蒋全荣，余志豪. 北极 III 区海冰面积低频变化对北半球冬季大气环流异常的作用 [J]. 大气科学，1997（01）：124-127.

② 方茸，杨修群. 中国夏季高温与北极海冰的联系特征 [J]. 气象，2009，35（03）：81-86.

③ 董新宁，孙照渤. 北极海冰变化及其与中国秋季气温的相关分析 [J]. 南京气象学院学报，2006（01）：82-87.

④ 王小兰等. 长江上、中游汛期水情与北极海冰面积的关系 [J]. 气象学报，1992（01）：126-128.

⑤ 李和平，徐友明，饶素秋. 北极海冰对黄河上游汛期水量丰枯的影响分析 [J]. 水科学进展，2000（03）：284-290.

⑥ 李月洪. 我国干旱半干旱区降水场及与北极海冰的关系 [J]. 气象，1995（09）：11-15.

⑦ 唐红玉，时兴合，白彦芳. 北极海冰对青海省春季（3~5 月）降水的可能影响 [J]. 气象科学，2001（02）：216-221.

⑧ 宋华，孙照渤. 华北地区夏季旱涝的时空分布特征及其与北极海冰的关系 [J]. 南京气象学院学报，2003（03）：289-295.

⑨ 朱晨玉等. 中国近 50 年寒潮冷空气的时空特征及其与北极海冰的关系 [J]. 中国海洋大学学报（自然科学版），2014，44（12）：12-20.

⑩ 焦洋等. 夏、秋季北极海冰异常与秋、冬季青藏高原极端低温日数的关系及影响机理 [J]. 气候与环境研究，2017，22（04）：435-445.

捷夫海以北及东西伯利亚海以东海区的海冰密集度变化可作为预测长江中下游地区冬季气温的前兆信号①；秋季北极海冰异常偏多年中国冬季常为暖冬，异常偏少年中国冬季常为冷冬，异常低温天气出现频率更高，常发生低温灾害事件②，且改变了后期冬季西西伯利亚高压和华北高压强弱，导致我国西北地区和长江与黄河之间地区冬季气温异常③。从长期变化趋势来看，冬季喀拉海、巴伦支海海冰影响 8 月海河、辽河流域的降水，而冬季巴芬湾、戴维斯海峡海冰对 7 月黄河中上游流域降水有影响，海冰与降水变化均呈相反的变化趋势④。

从北极海冰不同方面变化情况的影响来看，北极海冰面积变化至少在以下方面具有影响关联性：和长江中下游地区梅雨各特征量之间存在相关关系，北极海冰对未来 3—5 年的梅雨预测具有指示意义⑤；与冬季青藏高原环流及天气具有密切关系；与宁夏春季沙尘暴发生次数的变化存在年代际和年际相关关系⑥，影响宁夏夏季极端高温变化；对湖北省夏季降水产生影响，湖北省夏季降水与北极某些分区海冰存在滞后相关关系⑦；与我国山东省汛期降水变化具有相关关系⑧；在年际时间尺度上中国江南地区降水异常与北极海冰密集度异常存在关系⑨等。除此之外，北极关键海区的海冰异常与中

---

① 张建军等. 秋季北极海冰变化对长江中下游地区冬季气温的影响 [J]. 干旱气象，2021，39 (01)：8-14.

② 谢永坤，刘玉芝，黄建平. 秋季北极海冰对中国冬季气温的影响 [J]. 气象学报，2014，72 (04)：703-710.

③ 肖莺，任永建，杜良敏. 气候变化背景下北极海冰对我国冬季气温的影响研究 [J]. 极地研究，2018，30 (01)：14-21.

④ 武炳义，黄荣辉，高登义. 冬季北极海冰长期变化对华北降水的可能影响 [J]. 高原气象，1999 (04)：590-594.

⑤ 刘宗秀，曹鸿兴. 北极海冰对我国梅雨及气候预报的指示意义 [J]. 气象，1994 (11)：21-24.

⑥ 杨建玲，何金海，赵光平. 宁夏春季沙尘暴与北极海冰之间的遥相关关系 [J]. 南京气象学院学报，2003 (03)：296-307.

⑦ 马乃孚，李劲，魏静. 北极海冰面积对湖北省夏季降水的影响 [J]. 华中师范大学学报（自然科学版），1998 (03)：121-125.

⑧ 宋华，孙照渤，崔维军. 山东省汛期降水的变化及其与北极海冰的关系 [J]. 气象科学，2004 (01)：55-61.

⑨ 刘金卿，李子良. 中国江南地区降水异常的年际变化与北极海冰密集度异常的相关分析及其机理研究 [J]. 中国海洋大学学报（自然科学版），2020，50 (07)：18-25.

国冬季平均气温、冬季最低气温、冬季最高气温等均显著相关①；冬季北极海冰面积异常与中国气温变化之间存在年际关系②；北极海冰面积的年际和年代际变化对我国春季气温也有较明显的影响③；北极海冰面积的减少还与我国东部冬季的雾霾天气总日数增多有一定关系④；喀拉海和巴伦支海海冰是影响中国东部地区冬季霾过程发生的重要因子⑤；秋季巴伦支海海冰与中国京津冀地区2月气温变化有联系⑥；秋季北极海冰变化对长江中下游地区冬季气温产生影响⑦等。北极涛动及其变化情况与我国的复杂性关联可以从表3-6中得以体现，主要包括对我国整体性的关联影响，涉及对气温、降水、干旱、沙尘暴、具体地区相关气候因素等的特定性影响等。

**表3-6　北极涛动变化情况与我国的复杂性关联（部分）**

| 影响类型 | 具体表现 |
|---|---|
| 整体性的关联影响 | 北极涛动指数偏强时，我国大部分地区冬季气温偏高，同时降水也偏多⑧ |
| | 北极涛动指数的正负极端异常年份，对我国冬季同期最高和最低气温具有明显的影响⑨ |
| | 北极涛动与近30年来中国冬季积雪变异有非常紧密的联系，雪深的南、北反位相分布型与北极涛动有明显的反相关关系⑩ |

① 高清清，孙照渤，倪东鸿. 冬季北极海冰与中国同期气温的关系［J］. 气象与减灾研究，2011，34（04）：7-15.

② 解小寒，杨修群. 冬季北极海冰面积异常与中国气温变化之间的年际关系［J］. 南京大学学报（自然科学版），2006（06）：549-561.

③ 周玳，蒋全荣. 北极海冰面积与我国春季平均气温的联系特征［J］. 气象科学，2004（01）：81-87.

④ 申敏夏. 中国科学院院士王会军：北极海冰减少加重我国东部雾霾［N］. 中国气象报，2014-11-26（001）.

⑤ 陈诚，牛涛，陆尔. 喀拉海和巴伦支海海冰对中高纬异常纬向环流暨中国东部重霾天气形成的作用［J］. 大气科学学报，2019，42（02）：267-279.

⑥ 张国宏. 秋季巴伦支海海冰与中国京津冀地区2月气温变化的联系［J］. 干旱气象，2022，40（02）：187-194.

⑦ 张建军等. 秋季北极海冰变化对长江中下游地区冬季气温的影响［J］. 干旱气象，2021，39（01）：8-14.

⑧ 龚道溢，王绍武. 近百年北极涛动对中国冬季气候的影响［J］. 地理学报，2003（04）：559-568.

⑨ 所玲玲，黄嘉佑，谭本馗. 北极涛动对我国冬季同期极端气温的影响研究［J］. 热带气象学报，2008（02）：163-168.

⑩ 张若楠，张人禾，左志燕. 中国冬季积雪变异及其与北极涛动的联系［J］. 大气科学，2015，39（03）：634-642.

续表

| 影响类型 | 具体表现 | |
|---|---|---|
| 特定性的关联影响 | 对气温的影响 | 1951—2007 年北极涛动指数与中国东部地区冬季气温指数基本呈正相关关系① |
| | | 冬季北极涛动与我国江南地区地表气温具有相关的时空结构② |
| | | 春季北极涛动对盛夏长江流域地表气温产生影响③ |
| | | 冬季北极涛动指数与华北冬季气温之间存在着显著相关，特别是在年代际尺度上关系尤其密切④ |
| | | 在年代际时间尺度上,北极涛动与东北地区冬季气温之间存在显著正相关,冬季北极涛动处于低(高)指数期,东北冬季气温为持续冷冬(暖冬)期⑤ |
| | | 东北春季气温与春季北极涛动在年际时间尺度上具有很强的正相关性⑥ |
| | | 增暖背景下北极涛动对新疆冬季平均气温的影响呈非对称型⑦ |
| | 对降水的影响 | 在年际尺度上，近百年的 5 月北极涛动指数与长江流域夏季降水相关曾高达-0. 39，超过 99%信度水平⑧ |
| | | 西北地区冬季气温和夏季降水变化与同期北极涛动之间存在多时间尺度相关⑨ |
| | | 冬季北极涛动与西南地区同期降水呈显著的正相关，异常偏强（弱）时，则西南地区降水异常偏多（少）⑩ |
| | | 冬春季（1-3 月）北极涛动与中国中西部同期降水的相关关系显著，可以对中国中西部降水预测提供有用信号⑪ |

① 雷杨娜，孙娴，乐章燕. 中国东部地区冬季气温与北极涛动的关系［J］. 气象与环境学报，2014，30（04）：42-48.

② 施宁，张乐英. 冬季平流层北极涛动对江南气温的影响［J］. 大气科学学报，2013，36（05）：604-610.

③ 张乐英，徐海明，施宁. 春季北极涛动对盛夏长江流域地表气温的影响［J］. 大气科学，2015，39（05）：1049-1058.

④ 何春，何金海. 冬季北极涛动和华北冬季气温变化关系研究［J］. 南京气象学院学报，2003(01)：1-7.

⑤ 胡秀玲，刘宣飞. 东北地区冬季气温与北极涛动年代际关系研究［J］. 南京气象学院学报，2005(05)：66-74.

⑥ 王冀等. 1957—2000 年东北地区春季极端气温变化及其与北极涛动的关系［J］. 气候变化研究进展，2007（01）：41-45.

⑦ 陈颖等. 增暖背景下北极涛动对新疆冬季平均气温的影响［J］. 干旱气象，2022，40（02）：195-201.

⑧ 龚道溢，朱锦红，王绍武. 长江流域夏季降水与前期北极涛动的显著相关［J］. 科学通报，2002(07)：546-549.

⑨ 郭渠等. 我国西北地区气候变化与北极涛动的交叉小波分析［J］. 南京气象学院学报，2008，31(06)：811-818.

⑩ 孔祥伟，于乐江，刘新伟. 西南地区冬季旱涝特征及其与北极涛动关系［J］. 干旱区地理，2012，35（06）：875-882.

⑪ 文仕豪，周筠珺，胡淼. 冬春季北极涛动与中国中西部地区降水的关系［J］. 成都信息工程大学学报，2019，34（04）：403-410.

续表

| 影响类型 | 具体表现 | |
|---|---|---|
| 特定性的关联影响 | 对干旱、沙尘暴等的影响 | 夏季北极涛动与西北地区大部分地区夏季干湿特征之间存在着显著的正相关关系，特别是年代际尺度上关系尤其密切① |
| | | 近二十几年来，北极涛动维持在高指数位相是导致东亚地区大气环流异常的重要原因，并由此造成了华北干旱的加剧② |
| | | 北极涛动指数与西北地区东部沙尘暴频次显著负相关，二者年际、年代际变化都有较好的对应关系，北极涛动正位相年，西北地区东部沙尘暴偏少，反之亦然③ |
| | | 当冬季（12 月—次年 2 月）北极涛动为负位相时，我国北方春季易多发区域性沙尘暴；反之则不易发生区域性沙尘暴④ |
| | 对具体地区相关气候因素的影响 | 北极涛动的年际和年代际异常对河南省气候变化具有显著影响⑤，涛动指数与河南省近 50 年降水之间存在一定关系⑥，且在河南省降水距平序列中存在着不同时间尺度的周期振荡⑦ |
| | | 冬季北极涛动指数与新疆冬季平均气温相关较好⑧ |
| | | 12 月北极涛动异常与内蒙古同期低温呈显著负相关⑨ |
| | | 近 59 a 冬季北极涛动指数与北京极端低温事件显著负相关⑩ |
| | | 北极涛动通过对大气环流的影响进而对青海省的降水产生影响⑪ |
| | | 2010 年冬季江苏省雷暴活动异常偏多，其异常变化与同期北极涛动环流异常有密切的负相关关系⑫ |
| | | 北极涛动可由两条途径影响南海地区气候，一是通过青藏高原南侧西风急流的波列，二是通过北太平洋西风急流区南北侧的偶极型环流异常⑬ |

① 王鹏祥等. 夏季北极涛动与西北夏季干湿特征的年代际关系［J］. 中国沙漠,2007（05）:883-889.

② 琚建华，吕俊梅，任菊章. 北极涛动年代际变化对华北地区干旱化的影响［J］. 高原气象，2006（01）：74-81.

③ 郑广芬等. 北极涛动异常对西北地区东部沙尘暴频次的影响［J］. 中国沙漠,2009,29(03):551-557.

④ 宋连春等. 北极涛动与我国北方强沙尘暴的关系［J］ 高原气象 2004（06）：835-839.

⑤ 孙卫国等. 河南省气候变化与北极涛动的时频相关［J］. 气象与环境科学，2008，31（04）：1-7.

⑥ 韩国泳，李君，赵敏芬. 北极涛动指数对河南降水的可能影响［J］. 安徽农业科学，2010，38（12）：6325-6328.

⑦ 程炳岩等. 北极涛动对河南省降水的可能影响［J］. 气象与环境科学，2007（04）：7-12.

⑧ 黄玲，毛炜峄，刘红霞. 冬季北极涛动异常与新疆气温变化的关系［J］. 沙漠与绿洲气象，2016，10（04）：47-52.

⑨ 程玉琴,尤莉,李金田. 12 月北极涛动异常与内蒙古同期低温的关系［J］. 内蒙古气象,2018(01):26-30.

⑩ 许国宇，马晓青. 北极涛动对冬季北京极端低温事件的影响分析［J］. 气象与环境科学，2011，34（02）：39-43.

⑪ 汪生珍. 北极涛动对青海省冬季降雪异常的可能影响［J］. 青海气象，2015（04）：14-20.

⑫ 张蓬勃等. 2010 年冬季江苏省雷暴异常活动与北极涛动的相关分析［J］. 大气科学学报，2014，37（01）：82-90.

⑬ 屈静玄，龚道溢，李桑. 春季北极涛动对南海气候的影响［J］. 科学通报，2015,60(24)：2327-2337.

总之，基于北极自然地理与环境情况的安全变化在过去、现在和将来都关系到我国的自然气候变化，从而可能影响我国的经济社会发展乃至国家安全，进而影响到更为具体而复杂的人的安全。这一方面需要我们引起重视，不断通过科学的观测和研究精准把握上述复杂性关联；另一方面这也为我们参与北极安全治理提供了基础性依据，中国与北极自身安全特别是自然安全变化息息相关，中国需要在北极安全复杂性治理中发挥积极作用，以维护共同的北极安全权益。

### （二）中国与北极地区安全变化的复杂性关联

北极由于被赋予了太多的利益需要、被寄托了太多的价值希望，北极地区始终处于一种复杂的安全态势。尽管在短时间内北极地区不会爆发军事冲突并能够保持基本和平的局面，但北极地区安全仍然存在一定的不稳定性与影响扩散性。除了自然安全变化可能酝酿北极地区安全威胁之外，人为安全风险更是直接增加了北极地区安全遭受威胁的程度。这就使得中国与北极地区安全变化存在复杂性关联。

首先，从历史情况来看，北极地区曾经发生的安全事件在一定程度上影响了当时的地区乃至世界局势，中国也因此与北极地区安全事件具有潜在的复杂关联性。在二战期间的“北极护航战”中，盟军通过开辟北极航线向苏联运送了大量武器弹药，尽管遭到德军的持续围剿而损失较大，但还是为苏联取得反法西斯战争的胜利提供了一定支持。当时作为反法西斯同盟国的中国，也因此在一定程度上分享了“北极护航战”最终战果的益处。冷战期间，北极地区的安全问题主要是苏联、美国以及与此有关华约、北约成员国的北极军事战略活动，任何一方处于守势或攻势，均既影响着双方在北极地区博弈的程度和结果，又对各自阵营所属国家的安全政策行动产生一定影响。当时的北极军事活动，在某种程度上可以为中国审视北极的军事战略要冲地位以及思考如何提高适应极端天气条件下的军事装备能力提供一面镜子，中国不应是包括北极在内的极地安全的旁观者和局外人了。

其次，从现实情况来看，北极地区安全的关键是北极国家特别是美国、俄罗斯、加拿大等北极大国的安全问题。目前，北极国家高度关注航行安全、空中和海上搜救以及紧急情况后果的预防和消除、可能出现的石油泄漏等问题；非法移民与有组织的犯罪活动也是处于较为温暖地区的北极国家需要应对的风险①。随着北极国际化治理趋势越发明显，北极国家对自身北极安全与发展利益的认识和维护不断加强，它们将保持对北极安全局势的持续监控并越发注重保卫北极水域边界。中国目前在北极进行正当的科学考察、能源开发、航线使用、旅游观光等活动，势必会受到域内国家有关北极安全化与去安全化行动的影响，主要体现为以北极大国关系为主导的北极地区安全形势将关乎中国诸多方面的北极活动开展。比如，俄罗斯、加拿大与美国等之间关于各自北极海域主权与北极航线主张的争议，有可能在特定的时刻造成安全风险，从而使中国可能要在复杂的北极地区安全局面中进行艰难的战略抉择。再比如，由于目前北极地区缺乏有效的军事安全与地区安全问题协商应对机制，一旦个别国家受到政治与经济利益刺激，挑起局部争端，包括中国在内的北极域外国家的北极活动都有可能受到消极的安全影响。总之，随着中国北极事务参与的程度越来越深、力度越来越大，中国与北极地区安全变化及其影响因素之间的复杂性关联将会越来越明显，中国参与北极安全治理尤其需要依据这种关联性开展有针对性的行动。

最后，从未来战略来看，北极地区安全变化具有相当的“投射-外溢效应”，一方面相关国家在特定领域与其他地区的竞合关系可能投射到北极，形成北极地区安全变化的催化剂，另一方面不断变化的北极安全形势也可能外溢到世界其他地区，成为影响地区与全球安全的外部因素。在一个越发呈现出复杂网络状态的世界中，临界因子的产生、“蝴蝶效应”的作用、战略机遇期的重塑将比以往任何时候都要显著。北极无疑是复杂网络世界中的一个关键节点，北极地区安全变化情况更是这一关键节点中的核心构件，能够辐射影响到目前所有实质性参与北极事务的国家并吸引更多的国家参与进来。在这个过程中，中国与北极地区安全的复杂性关联具有明显的战略导

---

① 俄罗斯国际事务委员会. 北极地区：国际合作问题（第一卷）[M]. 熊友奇等译. 北京：世界知识出版社，2016：283.

向，必须未雨绸缪，充分挖掘中国与北极安全战略关联的深层次内涵，实现中国的北极安全权益。正如中国科学院院士、地质学家刘东生所说，北极作为距离中国很近的极地，其地理位置、自然环境、经济资源使北极地区和中国的今天与未来息息相关①，中国应当在北极安全复杂性治理中扮演负责任的大国角色。

### （三）中国与北极全球扩散性安全变化的复杂性关联

由于北极安全涉及北极域内国家尚存争议的主权、领土、领海、领空安全利益诉求以及北极原住民组织的生存发展利益，域外国家对北极事关人类共同利益的高度关切，人类不当活动对北极产生的消极影响等因素，北极具有形成全球扩散性安全影响的趋势。在这方面，以温室气体排放造成全球气候变暖进而加速北极海冰消融最为典型。如前文所述，一旦海冰消融过快，北极部分海底永冻层下蕴藏着的大量甲烷不断排出，将进一步加剧全球气候变暖，从而陷入北极海冰消融导致一系列问题的恶性循环之中。根据政府间气候变化专门委员会（IPCC）发布的第 5 次评估报告（AR5），在所有的 RCP 情景［包括严格减排情景（RCP2.6）、两个中间情景（RCP4.5 和 RCP6.0）以及一个很高 GHG 排放情景（RCP8.5）］下，北极海冰面积预估全年都会减少。最接近重现观测的各模式子集预估，在 RCP8.5 情景下，在 21 世纪中叶前，9 月份可能出现北冰洋几乎无冰的情况。北极海冰消融加快全球海平面上升，对全球海洋安全与海洋事业发展的影响是显而易见的，它可能与大潮、风暴潮、暴雨洪水等自然灾害相互叠加造成影响更为恶劣的海洋极端天气，人类沿海修建的各种工程设施、开展的海洋环境监测与气象预报及相关研究活动、进行的远洋运输等面临潜在安全威胁并可能造成巨大损失，全球低海拔地区可能遭遇海水侵蚀、倒灌进而形成洪涝灾害等。

在这个由于北极变化导致全球性安全问题的过程中，中国深受其影响。除了和世界其他低海拔地区面临海水侵蚀、倒灌进而形成洪涝灾害，沿海设

① Yufei Zou，Yuhang Wang，Yuzhong Zhang，Ja-Ho Koo. Arctic sea ice，Eurasia snow，and extreme winter haze in China［J］. Science Advance，2017，3（e1602751）：1-8.

施和工农业生产可能受到破坏等相同的问题之外，还有一些更为复杂的安全变化关联。如 2017 年 3 月，美国 *Science Advances* 杂志刊发论文指出，2013 年 1 月，包括北京在内的中国东部持续近一个月的空气污染与 2012 年秋季北极海冰融化有关。中国与北极全球扩散性安全变化的复杂性关联还需要更多的科学证据予以支撑，中国参与北极安全治理也应对这些证据进行搜集、分类和研究，以强化中国参与的依据。

## 二、促进北极安全及其治理系统复杂性认识的积极贡献者

中国本着尊重、合作、共赢、可持续的基本原则参与包括北极安全治理在内的北极事务，中国历次北极科学考察、跨学科的北极科学研究、积极的北极国际合作交流参与活动等，为人类更好地认识、探索和利用北极提供了有价值的知识、思路和行动。中国对于促进北极安全及其治理复杂性认识具有积极贡献，具体表现在以下几个方面。

### （一）中国北极科学考察的贡献

截至 2023 年 9 月，我国已经成功开展了 13 次北极科学考察，并计划从今后起进行北极业务化观测，每年进行一次北极科考。表 3-7 列出了我国第 1 次到第 13 次北极科学考察的基本情况。北极科学考察不仅是我国了解和认识北极、探究北极变化对我国造成多重影响的客观规律、提升我国北极活动能力与维护我国北极权益的重要途径，也是我国为认识北极安全变化情况并基于此提供治理建议的基础。如表 3-7 所示，我国北极科学考察首先是立足于对北极自然状况的观测与把握，再从局部或整体上研究其作用机制与变化过程，总结北极变化对我国气候、环境等的现实影响，并越来越注重国际交流与合作。事实上，对北极海洋—大气—海冰系统、北极各环境要素、北极航道水文海况等进行观测，本身就是把握北极自身安全及其变化情况的必要前提。而北极自身安全又是北极安全的基础，那么随着我国北极科学考察的深入，就可以增强关于北极自身安全及其变化的复杂性认识并提供一定的科学依据。北极科学考察除了有助于我国更加深入地参与北极事务，立足经

济、技术和人才优势，向国际社会展现我国在北极安全治理中扮演负责任大国角色的意愿和能力之外，还有利于我国基于自身作用的发挥，为研判北极地区安全形势、增强北极可持续发展安全能力、防控多方面的北极安全风险等提供有益的科学知识。

**表 3–7　中国历次北极科学考察的基本情况**

| 历次北极考察 | 起始时间 | 基本情况 |
|---|---|---|
| 第 1 次 | 1999 年<br>7—9 月 | 在楚科奇海、白令海、加拿大海盆、北冰洋浮冰区和多年海冰区进行了大洋综合调查和冰区综合考察，研究北极地区在全球变化中的作用和对我国气候的影响、北太平洋及其临近海域生态系统与生物资源对我国渔业发展的影响等重大课题 |
| 第 2 次 | 2003 年<br>7—9 月 | 了解北极对全球变化的响应与反馈；了解北极变化对我国气候环境的影响。通过调查北极海洋—大气—海冰系统变化和多种相互作用过程，结合历史资料，分析研究其变异与北极气候变化的关系以及对我国气候环境的影响 |
| 第 3 次 | 2008 年<br>7—9 月 | 认识北冰洋海洋环境与气候变化的相关特征与作用机制，为揭示北极变化对全球气候和我国气候、环境的影响提供科学依据。增强对北极环境变化的了解，强化对北极战略地位的认识，维护国家极地权益，提升我国在北极事务中的国际地位 |
| 第 4 次 | 2010 年<br>7—9 月 | 围绕国家经济、社会发展的战略需求，进一步增强对北极环境变化的了解，结合历次考察的结果，为进一步揭示北极变化对全球气候和我国气候、环境的影响提供科学依据 |
| 第 5 次 | 2012 年<br>7—9 月 | 对我国北极科考传统考察海域继续进行多学科综合考察，以获取长期观测资料，并首次穿越俄罗斯北方海航道挺进北大西洋访问冰岛，在北冰洋—大西洋扇区开展多学科综合考察，争取在北极科学研究热点和国际合作领域有所突破，显示和扩大我国在北极地区的实质性存在 |
| 第 6 次 | 2014 年<br>7—9 月 | 进一步加强中国对北极环境变化的了解，提升中国在北极事务中的国际地位。获取调查海域海洋环境变化的关键要素信息，建立重点海区的环境基线，为全球气候变化研究、北极航道利用和极地海洋数据库的完善等提供基础资料和保障 |

续表

| 历次北极考察 | 起始时间 | 基本情况 |
| --- | --- | --- |
| 第7次 | 2016年7—9月 | 进一步探究北极各种环境要素变化对中国产生影响的变化规律，为北极地区环境气候等综合评价提供基础资料，实现我国北极科考历史上的诸多突破 |
| 第8次 | 2017年7—10月 | 开展北极航道和北冰洋环境科学考察，为“十三五”极地事业发展奠定基础；拓展我国北极海洋环境业务化调查的区域范围和内容，为我国北极业务化考察体系建设、北极环境评价和资源利用、北极前沿科学研究等贡献力量 |
| 第9次 | 2018年7—9月 | 进一步夯实了北极业务化监测的基础，为我国北极科学研究、业务化监测体系建设、北极环境评价和资源利用作出积极贡献；将业务化监测项目和科研项目相结合，我国的北冰洋考察时间段从夏季延续到了冬季；与国际北极漂流冰站计划等国际大型北极考察和研究计划相配合，大气探空等观测数据与国际计划实现融合和共享 |
| 第10次 | 2019年8—9月 | 围绕北极海域在全球气候变化中的作用等国家需求和科学前沿问题，实施长期原位观测与科研项目考察相结合的海洋综合调查，开展多个学科的海洋业务化监测，为完善北极业务化监测体系作出贡献 |
| 第11次 | 2020年7—9月 | 提升我国对北极气候变化情况的认知水平，掌握北极海洋水文与气象、海洋与大气化学、海洋生物与生态、海洋地质与地球物理等资料，为北极海冰快速变化背景下的前沿科学研究、北极环境气候综合评价与北冰洋中心区环境综合评估等夯实基础 |
| 第12次 | 2021年7—9月 | 作为“十四五”期间我国组织开展的首次北极科学考察活动，主要围绕应对气候变化、保护北极生态环境，开展海洋、海冰、大气以及微塑料、海洋酸化等监测，获取北极海洋水文、气象、生物等数据资料 |

续表

| 历次北极考察 | 起始时间 | 基本情况 |
|---|---|---|
| 第13次 | 2023年<br>7—9月 | 我国科考船第一次抵达北极点区域开展相关调查和科研工作，填补了我国北冰洋考察在该区域的数据空白，拓展了我国在北冰洋的调查范围。获取了大量北冰洋大气成分数据、大气温压湿风等垂直廓线数据和冰基气象浮标数据 |

资料来源：中华人民共和国自然资源部、国家海洋局极地考察办公室等网站内容以及相关文献资料。

### （二）中国北极科学研究的贡献

北极科学问题关乎当代和未来数代人类的居住环境、生活方式，因此，未来气候变化的方向是我们国家政策取向的基点①。中国的北极科学研究以立足于北极科学考察的自然科学研究为起点，形成了较为坚实的硬科学基础。紧接着从公共政策学、国际政治学、国际法学等社会科学角度对北极治理及其中国参与展开研究，初步形成了一定的软科学基础。以我国学者在知名学术期刊上发表（含共同参与发表）以及被相关国际会议收录的北极自科与社科研究论文为例，在Web of Science数据库②中首先以“Arctic”为标题、出版日期为1900年1月1日到2023年6月29日［检索式为Arctic（Title）and 1900-01-01/2023-06-29（Publication Date）］共计得出24744条检索记录（检索日期截至2023年6月29日）；然后以国家和地区（Countries/Regions）为条件进行精确检索，得出如表3-8所示的北极研究收录论文数量排名前20位的国家与地区情况，其中中国（包含中国台湾）以2096条检索记录位居第7位。在检索结果中，进一步对我国的检索记录进行分析。图3-6描述了WoS数据库中中国学者所发表相关北极研究论文的历年收录数量情况（无收录年份已进行剔除）。尽管从数量上来看，目前我

① 余兴光．北极快速变化与海洋生态系统响应［M］．北京：海洋出版社，2016：4.

② 该数据库经过严格的遴选，收录了10000多种世界权威的、高影响力的学术期刊和超过11万个国际会议的学术期刊，内容涵盖自然科学、工程技术、生物医学、社会科学、艺术与人文等领域。

国和美国、加拿大等北极国家以及英国等非北极国家还存在一定差距，但近年来我国被收录的研究论文数量及影响力呈现较为明显的上升趋势，有助于我国向国际社会展现北极科学研究实力，反映出我国北极科学研究的积极贡献。

**表 3-8　WoS 数据库中北极研究论文收录数量前 20 位国家与地区**

**（截至 2023 年 6 月 29 日）**

| 序号 | 国家 | 论文数量（篇） | 序号 | 国家 | 论文数量（篇） |
|---|---|---|---|---|---|
| 1 | 美国 | 8170 | 11 | 芬兰 | 964 |
| 2 | 加拿大 | 6097 | 12 | 日本 | 685 |
| 3 | 挪威 | 3299 | 13 | 波兰 | 667 |
| 4 | 英国 | 3084 | 14 | 韩国 | 626 |
| 5 | 德国 | 2490 | 15 | 荷兰 | 596 |
| 6 | 俄罗斯 | 2459 | 16 | 瑞士 | 470 |
| 7 | 中国 | 2096 | 17 | 西班牙 | 398 |
| 8 | 瑞典 | 1599 | 18 | 澳大利亚 | 366 |
| 9 | 丹麦 | 1384 | 19 | 意大利 | 366 |
| 10 | 法国 | 1107 | 20 | 冰岛 | 318 |

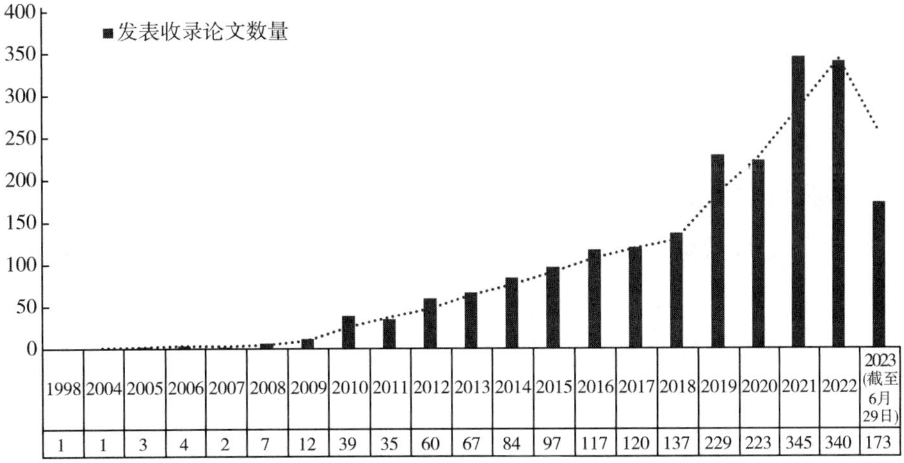


图 3-6　WoS 数据库收录的中国学者所做相关北极研究论文历年数量

具体而言，中国北极科学研究对促进北极安全及其治理复杂性认识的贡献主要表现在以下两方面。一方面，北极自然科学研究延续了通过北极科学考察认识关涉北极自然安全诸多因素的思路，在被 WoS 数据库收录的科学技术研究领域的北极研究论文中，排在前 10 的研究方向依次是气象大气科学、海洋生物学、物理科学、环境生态学、地理学、地质学、生物化学与分子生物学、海洋淡水生物、微生物学、遗传信息学。这些研究方向与充分了解北极系统中大气、冰雪、海洋、陆地、生物等情况的需求基本一致，而这些恰恰是北极安全与北极安全治理系统的基础。因此，越来越多的中国北极自然科学研究成果能够增进对北极基本安全因素的认识并提供科学证据。另一方面，近年来国内形成了关于南极与北极社科研究的基本稳定的学术共同体，北极社会科学研究成果不断增加，并且越来越具有治理的意味。在中国知网中，以“北极治理”为主题进行检索（检索日期截至 2023 年 6 月 29 日），共有 542 条中文检索记录，主要涉及北极环境、航道、资源、渔业、安全等方面的治理议题。实际上，在复杂性理论视角下，北极安全既有整合众多安全领域和议题的复杂安全体系特征，又有超越一般意义上的具体安全范畴的治理底色。带有多学科分析特点的中国北极社科研究在一定程度上不断满足着上述要求，有助于拓宽对北极安全复杂性及其复杂性治理的认知视野并提供良好的知识支撑。

### （三）中国北极国际合作的贡献

近年来，中国积极参与北极国际合作交流活动，不仅为中国参与包括安全事务在内的北极治理创造了良好的外部环境，还有利于促进对北极安全及其治理复杂性的认识。总的来看，这种国际合作交流主要集中在以下三个方面。

第一是中国与其他国家签署了一系列与北极合作相关的协议，奠定了国家与政府间北极事务正式合作的基础。这些合作协议主要包括：2012 年 4 月，我国与冰岛在雷克雅未克签署《中华人民共和国政府与冰岛共和国政府关于北极合作的框架协议》；12 月 10 日，中国极地研究中心、冰岛研究中心等 10 家来自中国和北欧 5 国（冰岛、丹麦、芬兰、挪威、瑞典）的北极研究机构在上海签署了《中国–北欧北极研究中心合作协议》，宣布中国–北欧北极研究中心正式成立；2017年7月，中国和俄罗斯共同发布《中华人民共和国和俄罗斯联邦关于进一步深化全面战略协作伙伴关系的联合声明》，声明中指出加强中俄在北极地区的合作等。这些协议以合作为基础，涉及应对北极气候变化及其影响、开发利用多种北极能源资源、加强北极政策与立法交流、推动北极生态环境保护、促进北极可持续发展等方面。这在一定程度上关联了北极安全治理的部分议题，比如，北极环境安全、资源安全、发展安全等，有助于形成具有复杂网络状态特征的广泛合作局面。

第二是我国相关政府部门、企事业单位等和其他国家的相关部门机构等开展了诸多双边与多边的北极交流活动，深化了对包括北极安全议题在内的北极问题的认识。在国家和政府层面，比如，2016年5月，原国家海洋局与格陵兰签署《中华人民共和国国家海洋局与格陵兰教育、文化、研究和宗教部科学合作的谅解备忘录》；2017年11月，中俄开展北极天然气合作开发项目，中国参与美国阿拉斯加州液化天然气开发项目等。在高校和研究机构层面，比如，2012年8月中国极地研究中心与冰岛大学签署合作备忘录；同济大学、中国海洋大学等分别参与举办的中美北极社会科学研讨会、中俄北极论坛等；2018年4月，中国科学院遥感与数字地球研究所与芬兰气象研究所签订“中芬北极空间观测联合研究”合作协议等。在企业层面，比如，2017年12月，中集海洋工程研究院有限公司与俄罗斯克雷洛夫中央科学研究院签订北极钻探综合体项目合作协议；2018年10月，中国航天科技集团有限公司所属子公司与挪威康士伯卫星服务有限公司共同签署《北极监测合作协议》等。这些多层面的北极交流活动围绕更加具体的北极治理与开发议题展开，能够为促进北极可持续发展和安全稳定提供助力。

第三是我国在以正式的官方身份参与有关北极治理的国际合作交流活动中积极表达参与北极治理的基本政策理念和主张，体现了我国追求北极合作治理的意愿和决心。从较早的2010年1月中国驻挪威大使参与挪威举办的主题为“生活在高北地区”的研讨会，到2015年、2016年、2017年、2018年、2019年、2021年中国连续派员参加第三届到第八届北极圈论坛大会，应邀出席 2022 年北极圈论坛大会，再到 2016 年至今进行了多轮中日韩北极事务高级别对话并实现常态化等，这些具有话语表达与回应作用的活动强化了中国的参与角色，使我们可以逐渐参与到北极安全及其治理领域，为认识和解决北极安全治理中的复杂性问题提供政策思路与行动支撑。

## 三、推动北极安全治理复杂性系统建构的适应者

适应性主体是北极安全治理复杂性系统建构与演化的关键。中国的适应性主要体现在观念的作用上，也即中国全球安全治理观契合且满足北极安全治理变革诉求，能够推动北极安全治理复杂性系统的建构与演化，提升北极安全治理的复杂适应性与自组织性。中国全球安全观，历经了中国新安全观、亚洲安全观、具有全球意义的新型安全观等不断发展完善的过程。在这个过程中，以共同、综合、合作、可持续为核心的全球安全观是中国为推动构建全球安全“命运共同体”、促进国际安全作出的新贡献。中国全球安全治理观有助于从北极安全治理价值、原则、领域、机制等方面应对北极安全及其治理的现实问题，指明北极安全治理变革的新方向。

### （一）重视共同安全价值，助力优化北极安全治理理念

重视北极共同安全价值，以“人类有且只有一个北极”的理念来引领北极安全治理。所谓共同安全，是指行为体共有、共享并且需要共同维护的安全，追求的是普遍、平等、包容的安全。北极既有环北极国家享有主权权利、管辖权等主权国家需求属性，又有其他国家依据相关国际法、条约等享有的科研、航行和开发等权利的国际社会需求属性，更有影响全球气候变化、环境保护、通航运输的全球公域需求属性。具有多重需求属性的北极已经形成了特有的公共领域，在安全层面上形成了影响因素和范围相互交织的现状，逐渐超越了主权国家意义上的国家安全范畴，具有全球共同安全的属性①。北极共同安全治理的价值就在于推动实现环北极国家、实质性参与

① 云宇龙. 共同安全：北极安全治理的新视角与新议题［J］. 亚太安全与海洋研究，2017（06）：110-120+126.

北极事务与受北极变化影响的域外国家和地区乃至全球的共同安全，其内核是围绕“人类有且只有一个北极”的理念来开展北极安全治理实践。在人类活动影响北极安全、北极又影响人类安全的相互作用下，实现和保持北极共同安全是北极治理的重要前提。这就要求北极国家不能以本国北极利益绝对安全为由封闭讨论北极安全治理议题、排斥域外国家参与北极安全治理活动，不能因为它们自身的安全目标而漠视北极安全离不开外部主体参与建构的需要。北极域外国家也不能忽略北极国家正当的安全利益诉求，过分追求超过本国北极责任承担、义务履行限度的安全与发展利益。全球安全观下北极共同安全是实现北极长期安全、和平与稳定的基础条件，需要北极域内外国家、相关国家与组织、跨国企业、公民团体等的共同努力才有可能实现。

### （二）倡导综合安全路径，助力强化北极安全治理原则

遵循北极综合安全治理原则，以“总体北极安全”的要求来推动北极安全治理。综合安全要求运用联系的、全局的、系统的思维和方法来通盘考虑政治、军事、经济、社会、生态、信息、文化等多方面的安全问题并通过多管齐下、综合施策来应对这些问题。早在 2011 年 1 月，一份名为《重新思考世界之巅：北极安全民意调查》的报告[①]，基于对北极 9 个不同地区人群的调研得出如下认可度从高到低的北极安全问题排序：环境安全——保护土地、空气、水、人和野生动植物免受诸如气候变化和石油泄漏等工业事故的环境威胁；社会安全——基本获得医疗保健、教育、住房和社区基础设施；经济安全——保护和发展北方经济体并提高北方的就业率；文化与语言安全——保护北部居民的语言和文化；国家安全——保护免受其他国家和个人构成的威胁。可见北极安全问题由来已久，主要围绕生活和进入北极地区的人的安全而展开。在北极，人的安全概念能够使我们重视之前被排除了的

① 该报告是沃尔特和邓肯·戈登基金会和加拿大蒙克全球事务学院全球安全研究中心委托总部位于渥太华的 EKOS Research Associates 公司所进行北极安全民意调查（参看 EKOS Research Associates. Rethinking the Top of the World: Arctic Security Public Opinion Survey［R］. Ottawa, Canada. January 2011.）。

非国家行为体（比如个体和社区）的安全关切，并且把握不同安全价值、行动者和安全现实领域之间的关系[①]。全球安全观的综合安全理念指明了北极安全治理需要遵循的原则，北极安全治理必须以“总体北极安全”为要求、以人的安全为基础，立足北极治理历史与现实情况，通盘考虑和综合应对北极安全问题，实现和保持北极自身安全与地区安全、传统安全与非传统安全、眼前安全与长远安全、直接安全与潜在安全等总体安全状态。

### （三）推崇合作安全治理，助力明确北极安全治理领域

明确北极合作安全治理领域，以应对北极安全全球扩散影响的需要来具体化北极安全治理议题。合作安全就是要通过对话协商、互信合作来实现安全，注重以和平方式解决争议和争端。环境、经济和社会变化带来的多种非传统和非军事威胁是北极地区居民面临安全威胁的一个核心挑战，在这种背景下，除非外部事件蔓延并影响区域合作，否则北极在可预见的未来将仍然是一个没有国家间暴力冲突的和平地区；北极地区的冲突发生在地区和中央政府或不同经济部门之间，以及不同利益群体之间，而不是国家之间[②]。因此，需要不断明确北极合作安全治理领域和议题，应对北极安全全球扩散影响。如图 3-7 所示，北极合作安全治理要从非传统安全领域着手并逐渐向传统安全领域演进，以最大程度地防范北极安全风险，从北极地区性安全议题过渡到北极全球性安全议题，以有效应对北极安全影响扩散。这意味着以下三个方面的改变：第一，从注重北极国家内政府与相关部门层面的正式合作到兼顾北极国家内众多企业、科研机构、公民团体等层面的非正式合作；第二，从北极国家主导的北极治理转变为更多北极域外国家、国际组织、跨国企业等参与的北极治理，并拓展正式与非正式合作渠道；第三对北极环境、气候、能源、航道等具体议题赋予更多的安全考量，制定超越政治敏感性的

---

① Gunhild Hoogensen, et al. Human security in the Arctic—Yes, it is relevant! [J] Journal of Human Security, 2009, 5 (2): 1-10.

② Kamrul Hossain, et al. Constructing Arctic security: an inter-disciplinary approach to understanding security in the Barents region [J]. Polar Record, 2017, 53 (01): 52-66.

合作安全治理规则。

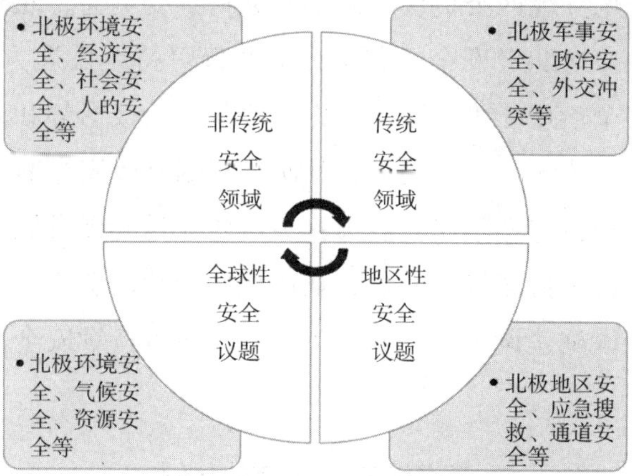

图 3-7 北极合作安全治理领域与具体议题

### （四）致力于实现可持续安全，助力健全北极安全治理机制

健全北极安全治理机制，要以治理体系与治理能力现代化的目标来优化北极安全治理框架。可持续安全，即兼顾安全与发展，以可持续发展来促进可持续安全，通过建立健全安全治理机制来实现持久安全。事实上，包括北极安全在内的北极治理机制还并不完善，正如前文已经提到的，北极合作——无论是在环北极的还是整个地区的——长期被认为是“20 世纪 90 年代早期的事情”：冷战后的即时倡议并未激发可持续的高水平政治利益①。全球安全观下可持续的北极安全治理机制构建就是要通过影响和调整北极安全利益攸关者的利益，来促进有利于北极安全的行为的产生，再基于此从治理体系和治理能力两个层面优化北极安全治理框架并适时地将其制度化。在北极可持续安全治理体系方面，可以立足《联合国海洋法公约》的要求，赋予最重要的北极区域性行为体——北极理事会以适当的安全治理职责，在该理事会下设工作组中增加有关北极安全风险监测防范、安全协商对话、安全与可持续发展的任务组，以应对北极生态环境、气候变化、资源开发、航道

① Øyvind Østerud, Geir Hønneland. Geopolitics and international governance in the Arcti [J]. Arctic Review on Law and Politics, 2014, 5 (02): 156-176.

利用、人类安全等重点议题。继续发挥北欧部长理事会、巴伦支海欧洲-北极圈理事会、巴伦支地区委员会、国际北极科学委员会、北极域外国家与相关组织等主体在应对北极安全问题与促进北极可持续发展方面的积极作用。在北极可持续安全治理能力方面，首先要着眼于北极形势和变化，提高北极安全风险的识别、监测与应对能力；其次要根据北极安全需要，提高对北极安全问题的协商探讨与科学研究能力；最后要立足北极发展目标，提高北极地区及其原住民的可持续发展能力，从优化生产和消费方式、提高生活质量水平、加快基础设施建设等方面着手，奠定北极可持续安全治理的基础。

## 第四节　本章小结

本章主要运用 CAS 理论对北极安全治理的复杂性系统建构进行分析，分析结果显示，北极安全治理中的适应性主体、主体特性、交互机制是这一系统建构的基础和关键内容。基于 CAS 的树状描述、主体的刺激-反应模型、宏观的回声模型等所作的分析，有助于我们进一步把握系统建构的核心机制，找准应对北极安全及其治理不断涌现出复杂性这一问题的方向。中国参与北极安全治理，需要抓住其复杂性系统建构的契机，立足中国与北极安全变化的复杂性关联，为促进北极安全及其治理复杂性认识、推动北极安全治理复杂性系统建构作出中国贡献，进而不断强化中国参与北极安全治理的基本依据，适应北极安全及其治理的复杂性态势。实际上，包括北极安全治理在内的各种 CAS 具有随着时间推移而变化的特点，我们需要进一步确定变化的原因和方向。这就要求对北极安全治理进行复杂性的演化分析，以帮助我们更好地把握北极安全治理的复杂适应特性，对北极安全治理问题进行合理定位，明晰中国参与的安全与发展利益。

# 第四章

# 北极安全治理的复杂性系统演化及其中国参与的利益生成

北极安全治理复杂性系统不仅具有自适应性，即主体依据一定规则进行持续交互以促进系统建构、提升系统适应性，还具有明显的演化特征，即复杂性系统中适应性主体的交互及其基本模型可以实现从无序到有序、从理论状态到实践操作的自运转、自组织。这就需要我们进一步确定演化的原因和方向，并基于此对北极安全治理问题进行合理定位。本章主要运用自组织演化理论的核心内容和观点，分析北极安全治理复杂性系统的演化条件、过程及方向，以把握北极安全治理的复杂性演化机理，增强北极安全复杂性治理的可行性，进而立足其复杂性系统演化的逻辑和要求，分析中国参与北极安全治理的利益生成。即立足内外部条件，基于北极安全攸关程度、影响扩散以及中国北极事务参与过程等，不断明确中国参与的主要利益，形成权责利相统一的认知和行动体系。

## 第一节　北极安全治理复杂性系统的自组织演化机理

环境的不确定性是致使组织演化呈现复杂性的一个动因，自组织特性加剧了组织演化的复杂性[①]。从组织的视角看待北极安全治理系统，其面临的

① 闫莹，李敏强. 组织演化的复杂性研究［J］. 北京交通大学学报（社会科学版），2010，9（04）：62-67.

内外部环境同样具有极大的不确定性，比如，北极自身安全变化及其带来的关联影响、北极地区安全因素的难以预测性、在北极活动的人类安全面临新的威胁等。这一系统具有自组织演化特性，并表现为演化的条件、过程、方向等具体机理。

## 一、北极安全治理复杂性系统的自组织演化条件

### （一）系统具有开放性并与外界进行持续交换

北极安全治理是多元主体处理和应对北极多样化安全问题的理念、行动、方式等的总和。多元主体、多样化安全问题、多种类治理路径实际上从不同角度说明了北极安全治理复杂性系统的开放性。

首先，北极安全治理中的多元适应性主体既包括北极国家、实质性影响北极安全治理国家、其他关切北极安全变化国家等国家行为体，又包括原住民组织、地区性组织、非政府组织、跨国公司等非国家行为体。这些主体的来源和构成足以说明北极安全治理的主体边界具有不断延展的开放性，更多的主体参与意味着更多的治理能力，意味着形成复杂性治理网络的可能性更大。因为如果北极安全事务完全由北极国家与北极地区性组织掌握，那么其不断产生的“diS 熵”将难以实现北极安全治理的有序化，只有多元化主体参与，提供来自外部的“deS 熵”，才会加快促进北极安全治理的自组织。事实上，这正是包括北极安全在内的北极治理的一个重要趋势。

其次，多样化的北极安全问题也从不同的系统角度证明了其开放性。从整个北极系统而言，北极大气、冰雪、陆地与海洋、生物等之间的复杂关联与耦合作用，将北极自然生态系统与相关地区乃至全球的自然生态系统密切关联了起来，并形成相关影响的关系。这主要表现为北极气候系统对全球气候系统的影响，北极海域碳吸收对全球碳循环的影响，以及北冰洋系统与全球海洋系统之间的密切互动①。从整个北极安全系统而言，北极自身安全、

① 朱宝林. 北极自组织治理与中国的参与战略研究［D］. 武汉：武汉大学，2017：61.

北极地区安全、在北极活动的人类安全、北极向全球辐射的安全影响等的安全风险及其相互作用，是包括北极气候与环境安全、生物多样性安全、航道开通利用安全、资源开采运输安全等在内的多方面安全议题兼具开放性与扩散性的重要原因，全球治理背景下的北极安全不再是一个封闭系统。从整个北极治理系统而言，北极事务在历史上、现实中、未来状态下均嵌入了全球治理事务的进程，依据相关国际法①，涉及的北极航线通航利用、资源开发运输、环境保护、科学考察等领域均具有开放性，域外国家和相关组织也能够参与上述领域的具体治理过程。全球治理中所形成的地区与国家间关系对北极治理形成投射性影响，北极治理是全球治理的重要组成部分。同理，作为北极治理中必不可少部分的北极安全治理也具有充分的系统开放性。

最后，多种类的北极安全治理理念、行动和方式等也说明了其开放性。不管是北极国家坚持的北极安全内部合作治理理念，还是域外国家倡导的北极安全全球治理理念，抑或北极地区性组织与非政府组织推崇的协商治理、网络化治理理念，均在一定程度上以相对开放的方式对北极安全治理产生建构性影响。而单边与双边的北极安全行动，比如，从低敏感度的北极安全观测到不太敏感的北极应急搜救再到高敏感度的北极军事设施建设与演习活动，多边的北极安全治理协商、对话、合作方式与行动等，因其背后错综复杂的利益关系而具有明显的边界开放性。因为治理主体若想追求其利益诉求的满足，就必须以开放的姿态去获取更多的外部资源和信息，而不是设定封闭的边界，造成利益实现的障碍。

除此之外，北极安全治理因之涌现性和复杂性，与相关国家和地区具有持续的物质、能量及信息交换。第三章关于北极安全治理中主体的流的特性的论述，就说明了多种物质流、能量流、信息流的存在，这其实也是系统开

① 北极具有国际法规定的开放性。目前适用于北极的国际法主要包括三个层次：一是全球层面的安排，如《联合国海洋法公约》《国际民用航空公约》等国际公约，由于它们是全球性公约，而北极属于全球的一部分，因而这些公约也可以对北极进行规制。二是北极地区多边层面的安排，如《斯瓦尔巴德条约》《保护北极熊协定》《北极搜救协定》和《北极海洋油污预防与反应合作协定》等。三是北极地区双边层面的安排，如美国和加拿大签订的《北极合作协定》等（参看朱宝林. 北极自组织治理与中国的参与战略研究［D］. 武汉：武汉大学，2017：65.）。

放性的必然要求和结果。以当前较受关注的北极环境安全治理为例，北极环境安全系统属于北极安全治理的一个自适应系统，北极环境变化是由受人类活动影响的北极自然变化以及主要由人类造成的全球环境污染与破坏这两个因素双重驱动的。环境污染物质通过大气、洋流等“回到”北极，北极环境变化所造成的不安全状态又通过人类认知与实践活动以信息的形式“反馈”给相关地区乃至全球，造成全球环境安全在多种形式的能量层面发生变化。因此，作为一个开放系统的北极安全治理，必然具有与外部持续的物质、能量及信息交换过程。

### （二）系统处于远离平衡状态

一个物质系统诸要素及其与环境之间表现出不协调、不适应或不均衡时，该物质系统所处的状态就谓之不平衡状态，如同平衡状态一样，远离平衡状态主要可以分为内部不平衡与外部不平衡①。在北极安全治理复杂性系统中，也存在着诸多内部与外部不平衡状态，下面进行详细论述。

一方面是北极安全治理复杂性系统处于长期的内部不平衡状态，集中表现为适应性主体之间实力、利益与责任的不平衡。首先是主体间实力的不平衡。在国际关系理论者看来，国家实力是研究国际政治与国家间关系的中心内容，实力越强的国家越有可能实现自身的国际政治目标，在国家间关系形成与建构中处于主导性地位。这一点在北极安全治理中同样存在，粗略地说，北冰洋沿岸 5 国的实力大于其他 3 个环北极国家，其中美国、俄罗斯、加拿大属于典型的北极实力强国；8 个北极国家在北极事务应对、北极安全治理机制建构等层面的实力又要强于其他实质性参与北极事务国家在上述层面的实力；其他未实质性参与北极事务、具有北极安全关切的域外国家实力最弱。除此之外，北极地区性组织、原住民组织、非政府组织、跨国公司等主体的北极安全治理参与实力大致是依次递减的，这些主体内部的实力分布也并不平衡，比如，在北极地区性组织中，北极理事会仍然掌握着大部分的

① 殷国谨，陈念文，于巧华. 再论平衡和不平衡的概念、关系及其方法论意义［J］. 科学、技术与辩证法，1986（01）：16-22.

北极话语权。众多行为体之间不平衡的实力分布是北极安全治理复杂性系统处于内部不平衡状态的根本原因。

其次是主体间利益的不平衡，第三章对北极安全治理中不同国家行为体北极政策及其北极安全关切进行了概括，具有先天优势的北极国家更加注重维护北极主权、安全与发展方面的利益，它们借助实力与地缘优势，侧重于实现北极主权安全、地区安全、人的安全、军事安全等方面的安全利益，这些安全利益往往是国家安全利益的核心内容。具有中等优势的近北极国家则相对注重北极总体安全、生态环境安全、自由进出北极的安全、参与北极实质性治理的话语权安全等方面的安全利益，这些利益的实现受制于北极国家对利益的判定与开放程度，一旦被北极国家视为利益威胁，近北极国家不论多么合理的利益都将面临北极国家的外部竞争与一致排他。不具有明显优势的其他国家，就谈不上能够实现自身北极安全与发展利益。非国家行为体不存在特定的北极安全利益，它们往往关注的是北极的持续安全状态。主体间北极安全利益的不平衡是北极安全治理复杂性系统处于内部不平衡状态的重要表现。

最后是主体间责任的不平衡，这主要是由主体间实力与利益的不平衡造成的。根据当前北极治理态势，北极国家认为自身及其组成的相关北极组织能够在北极安全治理中承担无限责任，尽管它们至今仍然拒绝在北极理事会中进行关于军事和安全议题方面的对话。所有北极国家都在北极拥有巨大的经济利益，有些国家对该地区具有几个世纪的主权要求，有些国家在冷战后仍然将其北极航道用于战略目的①。与之相对的，北极国家要求其他国家和组织只需承担一定的有限责任或根本不需要承担责任。尽管其他北极利益攸关国家和组织希望以参与相对不敏感的北极应急搜救、渔业安全管理为起点，进而在北极安全治理中承担更大的责任。主体间责任不平衡是北极安全治理复杂性系统处于内部不平衡状态的制度原因。

另一方面是北极安全治理复杂性系统还面临外部不平衡状态，主要表现

① Lawson W. Brigham. The Arctic [J]. Foreign Policy, 2010, 181 (9/10): 74.

为北极安全并没有成为当前北极治理中的重点考虑与实践议题，北极安全治理机制建构和实践应对滞后于北极安全化与去安全化的迫切需要。北极安全作为北极治理的重要内容，如前文所言，一方面在理论上受到既有北极治理机制的局限性影响，基于地缘政治理念、区域治理理念和全球治理理念的三种北极治理机制，在面对北极环境保护和资源合理分配的新需求，现有理念和机制已经不能相适应[①]。另一方面，在实践中，以北极理事会为核心的治理机制还难以应对日益迫切的北极安全问题，其他北极区域性治理机制可以发挥作用的空间则更小。这种外部不平衡状态的客观存在，在一定程度上加快催化了北极安全治理复杂性系统不断远离平衡状态的局面的出现及其持续。

### （三）系统内部充满非线性的交互作用

非线性是系统本身所固有的不断协调各子系统的一种内在机制，也是系统与外界环境相互协调，促进系统演化的主要根据[②]。本书第三章论述了北极安全治理中主体与主体、主体与环境之间的非线性特性，正是这种非线性作用促进了北极安全治理 CAS 的建构，此处不再赘述。站在北极安全及其治理的系统角度来看，北极自身安全、地区安全、人的安全、向全球辐射的安全等都可以看作北极安全的治理子系统，这些子系统及其内部均存在复杂的非线性交互作用。

就上述子系统之间的非线性交互作用而言，北极以一种稳定状态而自然存在的安全，是其他子系统安全状态得以保持的基础，并且这种作用往往是潜在和非线性的。比如，北极冰川消融加快，在带给人类开通北极航线、深度开展北极科考等便利的同时，也可能导致航道管辖权冲突、环境污染物排放、突发性事故增加等多方面的安全风险。北极地区安全则直接关系到人的安全，增加北极向全球辐射消极安全影响的概率；北极人的安全、向全球辐

① 丁煌，朱宝林. 基于“命运共同体”理念的北极治理机制创新 [J]. 探索与争鸣，2016 (03)：94-99.

② 颜泽贤. 复杂系统演化论 [M]. 北京：人民出版社，1993：176.

射的安全反过来又要求进一步认识北极自身安全风险、加快建构北极地区安全机制等。就上述各个子系统内部的非线性交互作用而言，在北极自身安全系统内，北极大气、冰雪、海洋、陆地、生物等之间的非线性作用就一直存在。在北极地区安全系统内，北极国家内部及其与其他实质性参与北极治理国家的利益、责任不平衡本身就是非线性作用的表现，其他影响北极地区安全治理的行为体之间也存在着意愿、能力、目标、资源等之间的非线性作用。在北极人的安全系统与向全球辐射安全影响的安全系统内，安全指涉对象、安全影响扩散过程、不安全因素的作用结果等都带有非线性特征。比如，不同个体对北极安全状态的感知和评价，全球不同国家和地区对北极安全影响过程及其结果的判断和应对等。在多层次、多类型的非线性作用过程中，因其所产生的关联和协调效应、所包含的随机与微小的涨落因素等，不断地促进北极安全治理复杂性系统的有序化。

综上所述，北极安全治理复杂性系统，既具有开放性并与外界进行持续的物质、能量及信息交换，又处于内部不平衡与外部不平衡的远离平衡状态，系统内部还充满复杂的非线性作用，因而系统具备自组织演化的条件，为系统的自组织演化过程奠定了基础。

## 二、北极安全治理复杂性系统的自组织演化过程

北极安全治理复杂性系统本质上是一个群体系统，也即是一个由特定相互作用的众多单一的混合的个体组成的、有特定结构和功能的集合体①。这一点在第三章关于北极安全治理复杂性系统建构的过程中也得到了体现。这一系统具有由于不同主体聚集而产生的功能性、结构性与状态性等方面的自组织演化过程。

### （一）协同与竞争：演化的基础驱动

协同理论认为协同与竞争是系统在有序结构的基础上产生一定功能的内

① 颜泽贤. 复杂系统演化论［M］. 北京：人民出版社，1993：228.

驱力，也即系统内部出现的竞争与协同行为驱动着系统自组织的功能性演化。在北极安全治理复杂性系统中，具有大量的协同与竞争行为。

一方面，北极安全治理复杂性系统建构与演化离不开协同行为这个必要性条件。第三章关于北极安全治理适应性主体及其交互机制、行为等，本质上就是一个持断的协同过程。多种协同行为直接促进了北极安全治理复杂性系统合作与协调功能及其机制的优化，主要体现为以下内容。

首先是相同类型治理主体之间的协同行为，主要是前文所述第一类与第二类国家行为体之间以及非国家行为体之间的协同。北极国家以北极理事会为平台，长期进行有关北极石油、矿产、渔业和航运资源开发利用的协同，制定了部分涉及北极安全问题的文本。比如，2011 年 5 月北极理事会出台的首个具有法律约束力的协议《北极海空搜救合作协定》，就北极国家承担的北极地区搜救区域和责任进行划分并不断落实，以确保北极航行应急安全。其他实质性影响北极安全治理国家之间的协同则主要是开展不同形式的对话与合作，比如，北极理事会正式观察员国的 8 个欧洲国家中，除了永久中立国瑞士，其他 7 个国家均为北约成员国，不包括 2017 年公投“脱欧”的英国的其他 6 国均是欧盟成员国，这些国家具有潜在与持续的、突出科学与环境双重关切的北极安全协同合作空间。再比如，同时作为亚洲国家的中国、韩国、日本三国，迄今为止已经进行了三轮中日韩北极事务高级别对话并发布了联合声明，强调了北极问题的全球重要性，致力于维护北极和平、稳定和建设性合作，为中日韩三国在北极安全治理相关领域的协同奠定了基础。非国家行为之间有关北极安全与发展的协同则具有形式多样性与议题分散化等特点。跨国公司、原住民组织、非政府组织之间开展涉及北极资源能源安全、可持续发展安全、科学考察与研究安全的广泛协同。全球性组织与地区性组织推动关涉不同北极安全议题的协同，比如，国际海事组织 2014 年 11 月通过具有强制性的极地航行规则——《极地水域船舶航行国际准则》，标志着在北极水域需要通过协同以保障船舶以及船员的航行安全并保护北极自然生态环境；巴伦支海欧洲-北极圈理事会成立的最初目的是改善冷战时期巴伦支海海域长期存在的东西方对抗和分立，北欧部长理事会注重保护北极自然环境、保障北极地区资源可持续与安全利用。

其次是不同类型治理主体之间的协同行为，集中体现为北极国家与实质性影响北极安全治理国家之间的协同。包括北极安全在内的北极治理需求，远非北极国家及其聚集而成的地区性组织所能单独满足的，北极域外国家和相关组织通过协同的方式参与进来已成趋势。以北极渔业资源可持续与安全利用为例，2018 年 10 月，中国、加拿大、丹麦、欧盟、冰岛、日本、挪威、韩国、俄罗斯、美国等 10 方签署了《预防中北冰洋不管制公海渔业协定》，该协定旨在防止各国在北冰洋中部公海进行无管制的、商业性的渔业活动，倡导各方通过实施联合科学考察和监测项目来深入了解北极鱼类种群和海洋生态系统，以保障北极自然安全。这是近年来北极域内外国家开展北极协同治理的典型实践。还可以以中国与北极国家之间的广泛合作为例来证明这种协同行为的存在。可以相信的是，在北极安全治理日益提上日程的背景下，不同治理主体之间的协同将会不断凸显北极安全化与去安全化的功能。

最后是基于治理主体交互活动而形成的治理方式之间的协同，主要表现为双边、多边的正式与非正式治理方式的网络化局面。这主要是由上述具体的协同行为产生的，比如，美国、俄罗斯、加拿大等北极强国倾向于在其主导下，主动或象征性地听取国际社会的意见并按照一定的规则解决其有关北极水域、空域的安全性问题。其他北极国家则相对欢迎域外国家和组织在承认其有关北极权益的基础上适度参与敏感性较低的北极环境、气候、渔业安全议题或项目。北极域外国家倾向于根据自身的国家安全与发展需要，积极介入北极治理的诸多领域，以推动北极治理的全球化。其他非国家行为体则发挥自身优势，尽可能地运用正式的或非正式的方式来参与北极安全治理的具体领域。协同网络将随着北极安全治理复杂性系统的自适应建构与自组织演化而更加趋向于具体化和复杂化。

另一方面，北极安全治理中不同形式的竞争行为是系统建构与演化的充分性条件。全球治理时代的北极已然是不同国家北极实力的博弈场、北极利益的交汇点、北极责任的宣传窗，因而竞争是北极安全治理中的常态行为。

第一是北极安全治理理念的竞争。以北极国家为主导的北极理事会排除了北极安全与军事方面的议题并推行“外部排他、内部协商”的治理模式，这充分体现出其排他性与竞争性的安全治理理念。北极域外国家更多地倡导北极安全合作、协商乃至全球治理理念，这可以从表3-1第二类国家行为体北极政策文本及其表达的北极安全关切的内容中得到体现。以上两种理念具有一定竞争性，也即域内化倾向与全球化追求并存、合作与分歧长期存在。第二是北极安全治理行动的竞争。这是理念竞争和分化的现实结果，以北冰洋沿岸5国之间的安全竞争性行动为例。如表4-1所示，即使北极安全理念相近的北冰洋沿岸5国，在北极安全行动方面仍然具有暗中较劲、唯恐落后的竞争表现。因而，为了维护各国自认为的北极安全与发展利益，北极安全竞争行动将以不同程度和形式展开并难以在短时间内停歇。第三是北极安全治理话语掌握权与机制建构作用力的竞争。包括北极安全在内的北极治理话语权的实质主要体现为以下三个方面：影响北极治理国际议程设置的能力、影响北极治理规则制定的制度供给能力与影响他方评议自身北极政策的舆论引导能力①。北极安全治理的众多主体围绕北极安全议题的设置时机与内容、北极安全治理机制构建与作用发挥、北极安全与发展利益表达与回应等展开竞争，以掌握与自身北极治理目标、意愿、实力、利益等相匹配的北极话语权，为实现北极安全与发展利益奠定基础。

**表4-1　北冰洋沿岸5国之间的安全竞争性行动概括**

| 国家 | 安全竞争性行动 |
| --- | --- |
| 俄罗斯 | 俄罗斯致力于在军事上捍卫北极利益，并且该战略的执行并没有任何怀疑的余地；被视为自然资源宝库的北极，是俄罗斯武装力量在确保国家完整性方面的重要作战区域 |
| 加拿大 | 以北极护卫舰、武装破冰船、基地设施等形式进行军事采购，故意以一种军队大规模集结的方式表明决心，并有可能创设必要的海岸警卫队职能，以确保该地区的海上活动能够以安全和可监管的方式进行 |

① 赵宁宁. 中国北极治理话语权：现实挑战与提升路径［J］. 社会主义研究，2018（02）：133-140.

续表

| 国家 | 安全竞争性行动 |
|---|---|
| 美国 | 美国多年来一直在北极地区运营，包括核潜艇、预警系统和飞机等，新的美国北极战略非常重视在北极地区的永久海上存在 |
| 挪威 | 近年来，挪威将其大部分武装部队集中在挪威北部，意使该地区在挪威安全政策中发挥重要作用，期望通过在挪威北部保持国家性和国际性的军事存在，以平衡俄罗斯的军事存在 |
| 丹麦 | 丹麦是由丹麦、格陵兰和法罗群岛组成的联邦，丹麦政府保留了实施外交和安全政策的权利，出于历史存在、现实政治与经济利益方面的原因，丹麦武装部队注重维护丹麦的北极主权 |

资料来源：Nils Wang. Arctic security：An equation with multiple unknowns ［M］//P. Whitney Lackenbauer，Rob Huebert，Ryan Dean.（eds）.（Re）Conceptualizing Arctic Security. Calgary：Library and Archives Canada Cataloging in Publication，2017：423-429.

总之，随着北极安全治理复杂性系统在开放状态下不断远离平衡并进行持续的物质、能量与信息交流，以多元治理主体为代表的子系统之间就会产生协同作用，并通过一定程度的竞争作用进一步强化协同效应，促使北极安全治理复杂性系统更加趋于有序，进而产生建立在主体交互基础上的北极安全自组织演化功能。

### （二）序参量识别：演化的关键动因

在协同理论中，序参量既是子系统合作效应的表征和度量，又是系统整体运动状态的度量，不同种类序参量之间的竞合关系造成了千差万别的系统与运动[①]。识别和确定序参量，有助于明确复杂系统结构演化的方向，解释系统如何在临界点上如何发生变化。根据北极安全治理涌现的复杂性及其CAS建构过程，北极安全治理中的序参量主要是治理主体、治理客体以及两者长期相互作用形成的治理方式。

---

① 张新国. 新科学管理：面向复杂性的现代管理理论与方法（第2版）［M］. 北京：机械工业出版社，2013：439.

第一，治理主体是北极安全治理复杂性系统自组织演化过程的关键力量。国家行为体与非国家行为体首先对北极安全及其变化情况进行感知和判断，然后根据自身参与北极事务的理念和目标，在寻求和实现合作的过程中建构与优化北极安全治理机制，进而实现对北极安全的有效治理。北极安全治理主体具有充分的自适应性和自组织性，自适应性主要体现在主体对北极安全及其变化的适应能力上，在复杂网络中，网络节点的适应能力本质上体现了系统元素之间的非线性相互作用，是系统形成有序结构的内在因素，也是系统自组织演化的结果①，不同的北极安全治理主体之间存在着复杂的非线性交互关系，通过适应这种关系进而促进北极安全治理有序结构的形成。自组织性则主要表现为主体在北极安全治理机制建构与优化过程中的自发性与协同性，能够主动调适自身与环境之间的关系，形成满足北极安全治理需要的合力。除此之外，北极安全治理主体通过持续的竞争与协同，在调整自身参与包括安全事务在内的北极治理目标及状态的同时，也对局部或整体的北极安全治理结构的形成与优化具有主导性影响。比如，在北极国家的主导下，北极理事会可能会增设有关北极安全议题的工作小组，甚至有可能增加应对军事、地区安全问题的职能。再比如，随着越来越多的北极利益攸关国家和相关国际性、地区性组织的参与，北极安全具体治理议题及其对应需要的治理结构将会不断建立并优化，形成网络化与弹性化的治理体系。

第二，治理客体是北极安全治理复杂性系统自组织演化过程的重要影响因素。这里所谓的治理客体也即具有涌现生成特征的北极复杂性安全因子及其影响状况，主要包括前文多次谈及的北极自身安全、北极地区安全、在北极活动的人类安全以及北极向全球辐射的安全影响等。上述北极复杂性安全因子由于其总体相对稳定但局部快速变化的态势被确定为序参量。一方面，北极安全治理客体因其自身变化以及内部相互关联进而影响北极安全治理复杂性系统的自组织演化过程。北极系统、北极安全系统与北极治理系统涌现的复杂性安全在较小的时空范围内是相对稳定的，也即它们在总体上酝酿安

① 杨建民，张宁．复杂网络演化的自组织现象［J］．上海理工大学学报，2005（05）：413-416.

全风险的可能性较低，北极复杂性安全并不会马上陷入崩溃境地。但是北极气候、环境、冰川以及地缘政治、经济、军事等方面的具体安全因素有可能受到内外部环境的复杂影响而形成具有快速变化趋势的安全临界点。比如，北极自身安全快速变化下的地区安全威胁具有加快增大的可能性，不断交织、博弈的北极政治与经济利益埋下了不同行为体之间竞争、摩擦乃至冲突的隐患。另一方面，北极安全治理客体又因其与治理主体的密切联系而影响上述自组织演化过程。多方面的北极复杂性安全及其具体因子与多样化的北极安全治理主体是复杂的相互影响关系。治理主体需要通过观测、考察、研究、分析等诸多方式把握治理客体，但又容易由于主体能力局限性而难以应对客体变化；治理客体则持续地影响主体的行动目标和模式，并且也不能脱离主体的影响和作用而存在。换言之，北极安全的客观复杂性依赖众多主体之间的合作治理，以形成应对复杂性的复杂网络，促进治理结构的自组织演化。

第三，治理方式则是北极安全治理复杂性系统自组织演化过程不可或缺的介入因素。在北极安全治理中，跨界协同的治理方式有利于多个治理层次下的各类主体根据功能分化的原则发挥优势互补的作用①。多元化治理理念下的治理方式实际上是治理主体与治理客体之间的联系桥梁，并且在一定程度上决定了北极安全治理以何种形式或机制展开。一方面，北极安全治理主体根据北极复杂性安全这一治理客体的变化情况，选择和建构合适的治理方式，以实现北极安全治理主体的优势互补，推动治理功能与结构转型。另一方面，已经存在的相关北极治理方式与正处在建构和调整期的北极安全治理方式，也引导着不同治理主体有序参与进来，进入自适应与自组织状态，推动北极安全从域内化与地区性治理向域外化与全球性治理演变，不断地自组织形成适应北极复杂性安全变化的治理结构。

### （三）序参量支配：演化的核心逻辑

协同理论中的序参量支配原理是指系统在接近演化的临界点时，不仅原

① 韩雪晴．全球公域治理：全球治理的范式革命？[J]．太平洋学报，2018，26（04）：1-14．

先存在的其他众多变量的行为和作用受到序参量的支配或规定，而且整个系统的动力学过程与新的时间、空间、功能状态等也由序参量决定。序参量之间同样存在的竞合关系也进一步推动了系统最终状态的形成和演化，在这个过程之后也可能产生新的序参量来取代旧的序参量。北极安全治理复杂性系统自组织演化过程同样离不开上述序参量的支配作用，主要表现为以下两个方面。

其一，北极安全治理主体、治理客体、治理方式这三大序参量发挥各自的支配作用。多元治理主体及其内部的互补关系支配着整个北极安全治理复杂性系统的演化状态。国家行为体及其聚集而成的相关地区性与国际性组织是北极安全治理的关键性主体，特别是在无政府状态下的北极治理环境中，国家仍然是北极安全现实问题发现、治理机制建构与效果评价的主要力量。非国家行为体在一定程度上补充着国家行为体的支配作用，比如，非政府组织发挥提供科学知识、专业咨询的作用，跨国公司能够提供部分资金，慈善机构帮助解决特定领域的具体安全问题等。具有复杂性涌现特征的治理客体支配着北极安全治理复杂性系统若干子系统的演化状态。北极自身安全、地区安全、人的安全、向全球扩散的安全影响及其变化情况，既影响着治理主体如何感知这些情况及采取哪些应对方式，又推动着北极自身安全系统、地区安全系统、人的安全系统、全球性安全影响扩散系统不断地涌现复杂性并趋向于新的时间、空间与功能状态的临界点，以实现这些子系统的自组织演化。充当作用机制的治理方式则支配着北极安全治理复杂性系统内部及其与外部环境之间不断进行交互的演化状态，集中体现为治理方式密切治理主体与客体之间的联系、保持系统与环境之间的多种作用流、强化整个系统的自组织演化效果等。

其二，上述三大序参量以交互作用的整体形式发挥其的支配作用。北极安全治理主体运用一定的治理方式作用于治理客体以达到北极安全化与去安全化的目标，这是这种支配作用的核心环节。多元化的治理主体将会一直“精简”直至保留若干关键主体，多样化的治理方式也会不断地“重构”直至保留最行之有效的方式，多方面的治理客体也会持续地“筛选”直至形成最核心的安全因子。上述多种作用过程最终支配着北极安全治理复杂性系统朝着更具涌现性、适应性的方向进行自组织演化。巴克给出如下的自组织过程公式①，可以更好地阐述这一作用。

$$f(t)=f_c-A\left(\frac{t}{N}\right)^{-1/(\gamma-1)}$$

在上式中，$t$ 是自组织更新步骤的总数，$N$ 是种类的数量，$A$ 是常数因子，$\gamma$ 是幂律指数。它表明随着 $t$ 变得越来越大，间隙值 $f$ 越来越接近临界值 $f_c$。与需要进行调整的非自组织临界系统相比，具有独特间隙值的临界状态是动态的吸引子。将上述相关参数放到北极安全治理复杂性系统自组织演化过程中进行解释，随着治理主体、治理方式、治理客体进行整体交互作用而产生的自组织步骤总数 $t$ 越来越多，主体的“精简”、方式的“重构”、客体的“筛选”过程也会越来越快，即作为种类数量的 $N$ 将越来越小，由此，北极安全治理复杂性系统的间隙值将越来越接近系统的临界值，这意味着可能形成新的序参量、开始新的自组织演化并形成新的结构、功能和状态。

## 三、北极安全治理复杂性系统的自组织演化方向

从上文的分析可知，在具备自组织演化条件的演化过程中，北极安全治理复杂性系统并非静止的，而是在外界驱动和内部主体的持续作用下不断自发地朝着临界状态演化，这实际上指明了这一系统自组织演化的基本方向。自组织临界性理论告诉我们，自组织临界性概念有助于我们理解由大量局域性作用着的要素所构成的系统的某些全局性特征②。因此，要从以下两个层面来把握北极安全治理复杂性系统的自组织演化方向。

### （一）交互形成微小的局部变化

自组织系统具有固有的可扩展性、自适应性等，这种系统的设计过程是

---

① Per Bak. How nature works: The science of self-organized criticality [M]. New York: Copernicus, 1996: 169.

② 王帆. 新开局：复杂系统思维与中国外交战略规划 [M]. 北京：世界知识出版社，2014：150.

找到局部的、微观的相互作用及其所导致的全局行为①。在北极安全治理中的竞争与协同下，治理主体、治理客体、治理方式等序参量不断形成并发挥支配作用，微小的局部变化实际上一直都在产生。比如，适应性治理主体有意识或无意识地调整自身有关北极安全的政策与行动，本来是某个国家或组织的自身行为，但可能会产生“涟漪效应”，引发更多的相关国家或组织也有针对性地调整政策和行动。“二战”期间纳粹德国的北极秘密军事行动、盟国在北极地区开辟的“冰海航线”，冷战期间美国与苏联的北极对抗行动，2007 年的俄罗斯北冰洋海底“插旗事件”，近年来北极国家的北极地区军事化趋势，等等，不仅证明了北极的军事战略地位，也反映出北极安全事件的微小变动和局部变化可能推动北极安全治理朝着临界状态进行自组织演化。类似的情形和道理也存在于北极复杂性安全某个或某些方面发生微小变化、北极治理机制持续变革背景下北极以安全化与去安全化方式进行局部调整的过程中。正是各种各样一开始不太起眼的微小的局部变化，使北极安全治理复杂性系统不断通过长时间的自组织达到临界稳定状态，从而进入新的演化过程。

### （二）局部变化放大与延展机制

自组织临界性理论告诉我们，系统的相互作用将系统推到临界态，在临界态下，即使极其微小的触发都会产生巨大的雪崩②，“雪崩”的产生就是微小的局部变化不断放大与延展的过程。把握北极安全治理复杂性系统的自组织演化方向，最关键的就是把握其放大与延展机制。

一方面，北极安全治理复杂性系统内部主体与主体、主体与环境之间的局域、短程作用是放大与延展机制的根本驱动力。主体的聚集、多样性、流的特征以及主体与环境之间的输入与输出关系，使这种驱动力带有嵌套和传

① István Fehérvári, Wilfried Elmenreich. Evolution as a tool to design self-organizing systems [C]. 7th International Workshop on Self-Organizing Systems (IWSOS), Palma de Mallorca, Spain, May 2013.

② 黄欣荣. 临界突变方法：复杂组织的突变机制分析 [J]. 河北师范大学学报（哲学社会科学版），2013，36（04）：89-93.

导功能。随着北极安全治理复杂性系统通过自适应、自组织向临界状态演化，部分主体间的相互作用会由于其影响其他更多的主体、聚集而成更大的主体而具有扩散性与倍增性。比如，在北极国家中，美国与俄罗斯在北极安全领域的相互作用会影响其他北极国家的北极安全行动并吸引北极域外国家的参与，这种作用也会体现在北极理事会、巴伦支海欧洲-北极圈理事会等地区性组织的功能发挥上，从而促进新的北极安全治理机制的建构。主体与环境之间的非线性关系则由于北极安全治理外部环境的多样性与全覆盖性而具有放大与延展局部变化作用的功能，北极安全治理中的气候、冰川、航运等安全环境因素将不同主体的北极安全需要和行动联系起来，增强了北极安全治理复杂性系统在临界状态下进一步演化的可能性。

另一方面，北极安全治理复杂性系统的输入与输出达到总体上的平衡，从而进入和维持一定的临界状态，即使发生“雪崩”式的放大与延展过程，系统的整体稳定性也不会遭到根本性破坏。在临界状态时个体在系统尺度上相互关联，这与系统中高水平合作行为的涌现有着直接的关系①。也就是说，尽管北极安全治理复杂性系统微小的局部变化在相互作用下可能导致原有整个系统的变化，但也正是由于众多治理主体具备长时间的相互关联，治理主体之间高度的合作、治理主体与治理客体之间持续的互动、不同治理方式之间的相互调适，给维护北极安全治理复杂性系统的整体稳定性提供了助力。总之，北极安全治理复杂性系统的自组织演化总是朝着临界状态的方向演化，要求我们不断把握其可能的局部变化及其放大与延展机制，最大程度地推动对北极复杂性安全的复杂性治理。

## 第二节　基于自组织演化的北极安全治理问题再定位

北极安全治理的复杂性系统演化是一个自组织并趋于临界状态的过程，

---

① 曹亚娟，刘旭升，关剑月．网络演化博弈中的自组织临界性［J］．复杂系统与复杂性科学，2017，14（01）：15-19+95.

这为我们对北极安全治理问题进行再定位提供了多重依据，并为我们从北极安全复杂性、北极安全复杂性治理的认识逐渐转变到北极安全治理作为复杂性全球公共问题的认识提供了一个合理过渡的过程与结果。

## 一、北极安全治理问题再定位的依据

在全球气候变化与北极开发利用日益深入的背景下，对北极安全治理问题进行合理的再定位十分必要，这离不开明确再定位的多重依据。从上文关于北极安全治理复杂性系统自组织演化的条件、过程、方向等机理来看，可以将其概括为基础性依据、状态性依据与结果性依据。

### （一）基础性依据

作为一个复杂性系统的北极安全治理同时具有自适应性与自组织性，因此必须具有充分的开放性及与外部环境的交互性，还应当具备近平衡与远离平衡的状态与复杂的非线性作用。北极安全治理复杂性系统的开放性，意味着北极安全问题不仅是北极国家与北极地区的安全问题，还是涉及北极域外国家和地区乃至全球安全的问题。与环境的交互性则进一步凸显了这种开放性，北极安全治理复杂性系统需要保持自适应与自组织的基本稳定，就依赖于以更加开放的姿态从广阔的外部环境因素中吸收“负熵”来抵消系统内部不断产生的“增熵”以降低整个系统的“总熵”。在北极安全治理中主体与主体、主体与环境及其更加具体多元的非线性交互作用下，整个系统不断地从近平衡状态向远离平衡状态转化，北极安全治理主体之间的实力、利益与责任呈现出远离平衡的分化状态，治理环境变化也凸显出整个北极安全治理机制建构与完善的现实需要。在这种情况下，更多主体参与北极安全治理的非线性交互作用过程，不仅是一种系统趋势，更是一种推动系统自身完善与演化的基础性动力。

### （二）状态性依据

在北极安全治理复杂性系统自组织演化过程中，基于持续的协同与竞争状态形成并确定治理主体、治理客体、治理方式这三个序参量，再通过序参量的支配作用推动各个相关子系统以及整个系统朝着有序的功能、结构、状态等方向演化。由此可见，北极安全治理需要通过扩大主体的来源、深化对客体的认识、优化治理方式等来保持系统处于协同与竞争状态并不断发挥序参量的支配作用。北极安全治理的这种状态，一方面在宏观层面有所体现，整个北极安全治理复杂性系统不断地具备自适应性与自组织性，来自多方面的适应性主体不断自动自发地组织起来，形成有效的北极安全治理机制。另一方面也在微观层面得到了证明，比如，在气候、连通性和商业全球化正对北极环境和居民产生深远影响的背景下，研究人员、相关机构和原住民代表之间建立信任，促使其围绕特定的问题域进行社区层面的实践，可以期望支持形成互利的结果①。多样化微观主体之间信任机制的建立，能够推动当前相对迫切且具体的北极安全问题的解决，形成合理安全化与去安全化的有利结果。

### （三）结果性依据

重视北极安全治理复杂性系统的自组织演化，必须具有临界状态的观念，尤其要重视可能影响其临界状态演化的复杂因素，以促使整个系统朝着有利的方向演化。在这种结果导向下，来自多方面的科学知识与指导就不可缺少，迫切需要多样化理念驱动下的实践行动来应对可能出现的临界点，防止北极安全治理复杂性系统出现崩溃的情形。以北极气候变化及其导致的安全问题为例，科学研究发现 2016 年和 2017 年冬季，许多北极高纬度地区每日异常超过+16℃，此类事件变得比以往更加频繁而无法安全地将其定义为“新常态”，因为该地区的气候和环境正处于急剧转变期。在这一背景下把握更加明显的北极海冰安全影响临界点，尤其需要打破传统的研究思路，吸收多方面的知识。具体来说，鉴于北极海冰对北极生物群（全年或季节性居民）及其相互作用产生影响的广度和复杂性，北极研究需要采用真正的多学

① M. D. Robards, H. P. Huntington, M. Druckenmiller et al. Understanding and adapting to observed changes in the Alaskan Arctic: Actionable knowledge co-production with Alaska Native communities [J]. Deep-sea research, Part II. Topical studies in oceanography, 2018, 152 (6): 203-213.

科方法来解决这种紧迫的环境变化导致的生物后果；而传统的基于地域的生态研究（以及沿海洋探险路线进行的海洋研究）需要补充更多信息，不仅依赖于来自遥感、气候/海冰建模、冰川学、地貌学、海洋学、生理学、古代生态学、古气候学和分子生态学等相关学科的方法与知识，而且也需要来自北极人民的广泛的传统生态知识[①]。由此可见，对更为复杂的北极安全治理问题进行再定位，离不开对其已经出现或可能出现的临界状态的把握，以获得对北极安全治理复杂性系统自组织演化结果的正确认识。

## 二、北极安全治理问题再定位的结果

在对北极安全治理复杂性系统自组织演化所形成的基础性依据、状态性依据、结果性依据进行分析后可知，北极安全治理问题不仅仅是北极地区与北极国家的安全问题，更是涉及其他地区与国家的全球性安全问题，特别是在北极安全兼具复杂性内涵与复杂性影响扩散、北极安全治理不断体现出复杂性治理需求的背景下，北极安全治理问题已经是一个复杂的全球性公共问题。从复杂性的理论角度出发，为了使复杂性系统自身得以长期延续，它必须保持其降低环境复杂性的能力，也就是说它不是直接输入而是扰动催化（内部）结构变化来处理环境[②]。北极安全治理在涌现出复杂性并通过自适应与自组织进行应对的过程中，作为一个复杂性问题的存在，需要通过不断调整和优化自身结构、功能和状态并增强与环境的持续交互作用来有效应对和降低外部环境的复杂性。这就意味着要在更多元的主体积极参与、更广阔的外部环境作用、更丰富的治理机制建构下来实现北极复杂性安全的复杂性治理。站在全球公共问题治理的角度而言，全球治理新范式不仅意味着治理问题、治理主体和治理机制及其相互关系都更为复杂，更意味着人们看待和理解世界的观念需要发生根本性转变——以“地球村”居民的视角看待我们

---

① Marc Macias-Fauria1, Eric Post. Effects of sea ice on Arctic biota: An emerging crisis discipline [J]. Biology letters, 2018, 14 (3): 1-7.

② Bruce Clarke, Mark B. N. Hansen. Neocybernetic Emergence [M] //Barbara Herrnstein Smith, E. Roy Weintraub. Emergence and embodiment—New essays on second-order systems theory. Durham & London: Duke University Press, 2009: 10.

共同的世界和世界事务的治理①。北极安全治理问题同样面临更为复杂的治理主体、客体、方式及其相互作用关系，同样需要站在全球性公共问题的角度予以审视和应对。全球性治理主体通过合作性的国际制度和途径来解决全球集体行动困境成为治理日趋增多的全球公共问题的首要选择②。这一思路同样适应于在全球性公共问题的角度对北极安全进行复杂性治理的过程，更多元的治理主体、更合理的治理理念、更丰富的治理方式、更长远的治理打算等均不可或缺。

### 三、北极安全治理问题再定位的意义

正如前文所言，北极安全治理是一个充满复杂性的全球公共问题。这种认识和定位对于我们深刻把握北极安全治理的本质具有理论和实践层面的双重意义。从理论层面而言，立足提出北极安全治理亟须重视和应对这个问题，可以有效拓展关于北极安全治理问题的研究视野，为满足北极安全化与去安全化诉求提供更多的理论思路。将北极安全治理问题置于复杂性理论视角下进行剖析，在体现其复杂性本质与复杂性治理需要的同时，也充分地反映出北极安全及其治理问题从域内封闭性到域外开放性、从博弈转向合作、从地区性走向全球性的趋势和过程。因此，以复杂性的理论研究为起点，可以运用全球治理、公共治理、合作治理、跨域治理等方面的具体理论对北极安全治理问题进行全方位研究，以不断走出北极安全治理问题迫在眉睫、影响深远但不太受实务界和理论界重视的局面，发挥理论研究对于发现和解决实践问题的作用。

从实践层面而言，复杂性理论视角下的北极安全治理已经是事关全球安全、带有公域特征与公共性质的问题，如何更好地认识这一问题、防止其消极影响并构建有效的应对体系和机制，已经不是某个或某些国家能够全部承

① 薛澜，俞晗之. 迈向公共管理范式的全球治理——基于“问题—主体—机制”框架的分析［J］. 中国社会科学，2015（11）：76-91+207.

② 邵任薇，彭未名. 全球公共问题治理：制度与途径［J］. 武汉大学学报（哲学社会科学版），2007（06）：928-933.

担和完成得了的。实际上，当前的北极科学考察、北极航道利用、北极资源开发已经具有全球化合作态势，来自不同国家的人员、技术、资本等正通过北极国家能够接受的方式涌入北极，并日渐发挥积极作用。将北极安全治理定位为一个充满复杂性的全球公共问题，为北极国家与北极域外国家都创造了新的机遇。北极国家可以获取更多的资源来解决与它们国家安全相关的北极问题，可以抓住契机优化北极治理权力格局以维护北极永久和平与安全的局面及秩序，可以发挥自身引领的关键作用以凸显北极对于整个人类的重要价值等。包括中国在内的北极域外国家可以适度参与包括安全在内的北极事务，可以通过建设性的对话与实质性的合作来消弭误解和怀疑，可以推动构建涉及解决北极安全问题的北极人类命运共同体等。总之，北极安全治理的地区性与全球性、网络化与弹性化合作实践具有非常广阔的空间。

## 第三节　复杂性系统演化下中国参与北极安全治理的利益生成

### 一、中国参与北极安全治理的利益生成条件

包括中国在内的主权国家开展北极活动、参与北极安全治理受到国家利益与国际责任的双重驱动，特别是随着北极安全状态及其变化与实质性参与北极事务国家的关联度日益上升，各国的北极安全利益诉求不断涌现。对于中国参与而言，首先需要把握北极治理参与国家的共识与行动场域；其次明确我国国家安全观念变迁与发展需要满足的积极作用，以最大限度地减少利益识别和实现的阻力。

#### （一）北极治理参与共识和行动场域

##### 1. 共识场域提供中国参与的基础性条件

所谓共识场域是不同利益相关者通过持续的对话交流、协商同意而产生

基本稳定的、共同接受的认识与行动网络体系。这一场域既是行动者主观价值求同存异的交汇融合，也是对行动者利益诉求活动的客观约束。当前，北极事务的参与过程已经形成了相对稳定的共识场域。

北极事务涉及北冰洋沿岸国家的主权与领海争议、域外国家依据《联合国宪章》《联合国海洋法公约》等对北极国际海底区域的利益主张，再加之北极气候和环境的全球性影响以及近年来北极能源、航道与生物资源的巨大潜力，北极事务参与中的共识场域比较复杂。从表 2-1 关于北极治理主体的来源和分类可知，不同层面的北极治理主体在一定程度上都能够形成相关的共识场域，事实上不同的北极治理机制也正是建立在不同主体的共识上才得以存在和运转的。在北极事务中，联合国相关机构作用有限，次政府和非政府组织在北极治理核心问题上的作用有待观察，当前只有北极国家主导的北极理事会牢牢把握着北极治理的核心话语权，域外国家也只有通过北极理事会这一平台和机制才能获得相应的北极治理权益。尽管近年来北极理事会面临变革的挑战，但依然掌握着北极实质性治理的话语权，特别是对域外国家北极安全与发展利益诉求的表达和实现具有相当大的影响乃至限制。未来各国北极事务参与过程中共识场域的变化、发展还需要长时间的观察和推动，促使这一共识场域从北极地区向外扩散，才能形成北极安全治理的最大合力。中国参与北极安全治理需要尊重北极国家的北极合法权益和以北极理事会为核心的治理机制，注重为优化北极治理的国际共识提供良好的理念倡导与行动注解，增强中国北极安全利益生成的合理性。

2. 行动场域指明中国参与的必要性条件

在北极事务参与过程中，主权国家以共识场域为依据，将自身参与北极治理的意愿、需求与能力进行整合，以维护和实现本国的北极利益，这在客观上形成了复杂的国家意愿、需求与能力相互作用的行动场域。其中，参与北极事务、获取北极安全与发展利益的意愿是普遍存在的，但是囿于当前北极事务参与条件和国家实质性参与能力，国家北极利益需求又可以分为可能实现的与难以实现的或者有效的与无效的需求。如表 4-2 所示，如果主权国家参与北极安全治理的能力水平高且意愿强，则其北极安全利益属于可以实现的有效需求，反之则是不能实现的无效需求；如果参与的能力水平高但意愿弱，则其利益属于可能实现的需求；如果参与的能力水平低但意愿强，则其利益属于难以实现的需求。由此可见，实质性参与能力水平是将主权国家参与北极安全治理意愿和需求进行生成和转化的关键因素。

**表 4-2　北极安全治理参与国家的意愿—能力—需求状态变化情况**

| 意愿 | | 能力水平 | |
|---|---|---|---|
| | | 高 | 低 |
| 程度 | 强 | 有效需求 | 难以实现需求 |
| | 弱 | 可能实现需求 | 无效需求 |

在北极事务实际参与过程中，是否在北极开展实质性的科学考察活动是相关国家能否具备治理身份的重要衡量标准，而这与一国的经济实力、科研实力、国际影响力等密切相关。结合表 4-2 的逻辑，在北极安全治理参与中，北极 8 国属于强意愿、高能力型国家，因而它们的北极利益需求属于可以实现的有效需求。北极理事会的正式观察员国属于较强意愿、较高能力的国家，它们的北极利益需求属于经过努力可以实现的有效需求。其他试图成为北极理事会成员国的国家属于具有一般性的意愿与能力或者意愿较强但能力水平稍低的国家，它们的北极利益需求介于难以实现和可能实现之间，并且只有通过长时间的投入和活动才会变成可能实现的利益需求。其他没有实质性参与北极事务的国家多数属于弱意愿（或一般性意愿）、弱能力的国家，它们的北极利益属于难以实现或无效的需求。在北极安全治理参与国家的意愿—能力—需求行动场域中，还存在其他发挥作用的因素，比如国内政治条件、国际政治环境、国家间与地区性组织等。正如对场域概念的理解一样，它是处在不同位置的行动者在惯习的指引下依靠各自拥有的资本进行斗争的场所，这里的“位置”“惯习”“资本”“斗争”等因素是时刻变化的，这也就造成了北极安全治理参与过程中国家利益生成与变化的复杂性。在这种情况下，中国参与北极安全治理利益生成应当注重经验积累和能力提升，将可能难以实现的利益需求转变为可能实现的利益需求，进而再转变为有效

需求，增强北极安全与发展利益实现的可行性。

### （二）国家安全观念变迁的内在要求

国家安全观念是主权国家在一定历史与现实背景下形成的捍卫其安全与发展利益的根本认识、原则和宗旨，随着国家安全目标与环境的变化而变化。我国国家安全观念的变迁可以看作参与北极安全治理利益生成的内在驱动条件，凸显了中国维护北极安全与发展利益的可能性。

新中国成立之后，我国的国家安全观念发生了一定变化。在这一过程中，中国的意识形态色彩、革命意识和反体制意识在减少，而认同意识、建设意识和责任意识都在增长，是国际结构与中国国内改革进程交互作用的产物①。我国对国家安全利益、威胁、环境、目标等的不同认识、分析、判断，是我国国家安全观念发生变迁的一个主要原因。新中国成立之后到改革开放之前，我国的国家安全观念基本侧重于国家内部安全、传统安全和陆域安全，这主要和当时需要维护新中国政权稳固、反对和冲破西方封锁、保持国内政治经济社会稳定局面、反对霸权主义等密切相关。改革开放之后，我国国家安全观念朝着兼顾国家内部安全与外部安全、传统安全与非传统安全、陆域安全与海洋安全的方向发展，更加重视营造和平与发展的外部环境、反对和改变不合理不公正的国际政治经济秩序，更加重视人的安全和总体国家安全等。上述国家安全观念变迁的驱动作用主要体现在以下方面：

首先，促使我们更加重视国家海洋权益，树立向海而生、向海而兴的海洋强国建设观，从国家战略高度层面推进中国极地事业的发展，把握中国的北极国家利益。2013 年 7 月 30 日，习近平总书记在中共中央政治局第八次集体学习时强调，建设海洋强国是中国特色社会主义事业的重要组成部分②。位于地球两端的南北两极，是地球海洋、冰川系统的重要组成部分。

---

① 李小华. 观念与国家安全：中国安全观的变化（1982—2002）［D］. 北京：中国社会科学院研究生院，2003：140.

② 新华网. 习近平：进一步关心海洋认识海洋经略海洋 推动海洋强国建设不断取得新成就［EB/OL］.（2013-07-31）.［2023-08-20］. http：//news. xinhuanet. com/politics/2013-07/31/c_ 116762285. htm.

其中北极航道因其巨大的战略价值、北极寒流因其对北半球大部分地区的影响等，吸引着世界众多临海国家甚至内陆国家的关注，在全球海洋事业发展中的作用和地位越来越重要。我国建设海洋强国、抢抓人类大规模开发利用海洋的历史机遇，就更不能在世界主要国家在南北两极既竞争又合作的局面中置身事外，要把依海富国、以海强国、人海和谐、合作共赢的海洋发展观念贯彻落实到中国参与北极事务的各个阶段、各个领域，充分实现中国在南北两极的核心安全利益。

其次，启示我们要具备更加广阔的国家安全视野，在维护北极安全利益的同时，也要积极承担促进北极安全的责任。在不断变迁的国家安全观念中，和平、发展、合作、共赢始终是其基本价值，中国的国家安全已经和周边地区安全、全球共同安全、人类社会未来安全等紧密联系，更复杂、更多变的安全形势要求我们树立更深刻、更具战略性的国家安全视野。这就要求我国在参与北极事务的过程中，逐步形成与安全进出、科学考察、开发利用北极相关的安全观，从过去比较重视人员与装备安全扩展到更加注重北极安全与中国国家安全、全球共同安全的联系，不断寻求和扩大我国和其他国家共同的北极安全利益。除此之外，我国还应积极承担维护北极长期和平、稳定、安全的责任，比如立足北极科考拿出具有说服力的北极安全研究成果与科学证据，积极参与和北极安全相关的国际组织机构的工作，组织或承办北极安全国际会议、论坛，提出新的北极安全倡议等。

最后，要求我们统筹多种类型、多个领域的国家安全，将极地安全利益纳入我国海洋战略利益体系中，并进一步细化这种安全利益。总体国家安全观是我国国家安全观念变迁的最新理论和实践结晶，这要求我国践行主权、安全、发展相统一的海洋利益观，在我国深度融入经济全球化和世界多极化进程背景下，高度重视与维护我国在极地、深海、大洋等存在的广泛而普遍的海洋权益①。我国的北极安全利益通过极地国家利益而成为海洋战略利益的一部分，进而成为总体国家安全利益的一部分。我们应该根据这种联系不

① 中共国家海洋局党组. 实现中华民族海洋强国梦的科学指南——深入学习习近平 总书记关于海洋强国战略的重要论述［J］. 求是，2017（17）：25-26.

断形成科学合理的极地国家安全利益体系，比如涉及海洋气象科研、航道与远洋运输、海洋资源勘探与合作开发等方面的具体利益，以促进我国实现建设海洋强国的目标。这要求我国在参与北极事务的过程中，正确看待和预判北极在全球海洋发展机遇中的作用与地位，绝不能放弃和牺牲我国核心利益，保持战略前瞻性与主动性，在促进全球海洋事业发展的过程中最大限度地维护我国的北极安全利益。

### （三）国家发展需求满足的外在推动

众所周知，国家安全和国家发展是硬币的两面，前者为后者保驾护航，后者为前者积基树本。历史充分证明，我国的和平崛起必然以国家安全为前提，以国家发展为内容，维护我国的核心利益，关键是要处理好维护国家安全与促进国家发展之间的关系[①]。当前我国国家安全内涵与外延比历史上任何时候都要丰富，时空领域比历史上任何时候都要宽广，内外因素比历史上任何时候都要复杂，必须坚持总体国家安全观，走中国特色国家安全道路[②]。新时代我们需要坚持贯彻的总体国家安全观，强调了包括人民安全、政治安全、经济安全、社会安全、文化安全、国际安全等多个方面的国家安全，构成了一个全方位、立体的国家安全体系，并突出了国家真正安全的基本状态——没有危险和不受内外威胁，以及国家安全的真正保障——保障持续安全状态的能力。我国必须深刻把握国家安全与国家发展的辩证关系，以安全保发展、以发展促安全，时刻捍卫我国总体国家安全核心利益。全球化时代我国发展需求的满足，要求我们把握北极安全治理参与中的复杂利益，以形成良好的外部保障。

一方面，从长远来看，以防范北极地缘政治安全风险、注重人的安全为导向，强化中国参与北极安全治理的基本利益保障。历史和现实多次证明，

---

① 范燕宁，邱耕田等．邓小平发展理论与科学发展观［M］．北京：首都师范大学出版社，2004：333.

② 新华网．习近平：坚持总体国家安全观 走中国特色国家安全道路［EB/OL］．（2014-04-15）．［2023-02-21］．http：//news．xinhuanet．com/politics/2014-04/15/c_ 1110253910．htm.

北极存在地缘政治安全风险并有可能“外溢”到世界其他地区，中国参与北极安全治理需要及时判断分析北极的地缘政治安全形势与风险，减少北极安全的消极影响。人的安全是以人类的最基本的价值、需求和尊严为中心的，是包含免于恐惧的自由与免于匮乏的自由的综合性概念①。在北极，人的安全主要侧重于消除赴北极人员、团体组织等面临的安全威胁并保证和提升其基本安全。当前我国北极科考过程中人的安全需要可以得到有效保障，但随着北极资源开采、航道开通的时机越来越成熟，北极商业化、市场化活动将会大规模增加，中国赴北极的公民、企事业单位也会越来越多。如何确保各类企事业单位及相关人员在北极活动中的安全，将成为考验我国满足公民海外生命、财产等安全需要程度的基本内容之一。因此，中国参与北极安全治理应在确保安全进出、科学考察、开发利用等需要的基础上，注重实现北极地区安全、国际合作安全、人的安全等多方面的利益。

另一方面，从短期来看，以把握北极环境与气候影响、开发利用北极航道与油气资源为重点，实现中国参与北极安全治理的现实利益保障。我国经济社会发展面临的北极气候与环境变化影响，需要我们及时关注并尽量消除国家发展可能面临的隐患。北极能源资源对我国经济社会发展具有重要的战略价值，其中油气与航道资源是重中之重。据俄罗斯和挪威等国的估算，北极地区的原油储量大概为2500亿桶，相当于目前被确认的世界原油储量的1/4；北极地区天然气的储量估计为80万亿立方米，相当于全世界天然气储量的41%，北极油田的开发有可能从根本上改变世界的原油供需结构②。北极油气资源的巨大经济潜力刺激着北极航道的加速开通利用，北极航道通航的价值将不断凸显，与通过巴拿马运河或苏伊士运河来连接太平洋与大西洋或者需绕道非洲南部的航线相比，北极航道将大大缩短航程，可节省约40%的航行时间③。这对于能源资源进口与远洋贸易大国的中国而言，具有极大

① 崔顺姬. 人的发展与人的尊严：再思人的安全概念［J］. 国际安全研究，2014，32（01）：63-77+158.

② 郭小哲. 世界海洋石油发展史［M］. 北京：石油工业出版社，2012：101.

③ 陆俊元. 北极地缘政治与中国应对［M］. 北京：时事出版社，2010：39.

的战略保障价值。北极石油、天然气等能够成为我国经济社会发展的能源补给，北极航道有效通航能够大大拓展我国远洋运输和战略通道保障能力。

总的来看，满足我国发展需求促使我们关注以下两类问题：第一类是自北极地区政治、经济、社会、生态乃至军事变化等向外扩散的安全影响，甚至可能造成全球治理格局发生变化进而影响我国发展的问题；第二类是世界其他地区的国际政治、经济与军事关系等投射影响到北极地区，并经过第一类问题的扩散，造成影响我国北极国家安全利益实现与国家未来发展的问题。我们必须以总体国家安全观为指导，及时把握和维护我国在北极的安全与发展利益。

## 二、中国参与北极安全治理的利益生成过程

北极安全治理的复杂性演化特征与趋势，要求中国参与北极安全治理时依据国际身份、历史阶段以及国家目标、实力、需要等，对北极安全与发展利益进行认识和辨别，以形成更加完善的总体国家安全利益体系。具体而言，就是要在北极治理的共识与行动场域、国家安全与发展需要的内外部条件下，通过利益分类、利益分层与利益定序，把握其系统的生成过程。

### （一）基于北极安全攸关程度的利益生成

如前文所言，中国是北极利益攸关国家，北极安全与中国国家安全和发展密切关联。因此，本书首先在利益相关者理论[①]的视角下，先按照历史因素、地缘因素、实力因素对影响北极安全状态与事务的利益相关国家进行分类，再按照传统安全与非传统安全因素和参与主体内部属性因素对受到北极安全状态与事务影响的利益相关国家进行分类，进而对中国进行分类定位，

① 在这一理论视域下，利益相关者可以从狭义和广义两个角度进行界定，狭义的概念是沿着斯坦福研究中心的思路，基于企业的立场将利益相关者界定为在企业活动中占有重要位置的个人或群体；广义的概念则是基于弗里曼提出的利益相关者概念框架，从利益相关者与企业的双边视角进行界定，既包括有益于企业价值实现的利益相关者，也包含不利于企业价值实现的利益相关者（参看［美］劳拉 P. 哈特曼，约瑟夫·德斯贾丁斯，［加］克里斯·麦克唐纳德，［中］苏勇，郑琴琴，顾倩妮. 企业伦理学［M］. 北京：机械工业出版社，2015：96.）。

细化中国参与北极安全治理的利益类别。

1. 北极安全利益相关国家分类

一方面，从影响北极安全状态及其事务的角度而言，本书在第三章将北极安全利益相关国家分为具有先天优势的北极国家、具有中等优势的近北极国家、不具备明显优势的其他国家。其中，具有先天优势的北极国家、中等优势的近北极国家，一般也是北极事务强国和参与大国。比如，美国、加拿大、俄罗斯等属于北极国家中的强国，对北极安全状态和事务的影响十分突出；英国、德国、韩国、日本、中国等国家属于北极事务参与大国，能够借助当前的北极治理平台与机制对北极安全状态及其事务产生一定影响；其他优势相对较弱和不显著的国家多数属于一般参与国家。总的来看，主权国家对北极安全状态及其事务的影响最终还是落脚到国家实力因素之上，尤其是国家自由、安全地进出北极并提供可持续保障进而影响相关北极治理议程的能力。

另一方面，从不同国家受到北极安全状态与事务影响的角度来看，首先北极传统安全因素对相关国家的影响程度不断降低，事实证明类似二战和冷战期间的北极对抗争夺行为丝毫不利于北极安全，明显的政治与军事冲突在北极地区不太可能爆发。但在全球气候变化与加快北极开发利用的大背景下，由于北极主权争议和能源资源开发收益诱惑，一些国家仍习惯于从传统安全的视角思考北极问题，比如加拿大在北极西北航道的“内水”主张、俄罗斯的“海底插旗”事件以及美国、挪威等国不时开展的北极军事演习等，这有可能成为北极安全的隐患。其次，包括北极环境、气候、生物安全在内的非传统安全因素对相关国家的影响也日益明显，基本所有实质性参与北极事务的国家都宣称本国受到北极气候、环境变化等的影响，也据此在北极环境保护、应对包括北极在内的全球气候变化上达成基本共识。由于北极安全状态及其事务的影响逐渐超越北极的地理分界线，越来越多的国家开始关注北极与全人类共同安全相关的现实问题，并不断寻求国际合作。最后，从受影响国家的不同主体内部属性角度来看，北极安全状态及其相关事务影响相关国家赴北极公民、民间组织、企业、科研机构等的基本安全。除此之外，北极安全还与人的安全密切相关，北极域内国家的北极原住民、域外国家赴北极的科学考察人员、旅游人员与从事商业活动的人员等，都可能面临一定的北极安全风险。

2. 基于北极安全攸关程度的利益分类

从可能影响北极安全状态与事务的角度来说，中国是具有中等优势的、近北极的北极事务参与大国，可以在北极非传统安全问题应对过程中发挥积极作用。从受到北极安全状态与事务影响的国家角度来说，中国是可能受到北极潜在传统安全因素扩散性影响，已经受到北极非传统安全因素较大范围影响，并且在北极地区的中国公民、企事业单位、科研机构等主体可能遭遇安全威胁的北极安全利益相关国家。由此，基于北极安全攸关程度的中国北极利益可以进行如下分类[①]：

第一，以北极自然安全为根本的安全存续型利益。安全存续型利益是指一个国家安全得以客观存在和发展、建立在必不可缺的外部条件基础上的根本利益。正如国家赖以存在所需要的领土、人口、基本制度等要素一样，国家安全的存续也依赖基本的地理环境、生存空间、维系机制等外在条件，这些条件共同指向于基本的安全特征与诉求，深刻影响着国家安全利益的存续。就我国在北极的安全存续型利益而言，应当以维护北极自然安全为根本。广袤寒冷的北极是地球不可或缺的一部分，其独特的气候环境、地理构造、生物物种等是孕育北极特有的冰原文化、支撑人类活动的基础条件。北极自然安全影响领域宽泛、波及范围宽广，它与包括我国在内的所有国家在北极的人员、财产及利益活动安全是“皮之不存，毛将焉附”的关系，因此，我国应该继续发挥北极科考的作用，倡议对北极自然环境的绝对性保护，维护我国与其他国家共同的北极安全存续型利益。

第二，以北极地区安全为基础的安全发展型利益。安全发展型利益是在主权国家相互合作、博弈、竞争乃至对抗的情境中产生的，这种利益的实现

① 云宇龙. 总体国家安全观视域下的中国北极安全利益分析［J］. 江南社会学院学报，2019，21（01）：27-32.

与资源的稀缺性、制度的公平性、实力的对比性等密切相关，这三者分别影响着安全发展型利益实现的目标、方式与话语权。北极地区是包括北极国家在内的所有在北极具有实质性存在地位或试图参与北极治理的主权国家的利益交汇和博弈场域，多元利益主体的沟通不畅、矛盾纠纷、竞争对抗等问题都可能在缺乏像现代政府一样扮演“公共权威掌握与分配者”角色的情况下，进一步放大并引发衍生性的利益安全问题。事实上，北极地区核心的治理机制是不具备国家安全利益协调功能的北极理事会，它一方面欢迎非北冰洋沿岸国家的合作参与，以寻求八大成员国利益最大化；另一方面它在资源、安全、话语权等议题上又具有一致排外的倾向，容易埋下国家间争端的隐患。我国可以通过积极参与北极理事会的相关活动，注重利用国际合作、项目参与等来维护北极的地区安全，为实现我国在北极的安全发展型利益提供外部环境支持。

第三，以北极治理体系安全为前提的安全参与型利益。国家安全离不开相对安全的外部环境，主权国家通过参与由众多国家与国际组织等构成的国际社会，进一步识别、判断、影响本国所处的国家安全环境并使其朝着有利于实现本国利益的方向进行再影响乃至再塑造，由此产生国家安全的参与型利益。当前尊重以北极理事会为核心的北极治理体系、接受北极现有的治理格局，已经成为大部分北极域外国家的共识。我国也正是基于这一共识参与北极安全治理。未来我国要在安全可控的范围内推动北极治理体系朝着更加体现人类共同财产继承原则、更加具有包容性和代表性的方向逐步变革。只有北极治理体系保持最基本的安全存在与良性运转，众多主权国家、国际机构、跨国公司、社会组织等才能参与到北极多元治理中，我国才能立足既有北极治理机制，维护自身在北极的安全参与型利益，增强未来北极治理体系进一步优化、能源资源进一步开发的战略应对能力。

### （二）基于北极安全影响扩散的利益生成

与前文利益分类生成中强调不同国家与北极安全双向影响凸显的利益相关者视角不同，基于北极安全影响扩散的利益生成更加强调的是对利益进行分层。其依据在于不管国家是否具有历史、地缘、实力等优势，均有可能受到北极不断扩散的全球性、区域性安全影响。总的来看，在不同地域影响层面，北极安全扩散的全球性影响与区域性影响一般是显著的，原因在于北极复杂的地缘政治因素更加容易与北极域外其他因素相互作用并表现出明显的结果。在具体与特定区域的影响则是一般性的，剧烈的影响扩散通常首先在北极地区得以表现，进而才在其他区域有所反映。在不同安全领域影响层面，传统安全影响的是一般性的，但是面临着扩大和催化爆发的风险。非传统安全影响则是非常显著的，北极气候与环境变化及其中更加突出的人的安全影响因素，均有可能经由人类活动影响与北极自身响应机制构成的复杂体系而引发、放大、扩展成难以预料的安全问题。

鉴于此，本书采用先定类、再分层的认知与思维方式来具体把握中国北极安全利益的内容及其体系。基本的定类和分层排序有助于形成、整理和构造思维导图，使思维能够以自然和有序的方式进行①。在能够帮助人们确定关键概念并围绕其进行推导形成系统化认知结构的定类与分层过程中，明确定类和分层的标准至关重要。北极安全是我国总体国家安全系统中海洋安全子系统的重要组成部分，尽早识别和把握我国的北极安全利益，有利于减少未来我国国家安全可能出现的“短板”，最大限度地夯实我国总体国家安全的基础。因此，在重视北极安全影响扩散与中国的客观关联的基础上，以总体国家安全观论述的多个相互关联交织的具体国家安全领域和内容为分类标准，抽取相关的国家安全表述，从未来战略角度初步建立中国北极国家安全利益分层体系。具体而言，我国的北极国家安全利益可以初步分层定位在外部安全、国土安全、政治安全、军事安全、经济安全、科技安全、生态安全、资源安全、生物安全、核安全、共同安全、人民安全（国民安全）与国际安全等 13 个方面②，表 4-3 列出了我国北极安全具体利益可能存在的理由及其潜在影响。

① ［英］东尼·博赞，巴利·博赞著．思维导图［M］．叶刚译．北京：中信出版社，2009：68.

② 其中人民安全与国民安全可以视为同一种安全利益，也不包括内部安全、文化安全、社会安全、信息安全、自身安全、非传统安全等相关度较小、相对笼统或宽泛的安全表述。

**表 4-3 总体国家安全观下我国北极安全具体利益的初步定类与分层**

| 总体国家安全观下的相关表述 | 该种具体北极安全利益可能存在的理由及其潜在影响 |
|---|---|
| 外部安全利益 | 北极地理上距中国较远，但它和南极一样都是未来影响全球安全的因素之一，中国需要关注这一外部安全因子及其利益影响 |
| 国土安全利益 | 北极冰川融化加剧全球海平面上升，可能对中国沿海地区造成安全威胁，需要应对海水倒灌、国土受淹、人口和产业转移等危机 |
| 政治安全利益 | 北极地区国家间外交、军备、航道权控制等可能加剧国际政治的竞争对抗趋势，对我国内政外交决策和实施形成战略抉择影响 |
| 军事安全利益 | 北极国家军事演习乃至军备竞赛，北极点、北极圈的军事战略要冲地位，可能使我国面临军事武器研发乃至遭受军事打击的压力 |
| 经济安全利益 | 北极在能源储藏、资源开发、航道利用等方面潜力巨大，直接关系到我国在能源供给、海洋运输等方面的经济安全 |
| 科技安全利益 | 北极在海洋环流、冰川环境、生物科学、仪器检测、气候变化研究等方面具有特殊优势，中国如果缺位将影响未来的国家科技发展安全，并可能造成其他国家安全利益受损 |
| 生态安全利益 | 北极冰川融化、气候变化、大气与海洋环流的异动，直接影响到我国的生态环境及与其相关的生产活动安全 |
| 资源安全利益 | 北极丰富的油气、矿物、渔业、航运等资源吸引众多国家的目光，一旦形成垄断，中国未来的资源供给保障安全将受到制约 |
| 生物安全利益 | 北极生物遗传资源的保护与利用，防止外来物种与病毒等侵入北极，气候变暖激活病毒传播，杜绝在北极进行可能的生物实验等，影响着我国的生物安全 |
| 核安全利益 | 北极可能是核试验、核争霸甚至核恐怖的“潜在或最佳试验区”，这影响着中国的国家核安全利益 |
| 共同安全利益 | 我国和其他国家共同具备的自由进出北极、合作开发北极资源能源等方面的国家安全利益 |
| 人民安全（国民安全）利益 | 我国在北极的人员、企业及其相关组织的安全，具体表现为生命、财产、活动、应对突发性事件的国民安全利益等 |
| 国际安全利益 | 营造北极地区整体国际安全局面，呼吁相关国家不要将在其他地区的竞争对抗关系带入北极，维护北极国际安全利益 |

从表 4-3 的内容来看，经过初步定类、分层识别的我国北极安全利益还可以进行优化分层。第一个层次是带有非传统安全特征和共享安全性质的国

际安全、人民安全（国民安全）、共同安全和外部安全利益，这些方面的安全利益是北极安全影响扩散下中国和其他实质性参与北极事务国家所共同享有的，属于众多国家普遍与合理的利益关切。这些宏观层面北极安全利益的实现受制于以北极理事会为核心的北极治理机制，目前北极还没有全局性的安全治理机制，域外国家如何参与北极安全治理仍然无章可循。第二个层次是带有非传统安全特征并有可能关联传统安全问题，并且确实影响我国总体国家安全具体内容的利益，依据影响程度从比较显著到一般显著的顺序进行利益排序为：经济安全利益、资源安全利益、科技安全利益、生态安全利益、生物安全利益、国土安全利益、政治安全利益。其中经济、资源、科技、生态、生物等安全利益属于影响比较显著的方面，国土、政治等安全利益则属于影响一般显著的方面。北极巨大的能源储量价值和可见的航道利用潜力，是各国日益热衷于北极事务、维护北极国家利益的主要原因，我国也并不例外。第三个层次是带有传统安全特征和非共享安全性质的军事安全利益和核安全利益。北极国家近年来日益频繁的单方军演和联合军演以及针对北极自然环境和本国北极战略需求不断开发新型北极装备等情况，使得北极军事安全利益的影响日益显著。

总的来说，上述简单分层只是为了比较宏观地展示总体国家安全观下我国北极安全利益的主要方面，实际上各个方面的安全利益也都是相互影响交织的。比如人民安全（国民安全）利益这一属于人的安全范畴的利益，就体现在我国北极活动的各个领域之中，任何时刻我国都应该将维护在北极活动的人的安全作为基本要求。再比如经济安全与科技安全利益，经济实力和科研能力是域外国家参与北极事务的重要基础，两种力量的有效结合能够使我国更加科学地识别北极客观环境变化及其潜在威胁，更加有效地参与北极能源资源开发并获取相应话语权，更加合理地维护我国嵌入北极共同安全状态中的总体国家安全利益。

### （三）基于北极事务参与阶段的利益生成

利益的本质内容之一是需要的满足，而需要往往又是随着客观环境和主体认识的变化而变化的，也即利益本身是一个变化的时空概念，不同主体在同一时空条件下的利益诉求是不同的，同一主体在不同时空条件下的利益诉求也是不同的。在中国北极安全利益生成过程中，基于北极事务参与阶段的利益推导和分析具有定序性质，和前文所述的利益分类、分层构成了系统的利益生成过程。其主要逻辑在于按照一定的时空顺序对利益的生成、演进、发展等进行认识和把握。随着我国不断深入参与北极事务，在客观环境与主观认识变化的推动作用下，原本并未清楚认识与虽然有所认识但并未引起重视的北极安全利益将会不断显现。因此，本书首先参考相关历史资料与研究成果，对中国参与北极事务进行阶段划分；然后根据中国参与的阶段性背景和特征，对中国北极安全利益进行定序识别。

1. 中国参与北极事务的主要阶段

我国关注和参与北极事务由来已久，如前文所述，从 1925 年 7 月 1 日北洋政府代表当时的中国批准加入《斯匹次卑尔根群岛条约》开始，我国就获得了合理、合法参与北极相关事务的权益。实际上从 1971 年起，我国就开始参与了涉及北极的全球治理。因为当年 10 月中国重返联合国，恢复合法席位，在全球层面无论是北极熊保护、气候变化还是国际海事组织当中关于海洋环境保护、海上生命安全的各项公约，我国都参与了这些适用于北冰洋的国际条约、公约等。我国 20 世纪 90 年代之前及 20 世纪 90 年代大部分时期的北极参与，大多是通过个人或团队行动参与相关国家的北极科考合作项目①，直到 1999 年 7 月经国务院批准，我国组织了首次北极科学考察，

① 这段时期内我国出现了许多首次进入北极地区开展不同工作与活动的人员与事件，主要内容如下。1951 年，武汉测绘学院的高时浏进入北极地区并于第二年探测北磁极，是我国第一个进入北极地区的科学工作者。1958 年，新华社记者李楠随苏联考察队到北极第七号浮冰站和北极点考察，是第一个到达北极点的中国人。1991 年，中国科学工作者高登义到北极地区考察北极浮冰，首次在北极地区展开五星红旗。1993 年，香港记者李乐诗到北极点考察、采访，是第一个到达北极点的中国女性。1993 年，中国科学工作者高登义，到北极地区进行“地球三极地区在全球环境变化中作用”研究。1993 年，沈爱民、位梦华、李乐诗到北极地区考察。1994 年，国家测绘局周良到北极地区进行卫星全球定位系统技术考察。1994 年，中国科学院祝茜到阿拉斯加北极地区进行“露脊鲸动物”专项考察研究。1995 年，徐力群夫妇到北极地区进行因纽特人和鄂伦春族的文化对比专项研究。1995 年，7 位科学家和摄影家进行了首次中国人自己组织的北极点考察。

拉开了我国北极科考政府行动的序幕。此后，中国的极地科学家深入北极，观测取样，研究分析，为快速变化的北极治理提供了大量的知识和数据。到了 2010 年之后，我国才开始参与到北极的开发活动中①。

立足我国北极参与活动的标志性事件，本书将我国北极事务参与主要划分为 3 个阶段，第一阶段是 1996—2003 年，分别以 1996 年“国家海洋局南极考察办公室”更名为“国家海洋局极地考察办公室”、同年 4 月我国被接纳为国际北极科学委员会（IASC）成员国与 2003 年我国成功开展第二次北极科学考察为标志节点；第二阶段是 2004—2013 年，以 2004 年我国成功修建中国北极黄河站、2013 年我国被接纳成为北极理事会正式观察员国为标志节点；第三阶段是 2014 年至今，我国的北极事业不断迈上新台阶。

2. 基于北极事务参与阶段的利益定序

（1）第一阶段：从潜意识转向寻求关联的北极国家安全利益

尽管我国 1925 年就签署加入了《斯匹次卑尔根群岛条约》，民国时期也不乏对北极与北极探险知识的引介和报道②，但是新中国成立之前战火不断导致国力衰弱，新中国成立初期百废待兴，无暇顾及极地事务。1964 年，中央批准成立国家海洋局，基本任务之一是将来进行南极、北极海洋考察工作，然而囿于国际、国内形势与国力，北极海洋考察工作一直没有实质性开展。1977 年国家海洋局党委提出“查清中国海、进军三大洋、登上南极洲”的目标，南极科考的迫切性、优先性强于北极科考，这可以从“国家海洋局南极考察办公室”到 1996 年更名为“国家海洋局极地考察办公室”、1984

① 杨剑. 参与北极治理，中国科技率先破冰［N］. 文汇报，2017-05-23（007）.

② 在《民国时期期刊全文数据库》（1911～1949）（该数据库收录了民国时期（1911～1949）出版的 25000 余种期刊，近 1000 万篇文献，内容集中反映这一时期的政治、军事、外交、经济、教育、思想文化、宗教等各方面的情况，作为历史档案的重要组成部分，该数据库具有极为重要的学术价值和史料价值，为我们进行关于民国时期历史的学术研究提供了便利。）中，以“北极”题名和“探险”为全部字段，时间跨度为 1911 年到 1949 年，对民国时期有关北极探险的期刊论文进行了检索（检索式为：［（TI：“北极”）AND（ALL：“探险”）］AND［PD：（1911 TO 1949）］，共得到 453 篇相关论文，涉及当时世界各国北极探险活动概况、人员、知识等的图片、报道、评述等等。笔者发表的相关论文对此进行了分析和总结，参看云宇龙，王琼. 民国时期中国人的北极探险知识概况及其多维价值［J］. 中国海洋大学学报（社会科学版），2023（02）：13-22.

年就已开展首次南极科考并于1985年建立南极长城站等历史事件中得到证明。从另一个角度而言，我国南极科考活动的顺利开展及其培育的“南极精神”为之后的北极科考活动提供了经验借鉴、奠定了实力基础。1993年3月10日，由中国地理学会等7家全国性学会发起，经中国科协批准成立了“中国北极科学考察筹备组”，1995年5月6日，“中国首次北极点科学考察队”登上了北极点①。中国成功登上北极点再加上之前取得的一系列北极研究成果，成为国际北极科学委员会（IASC）1996年4月23日接纳我国为成员国、中国极地考察工作咨询委员会（CACPR）作为IASC理事会中国代表的重要原因。从这个阶段的时间节点来看，1996年之前，我国对于北极国家安全利益的认识基本上都是潜在的。北极的自然特征及其变化情况如何、是否关系到我国的自然气候变化从而可能影响我国的经济社会发展乃至国家安全等，这些问题虽然在国内学术界已有初步探讨，但是并未被决策者和相关部门提上政策议程，只是具有潜意识的北极国家利益观念。

1999年7月1日，我国首次由政府组织的北极科学考察启动，“雪龙”号科学考察船执行任务，历时71天，总航程14180海里，航行时间1238小时，于1999年9月9日顺利返回上海。这次考察承担的重大课题包括研究北极地区在全球变化中的作用和对我国气候的影响、北冰洋与北太平洋水团交换和对北太平洋环流变化的影响、北太平洋及其临近海域生态系统与生物资源对我国渔业发展的影响，科考任务涉及海洋、大气、地质、环境、海冰等十多个大学科。这个首次由数个政府部门共同组织实施的北极大规模综合科学考察，表明我国已经具备独立开展北极考察的实力，并开始关切北极地区及其自然变化对我国气候、渔业发展的影响，逐渐具有国家安全与发展的考量。从当时的科考内容及其成果来看，中国重视北极与全球气候问题、环境污染问题的关联，而这些问题是中国气候与环境安全中的重要内容。这个阶段我国正在进一步寻求北极与影响我国安全与发展的因素之间的关联，即使没有明确提出我国的北极安全与发展利益，北极科考与研究活动也不能完

① 陈立奇. 北极在召唤——中国加入国际北极科学委员会［J］. 海洋世界，1996（07）：22-23.

全脱离我国的国家利益满足需要。我国第一个完成地球三极（南极、北极和青藏高原）科学考察的著名科学家高登义，在论及中国人的第一个北极科学考察站“中国伊力特·沐林北极科学探险考察站”时撰文写道，该站不仅将重点对比考察研究北极斯瓦尔巴德地区与青藏高原在大气科学、地质学、生物学和环境科学方面的异同，而且还将在社会科学方面考察研究北极与中华民族的关系，尝试自然科学与社会科学相结合①。由此可见，当时对北极地区及其变化对我国经济社会安全与发展的社会科学研究已经初露端倪，中国开展北极活动兼具科学意义与社会价值。2003 年 7 月 15 日，中国第二次北极科学考察从大连启航，“雪龙”号历时 74 天，安全航行 12700 海里，航时 1010 小时，于 9 月 26 日返回上海。此次考察首次实现了北纬 80°的长期冰站观测。这次考察的科学目标包括了解北极对全球变化的响应与反馈，了解北极变化对我国气候环境的影响，考察方案的设计既针对国际上的北极热点科学问题，又注重与国家需求紧密结合，应用先进技术和仪器设备并具有多学科交叉的科学研究视角，标志着我国在极地组织实施大型国际合作综合考察的能力和总体实力已经跨入国际先进行列。中国第二次北极科考更加凸显了北极变化与我国气候环境的关联，并与国家需求相结合。我国与北极相关的国家利益不断具有国家安全与发展的底色，1999 年到 2003 年期间有关北极海冰变化、涛动现象等对我国安全影响的研究成果也更加具体和突出，其中北极海冰变化与我国气温、降水、夏季旱涝乃至特定地区沙尘暴等的关联程度进一步凸显，北极涛动对我国部分地区夏季降水、冬季气温、气候变化等的影响也开始不断体现。总的来看，这一阶段我国的北极国家安全利益是从潜意识型转向寻求关联型，中国在北极客观存在的国家利益还需要我们进一步观测、发现和研究。

（2）第二阶段：兼顾国家需求与国际合作的北极国家安全利益

1999 年和 2003 年两次北极科考，获取了大量的北极数据资料，使我国获得了对北极地区及其变化情况的直观认识，积累的北极科考经验也激发了

---

① 高登义. 你好！北极——中国有了自己的北极科研基地［J］. 科技潮，2001（12）：50.

我国尽快修建永久科考站点的决心和信心。2004 年 7 月 28 日，我国在北极斯匹次卑尔根群岛的新奥尔松地区成功修建了继南极长城站、中山站两站后的第三座极地科考站——中国北极黄河站，成为第 8 个在北极建立科考站的国家，向外界再次证明了中国具有自由进出北极、独立开展北极科学研究的能力。毫无疑问，修建科考站有利于我国更好地开展北极国际合作、满足我国北极事业发展的需要。在这一阶段，党的十七大、十八大报告均强调了要坚决维护国家主权、安全、发展利益，中国愿意为世界和平与发展作出新的贡献。我国参与北极事务属于对外政策活动的一部分，在具体参与过程中，如何提高政策话语权力和政策利益实现能力是维护我国北极安全与发展利益的现实命题。总的来看，这一阶段我国的北极国家安全利益主要包括如下两个方面。

一方面，基于国家需求的北极国家安全利益。北极地区在 21 世纪初再次成为国际资源竞争的重要场域。2004 年，丹麦政府依据其格陵兰岛与北极之间存在莱蒙索夫海岭这一 1240 公里长的海底山脉连接的地质特征，援引《联合国海洋法公约》第 76 条关于大陆架延伸的规定（即沿海国可主张不超过 370 公里的专属经济区），正式对北极部分区域提出主权主张。与此同时，加拿大自 20 世纪 50 年代起持续强化北极主权声索，通过增加基础设施投资、增强军事部署等手段维护其北极利益。美国、俄罗斯等环北极国家也相继加大对该地区的战略投入，综合运用政治、经济等多重手段展开博弈。作为全球重要的战略新疆域，北极蕴藏着巨大的地缘经济价值，其“西北航道”可能成为重要的国际航运通道，基于北极权益产生的长期战略价值不可估量。与此同时，我国也不断意识到在错综复杂的北极利益诉求格局中，应该立足已有优势，在明确自身北极事务参与现实需求的基础上尽快获得国家利益声索的话语权。2004 年修建黄河站，从北极科学考察入手，维护我国在北极科考中的国家利益就是对已有优势条件的运用。建立在第一阶段北极及其变化情况与我国高度关联基础上的科研需求，成为这一阶段我国北极安全与发展利益的重要内容。北极科考与科研能力已经成为衡量实质性参与北极事务国家实力的首要标准，围绕它衍生出来的科研人员、技术、装备、数据、活动等的基本安全也成为各国北极科考行动的重中之重。

随着新的北极治理时代日渐来临，实质性参与北极事务国家的需求逐步从科考、科研方面的利益上升到治理话语权争取方面的利益。就我国而言，最明显的例子就是争取成为北极理事会正式观察员国。我国 2006 年首次提出观察员资格申请，2007 年成为“特别观察员”，2012 年根据北极理事会新修订的《观察员国资格标准》提交正式申请，最终于 2013 年 5 月 15 日在瑞典基律纳召开的北极理事会第八次部长级会议上被批准为正式观察员国。这一从初步接触到全面参与的进程，历时近 8 年。我国这一北极治理身份的获得，与长期以来我国秉持合作共赢的外交理念，开展灵活的外交政策实践、深化与北欧国家的多领域、多层次合作密切相关。我国要将北极能源资源开发、航道利用等方面的需要转化为可实现的利益，首先就要立足北极理事会正式观察员国的身份，不断优化参与北极治理的理念并加强与其他国家的合作。夯实我国北极治理参与话语权的安全基础，以助力满足我国北极国家安全利益所涉及的具体需要。比如在经济安全利益方面，我国北极实力和治理话语的增强有助于获取更多的北极能源资源开发机会，从而有利于保障未来我国经济社会安全发展的能源资源需要。

另一方面，基于国际合作的北极国家安全利益。我国是北极利益攸关国家，只有尊重北极国家的合理诉求及其认可和设计的治理框架，才谈得上逐步实现我国的北极国家利益。这一阶段我国基于国际合作的北极国家安全利益主要包括以下三个方面。第一是北极科考合作中的国家安全利益，主要包括北极科考活动中人员安全、技术装备安全、数据信息安全等方面的利益。这一阶段，我国开展的第三次（2008 年 7 月 11 日—9 月 24 日）、第四次（2010 年 7 月 1 日—9 月 20 日）、第五次（2012 年 6 月 27 日—9 月 27 日）北极科考，均搭载外方人员及其考察设备进行科考合作。特别是在第五次北极科考中，我国北极科学考察队首次应邀正式访问北极国家——冰岛，双方围绕北极气候变化、北极航道的开发利用以及北极全球合作等重大问题进行了深入交流，展示了我国极地研究水平，进一步推动了两国北极研究的实质性合作[①]。如何确保北极科考合作中具体的国家安全利益成为这一阶段我国参与北极国际合作的重要方面。第二是北极治理话语权获取中的国家安全利益。如前所述，我国最终被接纳成为北极理事会正式观察员国的前后时间长达8年，在这个争取融入北极国际合作机制过程中，我们需要防范个别国家或组织以我国希望获得北极治理相关身份、强化在相关北极组织中的地位等为筹码，换取我国在其他国际事务领域的让步乃至妥协，进而可能造成我国国家安全利益受损。除此之外，北极地缘政治格局比较容易受到北极域内外国家间合作、竞争乃至冲突关系的影响，我国要避免在变化的北极治理体系中进行艰难的战略抉择，更要注重维护北极治理话语权利方面的国家安全利益。第三是北极对外学术交流中的国家安全利益。“科学无国界、科学家有国籍”同样存在于有关北极的各种科学研究活动中，特别是在对外学术交流活动中，杜绝可能形成国家安全隐患的学术泄密甚至不当的学术“交流”应该成为有关北极研究的国际学术研讨活动的一条底线。总之，2004年到2013年这个阶段，我国的北极国家安全利益受到国家需要与国际合作双重驱动，尽管国家安全层面的表现较之相近阶段的南极并不是那么明显，但是国家安全无小事，我国在北极事务参与中需要满足国际合作实践仍然还是立足国家安全与发展的考量和关切，以达到在不同国际事务领域中维护国家主权、安全、发展利益的目标。

(3) 第三阶段：拓展中的北极国家安全核心利益

2014年以来（截至2023年9月），我国先后开展了第六次到第十三次北极科学考察，我国的北极事业迈上新台阶。其中第九次北极考察是自然资源部组建后我国首次开展的极地考察，历时69天，航程超过1.25万海里，其中冰区航行3815海里，最北航行至北纬84.8°，为探索北极中央航道的适航性积累了经验和基础环境数据，实现了多个首次：首次实施业务化监测和科研项目考察相结合的调查，首次成功布放我国自主研发的“无人冰站”、水下滑翔机、爬升式海洋剖面浮标等无人值守观测设备，首次在极区开展岩

① 中国第五次北极科考：沉甸甸的收获［N］. 中国海洋报，2012-10-12（专版003）.

石拖网作业等，对我国北极科学研究、业务化监测体系建设、北极环境评价和资源利用作出了积极贡献①。之后我国将每年进行一次常态化的北极考察，重点关注与北极相关的全球气候变暖和环境污染治理问题等。这一阶段我国北极事务参与有效地回应了总体国家安全观所提出的极地安全要求，既要提高安全进出、科学考察、开发利用北极的能力，又要实现包括极地活动、资产与其他利益的安全。我国要坚持以总体国家安全观为指导，防止“一叶障目、不见泰山”与“眉毛、胡子一把抓”这两种不当的行动取向，立足国家发展的核心需求，不断深化拓展北极的国家安全核心利益。

第一，以共同安全、国际安全与国民安全利益为切入点，夯实我国北极国家安全核心利益实现的基础。共同安全与国际安全利益是防止北极安全问题地区化与排外化最好的“阻滞器”，包括我国在内的相关国家具有维护北极共同安全与国际安全的责任与权益。如前文所述，北极自身安全、地区安全具有全球性的安全扩散效应，我国应该致力于和其他国家共同努力打造北极安全命运共同体，尽可能减少北极不安全状态的消极扩散影响，实现我国和其他国家共享的安全利益，进而更加有效地维护我国在北极的人员、活动、资产等方面的国家安全利益。

第二，以生态安全与科技安全利益为外壳，增强我国维护北极国家安全利益的说服力。我国存在北极生态安全利益，既有气候变化共同应对、生态环境跨国治理等成为全球性议题的国际大势的推动及其产生的外部理解效用，又有较为坚实的科学研究成果与国家生态安全战略需求为支撑，便于表达和实现。科技安全利益也具有相似逻辑，我国有责任为世界科技进步贡献力量，但也要保证在未来以国家科技实力为衡量指标之一的综合国力竞争中不落下风。北极科技安全直接关系到我国现在和未来自由进出北极、开展北极合作的技术装备能力、科学研究实力与相关科技规则制定的话语权力，具有明显的国家安全与国家利益属性。但是我国参与北极科技博弈还面临三大困境：一是科技队伍软硬件落后；二是发达国家的“极地科技与标准霸

① 国家海洋局极地考察办公室. 中国第九次北极科考实现多个“首次”与“之最”[EB/OL]. (2018-09-27).[2023-02-15]. http://www.chinare.gov.cn/caa/gb_news.php?id=2245&modid=09015.

权”；三是非北极国家的身份掣肘①。我国如何突破这些困境，有效维护北极科技安全利益，还有很长的路要走。

第三，以经济安全与资源安全利益为内核，形成一个内外兼实的北极国家安全从具体到核心的利益体系（详见下图4-1）。相关国家投向北极的目光日趋“热烈”、北极航道上日趋“热闹”、北极国家欢迎域外国家参与合作日趋“热情”，比较本质的原因在于北极地区蕴藏着极其丰富的能源资源。在全球能源供给趋紧、资源价格波动较大、能源资源运输成本与风险较高的形势下，参与北极资源开发，可以有效满足本国经济发展的资源需求，获取基于世界市场的更为丰厚的经济利益，还可以借此催生新的国家对外合作贸易、人员与技术交流的机会，以更好地维护本国的经济安全。瓦莱里·P. 茨拉韦尔认为中国的北极利益是一个复杂体系，排在首位的是包括自然资源、运输与物流利益等在内的经济利益②。我国应该更加注重通过主动参与、协商对话、寻求合作等途径，鼓励我国企业及其人员、技术、资金等走进北极，实现建立在我国与北极相关国家共同利益基础上的深层次合作，有效维护我国的北极经济和资源等利益，从而力求拓展与实现我国在北极的国家经济安全与资源安全利益③。

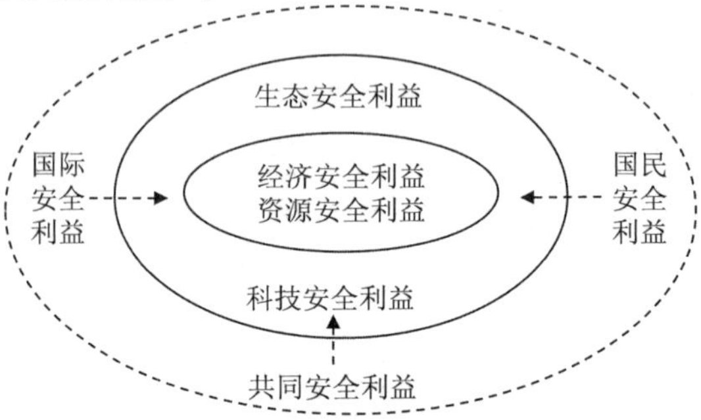


图4-1　拓展中的中国北极安全核心利益体系

① 肖洋. 地缘科技学与国家安全：中国北极科考的战略深意［J］. 国际安全研究，2015，33（06）：106-131+155-156.

② Valeriy P. Zhuravel. China, Republic of Korea and Japan in the Arctic: Politics, economy, security［J］. Arctic and North, 2016, 24 (03): 112-144.

③ 云宇龙. 总体国家安全观视域下的中国北极安全利益分析［J］. 江南社会学院学报，2019，21（01）：27-32.

## 三、中国参与北极安全治理的利益生成要求

基于上述利益分类、分层与定序，中国参与北极安全治理的利益不断生成，形成了我国不同类型、不同层面和不同阶段变迁下的北极安全利益。我国是北极安全状态及其事务的利益相关者，北极安全影响扩散使这种利益相关程度更加明显；随着北极事务参与不断深化，我国的北极安全利益也不断地显现和被识别，奠定了未来持续维护北极总体国家安全利益的基础。这就要求我们把握利益生成的多重效果，将利益内容体系不断地表达和呈现出来；结合我国参与北极安全治理的外部舆论环境，努力拓宽利益回应的基本渠道，以此满足中国北极安全利益生成的要求。

### （一）把握利益生成的多重效果

首先，推动我国在北极事务中的国际合作进程，坚持秉承正确义利观，呼吁携手构建北极安全命运共同体。在国际事务中，一味追求高尚道德情操式的国际义务和一味追求最大极限化的国家利益都是不可取的，坚持先利后义、义利兼顾才是国家间保持沟通合作关系的基础。我国关注北极安全与发展利益是为了更好地参与北极国际合作，只有进一步明确和识别我国客观真实的北极国家利益，才能更加有的放矢地承担维护北极永久和平、稳定与安全的国际责任。利益分类、分层、定序识别下的中国北极安全利益，大部分都是我国和其他国家共同具有的利益诉求。而只有共同利益的价值诉求和实际行动才更有益于构建北极安全命运共同体，实现维护北极长期和平、稳定与安全的目标。

其次，促使我国重视北极地缘政治中的多种安全因素，避免将来在北极事务参与中可能面临的艰难战略抉择。分类识别下的北极国家存续型、发展型与参与型安全利益，分层识别下的 13 个方面、3 个主要层次的北极国家安全利益，以及定序识别下各个阶段的北极国家安全利益，涉及传统与非传统安全、共享与非共享安全等方面的安全因素，需要我们系统把握这种复杂交织的安全影响扩散状态。在北极域内外国家多种多样的北极利益诉求中，

大国明争暗斗、中等国家合作博弈、小国不甘落后，与谁合作、怎样合作考验着一个国家北极事务参与的实际能力，也在一定程度上决定着参与者的战略获益。我国应该尽早明确当前和未来的北极国家利益，提高北极事务参与的战略前瞻性和定力，减少北极地缘政治中复杂安全因素的消极影响，从而维护我国北极总体国家安全利益。

最后，明晰当前和未来我国北极国家安全的关键性利益，从而助推中国完善和实施有利于消除外界疑虑乃至猜忌的北极官方政策。我国客观真实的北极安全利益应根据不同时期国家战略需要进行识别和选取，并将其体现在日后更加翔实的北极相关政策中。利益多重识别的目的就是明确利益而后承担责任，将权、责、利统一到中国北极事务参与过程中。在此基础上，进一步实施和完善北极政策有利于对外界关于我国北极治理参与的“疑虑论”“威胁论”甚至“阴谋论”等进行及时有力的回应，从而进一步加强与实质性参与北极治理国家的双边和多边交流，通过不同层次的正式对话，展示我国以负责任大国形象参与北极事务的诚意，释放我国愿意坚持正确义利观、推动构建人类命运共同体的善意，化解不必要的误会和争议，为我国持续深入参与北极安全治理塑造良好外部环境。

### （二）健全利益表达的内容体系

受制于我国北极事务参与时间较晚以及北极相较南极更为复杂的治理环境，我国北极安全利益是在总体国家安全观的启示与指导下才逐步形成和显现的，并与国家发展利益密切相关。有理有据地表达北极安全利益并适当参与北极安全治理的国际机制建构过程，扩大我国和其他实质性参与北极事务国家的共同与共享安全利益，是我国维护和实现北极安全利益的核心环节。总的来看，中国北极安全利益表达的主要内容包括如下方面。

第一，强化中国北极安全利益存续的依据，即当前和未来中国为什么会存在这种利益。中国北极安全利益表达的主要思路在于：将利益存续的多重依据及时转化为有利于利益表达的话语内容，包括立足于我国北极治理身份相关的国际法依据，通过建构高质量的话语内容，及时表达我国对北极本身安全、自然生态安全、人类活动安全的利益关切。扩展我国与北极域内外国家的共享共建安全利益，争取形成共同的北极安全话语认识；积极开展北极外交、承担北极安全责任，打造北极安全权力、责任、利益等相统一的话语体系等。除此之外，由于北极治理还涉及北极国家的权益与安全问题，我国北极安全利益依据表达还应该注意以下两方面的内容：一方面要注意不能以自身依据和行动挑战现有的北极治理机制，以免造成话语活动的被动局面。即使是在北冰洋拥有漫长海岸线、北极活动能力强大的俄罗斯，近年来也正在不断远离与北极冲突及地缘政治竞争相关的话语，在北极事务中积极追求并试图取得较好的声誉，并努力减少北极资源和边界冲突的可能性，从而打破媒体和专家们关于俄罗斯正在扩大北极圈地缘政治竞争的说法①。我国作为域外的北极利益攸关国家，更加要注意话语声誉与外界舆论的问题。另一方面要注意巧妙地借助相关北极国家的力量，减轻话语敏感程度的同时增加话语活动的有效性。从我国与冰岛、芬兰的北极合作情况来看，我们能够向这些国家提供北极研究与开发的技术、资金等，这些国家能够帮助我们在北极相关事务中发声，从而实现双方互利共赢。总之，我国北极安全利益依据的表达需要考虑更多的外部因素，应当以最大限度减少话语表达的威胁性和可能引起的误解疑虑程度为目标，增强依据表达的真实性。

第二，完善中国北极安全利益的内容体系，即中国到底存在哪些北极安全利益。总体国家安全观下的北极安全利益体系也是经由利益分类、分层、定序识别而形成的，如何从中选取最恰当和不敏感的利益内容并将其转化为能够经由相关话语主体进行对外表达的话语内容，也是考验我国北极安全利益表达能力的重要方面。具体来说，首先是利益相关者视角下经由利益分类识别的北极国家安全参与型利益。我国维护北极安全利益是建立在持续参与北极事务基础上的，应进一步强化北极治理的政策参与意识，逐步获取和深化我国在北极各项事务中的话语权，通过灵活的北极参与话语活动有效化解相关北极国家的“门罗主义”甚至排华倾向。其次是安全影响扩散背景下

① Elana Wilson Rowe, Helge Blakkisrud. A new kind of Arctic power? Russia's policy discourses and diplomatic practices in the circumpolar North [J]. Geopolitics, 2014, 19 (01): 66-85.

经由利益分层识别的非传统安全、共享安全以及部分传统安全利益。北极气候变化与环境污染构成了北极非传统安全和各国共享安全的主要内容，而北极航道运输和能源开采所蕴藏的巨大价值又在一定程度上酝酿着新的传统安全风险。我国北极安全利益的表达应当以这些背景为基础，话语内容既要体现中国北极安全利益关切的正当性和必要性，又要注意获得实时的外部反馈，减少使用敏感的、容易造成疑虑和误解的话语，确保利益本身表达的义利兼顾特征。最后是北极事务参与阶段变迁下经由利益定序识别的拓展中的北极安全核心利益。这种利益表达是比较敏感和复杂的，考验着相关话语表达主体的水平、话语表达平台和传播途径的有效性等。我国应当巧妙地选取措辞以形成围绕北极经济安全、资源安全、科技安全、生态安全等展开的安全话语内容，在北极国际合作交流活动中审慎地对外表达并及时回应各方反馈。

第三，阐明我国维护北极安全利益的政策立场与具体打算，即中国为了实现北极国家安全利益打算做什么和能够做什么。鉴于北极目前没有明确的应对北极地区安全问题的国际机制，加之安全议题属于以北极理事会为核心的北极治理架构中的敏感内容，我国表达维护北极安全利益的立场和打算面临更为错综复杂的外部环境。一方面，这离不开对中国参与北极事务总的身份定位的话语表达。我国是北极事务的正当参与者、积极建设者和务实贡献者，我国将不断秉持尊重、合作、共赢、可持续等理念参与北极治理。在北极安全事务方面，我国应综合考虑整个国际社会的北极安全需要和北极国家的安全利益诉求，扮演构建北极安全命运共同体的倡议者、北极安全状态的维护者、北极安全问题研究的先行者等。另一方面，这也需要我国在有关的国家对话、交流平台中巧妙地阐释北极安全利益，找准介入北极安全治理的契机。除了北极理事会、国际北极科学委员会等专门的北极治理平台，我国还应该加强在诸如金砖国家峰会、G20 会议、联合国相关会议等场合中寻求北极安全共识，阐释、宣传我国和其他国家共同的北极安全诉求，表达我国参与北极安全机制构建与优化的意愿等。我国要进一步发挥公共外交主动塑造、积极引导国际社会树立客观全面的“中国观”，维护海外合法权益，深化中外理解，促进政策明晰化等的积极作用[①]，努力塑造有利于我国北极治理参与的良好外部环境，维护我国北极安全利益表达的话语权益。

### （三）拓宽利益回应的基本渠道

根据第二章的分析，中国参与北极安全治理面临较为不利的国际舆论环境。当我国将不断生成的北极安全利益进行对外表达时，可能遭受来自不同国家、组织、媒体等的怀疑和非议，这就要求我国注重拓宽利益回应的基本渠道，构建结构分明、功能明晰的利益回应“数据库”，进而根据特定的北极安全目标和利益诉求选取搭配高效、合适的表达与回应途径。总的来看，这个“数据库”应该包括以下三大种类的基本渠道。

第一类是官方渠道，主要是指以国家和政府为表达与回应主体的一系列具体渠道。其中以作为国家实施对外政策、处理对外关系以及解决国际争端具体活动方式的外交手段为代表，主要形式有：外交交涉（口头交涉、书面交涉）；互访（国家元首、政府首脑及政府高级官员互访与会晤）；外交谈判（对话、商谈、磋商、会谈等）；外交文书往来（函件、电报、照会、备忘录等）；缔结条约（双边或多边条约、公约、协定、议定书、联合宣言、声明、公报、换文、盟约、规约、宪章等）；参加国际会议或国际组织（联合国及其附属机构、区域性或专门性国际组织等）；新闻发布（政府新闻发言人举行记者招待会、通过报刊阐明政府对某些重大事件的原则立场或对外政策声明等）等[②]。除了外交交涉不太适用北极事务之外，其余具体形式均可以作为我国北极安全利益表达与回应的官方途径选择。其中在领导人与政府高级官员互访与会晤活动中表达我国正常的北极利益关切与诉求、回应相关国家和组织的不同看法乃至疑虑的效率和效果最为突出。外交谈判、外交文书往来、缔结条约、新闻发布、参加国际会议或国际组织等的效率和效果依次弱化。原因在于面对面的对话和适时的书面交流能够为话语活动提供最为理想的平台，成功的会晤与谈判背后往往是有效调配了各个相关部门所掌

① 赵可金. 中国公共外交的创新与发展［J］. 公共外交季刊，2017（01）：9-15+132.

② 钱其琛. 世界外交大辞典（下册）［M］. 北京：世界知识出版社，2005：2052.

握的不同资源以更好地服务于特定外交目标。而新闻发布在一定程度上依赖互访、谈判、缔约等外交活动的成果，参加国际会议或国际组织更是不能脱离既定的外交目标和特定的国家利益。除此之外，新闻发布对于我国北极安全利益回应具有特殊价值，面对面交流的记者招待会、提供正式文本的书面声明能够及时回应不同的疑惑并形成可供不同组织机构与个体事后解读与查阅的文本资料等。

第二类是半官方渠道，主要是指相关政府部门与相关科研机构、高等院校、官方智库等共同参与、举办的对外合作交流活动渠道。这些具体途径涉及极地科学研究合作、对话交流等诸多方面，形式主要有联合活动、研讨会议、国际论坛、人员访问等，并且在具体活动中往往有政府部门的官方代表参与，比如极地考察办公室、中国极地研究中心的相关人员等。这种半官方途径在我国北极事务参与中运用较多，比如中国极地研究中心与北欧五国相关机构成立的中国-北欧北极研究中心、同济大学和华盛顿智库战略与国际研究中心联合举办的常态化的中美北极社会科学研讨会、中国海洋大学与俄罗斯圣彼得堡国立大学联合发起的中俄北极论坛等。半官方途径在我国北极安全利益表达与回应中具有如下优势：营造宽松的话语交流氛围——各个参与主体可以按照自身想法进行话语表达与观点碰撞而不必担心影响国家之间北极领域具体事务的合作；较易达成基本共识——以学术对话与政策研究为主要内容的活动为包括我国代表在内的所有主体开展充分讨论提供了充足的话语共识空间；可以形成因时因地制宜的合作交流机制——半官方的形式灵活性较大从而可以根据各方的考虑和诉求开展合作交流。尽管半官方途径在正式性、权威性方面有所欠缺，但是对于我国试探性地表达北极安全利益诉求、有效探知并回应外界舆论意见具有不可或缺的现实价值。

第三类是非官方渠道，主要是指除国家与政府等进行和参与的官方、半官方途径之外的其他诸多渠道，包括企业组织、民间智库、私人社团乃至公民个体等进行对外交往与活动等，类似于由约瑟夫·蒙特维尔提出的“第二轨道外交”概念，意指平民、私人团体或非国家行为体之间的非政府、非正式和非官方的交往和活动[①]。目前在我国北极利益表达与回应中非官方途径的作用极其有限，比如我国部分企业与国外相关企业合作的北极旅游探险项目、一些社团和公司组织的北极摄影观光活动、少数中小学开展的北极之行活动、少数公民的北极自由行等。严格来说这些活动除了能够反映中国公民的北极环境保护意识和国际旅游素养之外，并不具备利益表达与回应功能。但是有可能为我国北极安全利益表达与回应提供一种可补充的途径选择思路，比如参与北极资源开发的私人公司、从事北极政策与法律研究的民间智库、对北极国际合作感兴趣的企业家等，这些主体具有和实质性参与北极事务的国家及组织进行对话交流的机会，引导这些主体适当表达我国的北极安全利益诉求，有利于推动我国与其他北极事务参与国家的第二轨道外交，发挥民间交往低调但可以涉及某些不方便公开的敏感话题的作用。其原因在于“私人身份”的非官方人士参与的第二轨道外交，所发表的观点不代表政府或官方组织的立场或承诺，其发言不记录在案，会议文件和数据通常不得公开传播或直接引用，会议宣言等也不具有政策约束力[②]。如何发挥非官方途径辅助官方和半官方途径进行我国北极安全利益表达与回应的作用，应该能够成为我国持续参与北极事务予以考虑的现实议题之一。

总之，结合当前我国不断拓展的北极安全核心利益以及面临的国际舆论环境挑战，北极安全利益表达应当首选半官方途径。原因在于北极复杂的地缘政治格局充满不确定性，除了互访、会晤、参加国际会议与国际组织等之外的其他官方途径形式可能引发北极国家的抵触乃至反感心理；而半官方途径兼具针对性、灵活性、学术性与政策性等，能够更加有效地表达我国北极安全利益诉求。中国参与北极安全治理的利益生成过程充满了复杂性，要求我们将所生成的利益转化为适合对外表达的话语内容，并通过拓宽和选用恰当的利益回应渠道，为实现我国北极安全利益创造良好的国内和国际环境。

---

① ［美］路易丝·戴蒙德，约翰·麦克唐纳. 多轨外交［M］. 李永辉译. 北京：北京大学出版社，2006：2.

② 仪名海，郝江东等. 战略策略技巧：多种外交形态透视［M］. 北京：清华大学出版社，2012：60.

## 第四节　本章小结

本章在系统建构的基础上，运用耗散结构理论、协同理论、自组织临界性理论对北极安全治理复杂性系统自组织演化的条件、过程、方向等进行了分析。分析过程和结果显示，作为一个复杂性系统的北极安全治理，其核心机制和基本模型不仅具有自适应性，而且能够实现自组织演化，并从一个复杂性的治理问题逐渐变成一个全球性的公共问题。总的来看，虽然在短期内北极的经济获益机会具有较大的吸引力，但从长远来看，包括北极气候变化与冰层融化在内及其衍生的实际问题，正从全球安全的角度提醒着地球正在变暖，北极安全及其治理不仅是北极的地区性问题，更是需要全球响应的复杂性公共问题。正如有学者指出的，需要加强对快速变化的北极地区的制度构建，因为北极现在是一个重要的地理分区，是“全球知识共享”的重要组成部分，随着气候的不断变化以及正在开展的行动，从生态系统的角度重新概念化和构想北极区域非常重要①。因此，北极安全治理问题亟须包括中国在内的重要利益攸关国家的积极参与和应对，为打造一个长期稳定、和平、可持续发展的北极安全复合体提供强有力的保障。

中国作为推动北极安全治理复杂性系统演化的重要关注者和行动者，在参与过程中不断生成北极利益。其中，北极治理参与国家的共识与行动场域分别构成了中国参与的基础性条件与必要性条件，中国国家安全观念变迁与国家发展需求满足分别是中国参与的内在要求与外在驱动。以此为背景，基于北极安全攸关程度、北极安全影响扩散、北极事务参与阶段的中国北极安全利益的分类、分层、定序生成，不仅证明了中国参与北极安全治理所生成安全利益的合理性与可实现性，而且进一步反映出中国参与所要面临的复杂

① Uttam Kumar Sinha. Arctic：A paradox and antithesis [M] //Prem Shankar Goel，Rasik Ravindra，Sulagna Chattopadhyay. Science and geopolitics of the white world：Arctic-Antarctic-Himalaya. Switzerland：Springer International Publishing AG，2018：61.

性态势及其形成的挑战与机遇。上述利益的生成要求我们把握其多重效果，注重健全利益表达的内容体系，拓展利益回应的基本渠道，增强中国参与北极安全治理的国家利益意识导向，以此为我国选择行之有效的参与路径指明方向。

# 第五章

# 复杂性理论视角下中国参与北极安全治理的路径选择

在北极安全治理不断涌现复杂性并进行自适应建构与自组织演化的过程中，中国参与北极安全治理既具有合理合法性，并基于中国与北极安全的客观复杂性关联而形成多重依据，又能够以自身理念与行动促进对于北极安全及其治理复杂性的认识并推动其系统建构和演化。在这一背景下，中国参与北极安全治理应当树立复杂性观念、强化复杂性准备、提高复杂性能力并制定有效的分步走参与战略，以推动构建北极安全人类命运共同体，在北极安全治理中扮演负责任的参与者、推动者与贡献者角色。

## 第一节　树立中国参与北极安全治理的复杂性观念

在复杂性理论视角下，树立复杂性观念就是要求我们将复杂性的基本概念、观点、方法等运用到对于复杂问题与事务的认识和处理之中，着眼于事物或者说系统的变化、发展并不断提出新的问题。中国参与北极安全治理树立复杂性观念是基本前提，需要将参与看作一个长期的复杂性过程，在复杂局面中把握和创造机遇。

### 一、中国参与北极安全治理是一个长期的复杂性过程

中国参与北极安全治理的合法性源于涉及北极事务的国际法及相关公

约、条约，合理性源于中国作为世界上最大的发展中国家和世界第二大经济体理应具有涵盖南北极在内的全球性安全战略关切和利益诉求，可实现性则源于对北极国家正当权益的认可以及对当前北极治理机制的尊重。中国只有在合法性与合理性的基础上遵循可实现性的要求，才能顺利地参与北极安全治理。在这个复杂的参与过程中，中国首先要在观念上有所革新：既要突破在国际无政府状态中崇尚权力政治、冲突与战争的现实主义局限，把握北极安全治理中的政治与军事因素；又要吸收讲求国际对话合作、致力于发挥国际机制作用的理性主义思想，重视北极安全治理中的多元社会与稳定和平因素；还要具有追求建设“道德统一体”式的国际社会的革命主义情怀，关切北极安全治理对人类文明发展、进步的积极作用①。这充分证明中国参与北极安全治理确实是一个长期的复杂性过程，除了单一的参与理念不再适用之外，过去单纯依靠国家与政府力量的行动也需要有所调整。

因此，中国参与北极安全治理首先不应是被动参与，而是出于维护自身权益和全人类共同利益需要的主动参与。在北极安全及其治理不断涌现复杂性并进行自适应建构与自组织演化的过程中，中国必须重视北极多重安全因子的复杂关联与扩散效应，主动关注并参与北极安全治理机制建构与优化，既要注重对中国北极安全与发展权益的表达和回应，又要注重对其他北极域内外国家合理权益主张的重视和维护，促进共同利益的实现。其次也不应是注重眼前目标的短暂性参与，而是应注重长远价值的持续性参与。中国不是冲着自身狭隘的北极利益参与北极事务的，而是希望为形成应对包括北极安全问题在内的北极治理机制贡献一份力量，注重长期性的合作参与。最后更不应是简单的经济或政治参与，而是要在推动北极安全治理形成复杂自适应、自组织系统与机制的过程中成长为不可缺少的适应性主体。这就要求中国注重增强与其他北极事务实质性参与国家、组织机构等的相互联系，突出对北极环境的保护、对北极善治的推动以及对北极可持续发展的实现等。总之，中国应当树立北极安全治理的复杂性观念，重视实际参与的现实复杂

① 云宇龙. 国际社会理论视角下的北极安全治理与中国参与［J］. 领导科学论坛，2017（17）：66-76.

性、战略复杂性和行动复杂性。

## 二、中国参与北极安全治理需要在复杂局面中把握和创造条件

在北极正经历深刻变化、安全化与去安全化诉求日益凸显的背景下，中国树立参与北极安全治理复杂性观念，更加要着眼于北极安全治理这个复杂性系统的发展、变化情况，识别和应对可能出现的诸多问题，不断创造和把握机遇。

其一，中国需要密切关注北极安全及其治理的变化情况，把握深度认识、保护与利用北极的战略窗口期。当前，北极在全球与地区气候、环境、发展中的地位和作用机制正变得日趋复杂，北极自身安全、地区安全、人的安全、向全球扩散的安全影响也日益交织并凸显复杂性结果，站在新的角度重新认识北极、保护北极、利用北极已经成为包括中国在内的所有实质性参与北极事务国家以及其他北极利益攸关国家的重要任务，并由此形成新的战略窗口期。在这一背景下，北极及其变化与中国息息相关的观念应当成为中国参与包括安全在内的北极事务的基本点。只有从这个基本点出发，才能整合一切可以整合的力量去深度挖掘北极安全的复杂性内涵并及时判定其影响因素和演变趋势，才能在实现治理能力与治理体系现代化的过程中保持对北极安全这类国际公共事务的有效认知并发挥治理作用。

其二，中国需要围绕北极安全治理多重需要提出具有建设性的主张，塑造有助于中国深入参与北极安全治理的战略机遇期。在不远的将来，北极安全治理的重要议题将是围绕北极资源开发而进行的，以此为中心目标，北极航道通航利用的速度与规模、相关国家增加在北极地区实质性存在的行动、围绕资源开发所可能产生的安全风险都将不断增加，北极资源需要共同开发，但面临着安全开发、利益纠葛与冲突的问题[①]。考虑到这种现实与未来情况，中国要积极塑造北极安全治理参与的战略机遇期，应该适时为北极资源共同安全开发、北极安全对话机制建设、北极和平与发展提供具有中国智

① 丁煌，云宇龙. 责任嵌入：中国参与北极安全治理的路径选择［J］. 湘潭大学学报（哲学社会科学版），2018，42（02）：13-19.

慧的建设性方案，在尊重既有安全治理机制的基础上，寻求更高层面的安全议题合作，实现自身责任的议题性嵌入。可以考虑围绕北极资源能源（包括北极矿产资源、油气能源、海洋生物资源、科考资源、航道资源等）开发议程推动北极安全对话机制的建设与完善，主张将北极安全问题上升并纳入全球安全治理体系，与北极安全治理密切相关的国家应该共同达到“对话而不对抗、结伴而不结盟”的状态，共同营造北极和平与发展的局面①。实现这些行动上的变革，首要的就是进行观念上的革新，不断树立复杂性观念，直面北极安全治理中已经出现与可能出现的诸多问题。

其三，中国需要在全球安全治理中发挥积极作用，向外界证明和展示中国参与北极安全治理的可靠能力以形成参与的战略信任期。当前，外界对于中国参与北极事务还存在一定疑虑，个别国家还抱有诋毁甚至抵制的态度。这对于中国参与北极安全治理并非利好消息，因为安全事务的参与及活动相较经济、文化等其他领域事务的参与更加敏感，上述已经存在的外部话语环境可能会催生中国参与的阻力。面对这种复杂的外部环境，中国需要依靠自身努力与积极行动消除北极安全治理参与过程中可能面临的外部疑虑、错误猜忌、故意诋毁等情况。实际上，树立中国参与北极安全治理的复杂性观念，需要及时行动，在不同的国际场合展现负责任的大国角色形象。近年来中国参与联合国维和与海军护航②就是最好的例子，这既有利于保障中国同胞在海外的生命、财产安全，凸显我国切实维护每一个中国同胞海外安全的决心，也能够向外界展现中国承担国际安全义务、维护地区和平稳定的国家

① 丁煌，云宇龙. 责任嵌入：中国参与北极安全治理的路径选择［J］. 湘潭大学学报（哲学社会科学版），2018，42（02）：13-19.

② 1990 年，中国首次向联合国停战监督组织派遣 5 名军事观察员。截至 2018 年 12 月，中国先后派出维和人员 50000 余人次，参加 25 项联合国维和行动。中国海军舰艇编队赴亚丁湾、索马里海域执行护航任务，是我国根据联合国的有关决议，参照其他国家做法并取得索马里政府同意后进行的。自 2008 年 12 月 26 日开始护航至 2018 年 12 月，中国海军已累计派出 31 批护航编队、100 艘次舰艇、67 架直升机、26000 余名官兵，远赴亚丁湾、索马里海域执行护航任务，共为 1191 批 6595 艘中外船舶护航，解救、接护和救助遇险船舶 60 余艘，持续保持着被护船舶和编队自身“两个百分之百安全”的纪录，先后圆满完成了利比亚和也门撤侨、马航失联客机搜救、马尔代夫紧急供水、叙化武海运护航等任务（参看中华人民共和国国防部. 中国海军第 31 批护航编队启航执行护航任务［EB/OL］.（2018-12-09）.［2023-02-01］. http：//www. mod. gov. cn/action/2018-12/09/content_ 4831609. htm.）。

能力与国家形象，还能够促使中国在参与北极安全治理等全球相关领域事务治理的过程中获得更多的信任与支持，从而在一定程度上有助于中国适应北极安全治理参与的复杂外部环境，并以树立复杂性观念为基础，不断强化复杂性准备、提升复杂性能力来塑造更加良好的参与环境。

## 第二节　强化中国参与北极安全治理的复杂性准备

在中国参与北极事务的总体过程中，加强北极科学研究、加快北极实践活动、加大北极国际合作力度等都指向夯实参与基础，为深入参与北极事务做最充分的准备。对应到复杂性理论视角下北极安全治理的中国参与，就是要运用复杂性的基本理论来指导、优化上述参与活动，包括提升北极科学研究的系统涌现性，加快培育北极实践活动中的多元适应性主体，正确把握和运用北极国际合作的自组织特性、建立健全相关保障机制等，以强化中国参与的复杂性准备。

### 一、注重提升北极科学研究的系统涌现性

中国的北极科学研究主要包括基于北极考察与观测的自然科学研究和基于北极治理现状及其机制的社会科学研究这两大版块内容，一般是从了解北极的基本情况出发，再结合不同学科的研究侧重点和中国与北极的关联及中国参与情况等，不断寻找一般性的科学规律并提供科学的证据和结论。然而，从目前的情况来看，自然科学研究相对较多且比较集中，社会科学研究起步相对较晚且比较分散，学科内部之间的对话还较少。那么，通过提升北极科学研究的系统涌现性强化中国参与北极安全治理的复杂性准备，就需要从以下几个方面着手。

第一，整合不同北极行动者的力量，将促进系统及其涌现的观念运用到北极科学研究的实践行动中。目前我国北极行动者主要包括通过北极事务决策与执行来推动北极科学研究的官方组织机构，直接参与北极科学研究的相

关科研机构与高等院校，为相关北极科学研究提供一定素材和条件的北极开发参与企业等。从官方组织机构来看，按照归口管理、分级负责、协调配合的原则，主要是外交部和自然资源部（对外保留国家海洋局牌子），其中外交部的具体司局是政策规划司、边界与海洋事务司、条约法律司等，自然资源部的相关部门是国家海洋局极地考察办公室、中国极地研究中心、海洋发展战略研究所等。相对而言，自然资源部的相关部门更加贴近我国北极治理参与的具体事务，这些部门需要扮演前期研究者、资料收集者、意见提供者、组织协调者等角色。从相关科研机构与高等院校来看，主要是中国科学院、中国工程院等的相关内部机构，以及武汉大学、上海交通大学、同济大学、中国海洋大学、大连海事大学等高校的相关研究中心与研究团队。从相关企业的实际参与情况来看，主要包括中国石油天然气集团有限公司、中国大型的煤炭和铁矿石进口商之一的俊安集团、中集海洋工程研究院有限公司、中国航天科技集团有限公司等[①]。强化中国参与北极安全治理的复杂性准备，首要的就是进一步整合上述主要行动者的力量，官方组织机构、研究机构与高等院校、相关企业等分别发挥引导和提供条件、参与和注重产出、补充和辅助保障的作用。从构建关键行动者的主体行为系统出发，增强系统各个部分之间的沟通联系以发挥系统的整体功能，以此为中国北极科学研究创造良好的外部环境和支撑条件。

第二，增强不同学科之间的研究对话，促使整个北极科学研究系统不断涌现出新的状态、性质和功能。在上述行动者的参与和支持下，应该注重加强北极自科、社科研究学者及其研究成果之间的对话。尽管自科与社科的研究方法、话语、范式等截然不同，但是两者在关于认识北极、保护北极、利用北极等方面具有一致性，可行的思路是将北极自科与社科研究学者纳入一个共同的研究网络或政策小组中，促使两类学者充分交流，为增进北极知识

① 2007 年，中国石油天然气集团有限公司获得了加拿大阿尔伯塔省的油砂矿开采权；2015 年，俊安集团接管了格陵兰岛价值 20 亿美元的铁矿石项目，成为中国全资拥有的首个北极资源项目，引起了世界的广泛关注。（参看孙凯，张佳佳. 北极“开发时代”的企业参与及对中国的启示 [J]. 中国海洋大学学报（社会科学版），2017（02）：71-77.）中集海洋工程研究院有限公司、中国航天科技集团有限公司亦已分别和俄罗斯、挪威的有关方面签订了相关的北极合作协议，前文已有论述，此处不再赘述。

提供新的来源和思路。在研究成果对话方面，北极自科研究者可以尝试借鉴社科研究过程与结论表达更为多样和通俗的做法，扩大研究成果的传播度；同时北极社科研究者应当尽可能地运用自科研究者们通过观测、实验等获得的科学结论，以更好地支撑自身的研究。这样，中国的北极科学研究才会脱离不同研究者与研究成果“泾渭分明”的局面，才能涌现出学科交融互鉴、知识流动共享、内容丰富多元的新格局。具体到北极安全及其治理研究领域，自然科学家关于北极洋流、气温、降水等及其与中国关联的研究成果可以运用到北极复杂性安全变化及其中国参与研究的过程中，社会科学研究者对北极安全及其治理的分析和建议也可以给自然科学关于北极安全影响因素的探讨提供思路借鉴，两者通过持续对话，涌现出新的合作态势，共同指向于对北极安全及其治理知识的增加与机制的完善。

第三，构建从知识到行动的北极科学研究体系，充实包含认知、评估、反馈等环节的北极科学研究过程。实际上，来自不同机构的行动者与来自不同学科的研究者都是站在不同的角度对北极进行认知、评估和反馈的。政府行动者希望增进对北极的全面了解以制定合理的北极政策并为中国参与北极治理创造良好的外部环境，这就要求其对包括北极安全与发展在内的总体北极环境进行认知和评估并及时获取来自其他主体的反馈信息。研究者们希望通过对北极的观测和研究来丰富已有的研究成果并体现其经济、社会与政策效益，这就要求其不断获得关于北极的一手资料、运用新的跨学科的研究方法、吸收不同学科的知识并注重与国外学术界进行对话以获得观点回应与知识反馈。市场（企业）行动者则希望借助已有的北极知识从北极活动中获得经济收益并提高参与的技术及能力，这就要求其根据自身实际情况判定在当前北极经济开发活动中的位置并在寻求合作的过程中注重相互沟通、反馈。在从知识到行动的北极科学研究过程中，以评估为关键工作来讨论北极问题，需要从评估作为可交付成果的线性模型转向循环的迭代模型，以回应北极挑战①。总之，构建完善的北极科学研究体系，是强化中国参与北极安

① Kristin Timm，Allen Pope，Malgorzata（Gosia）Smieszek et al. Arctic science：from knowledge to Action?［J］. The Polar Journal，2017，7（02）：428-429.

全治理复杂性准备的基础，有助于提供中国参与的恰当依据并增强参与的知识支撑与行动能力。

## 二、加快培育北极实践活动中的多元适应性主体

中国以往的北极实践活动主要是北极科学考察，随着北极事务参与的深入，中国北极实践活动的方式也日渐增多，可以概括为官方的、半官方的、非官方的实践活动方式。如前文所述，官方的实践活动，主要是政府及其相关部门组织、参与的涉及北极事务的活动，包括进行常态化的北极科学考察、发布北极相关项目的招投标、举办或参与北极多元外交活动等。半官方的实践活动，主要是相关政府部门与相关科研机构、高等院校、智库等共同参与、举办的北极活动，包括联合行动、研讨会议、国际论坛、人员访问等。非官方的北极实践活动，目前主要涉及我国部分企业与国外相关企业合作的北极资源开发项目、一些社团和公司组织的北极摄影观光与旅游探险活动、少数中小学开展的北极之行活动还有少数公民的北极自由行等。强化中国参与北极安全治理的复杂性准备，需要在以上不同的北极实践活动中注重培育多元适应性主体，也即培育关注北极安全变化、关切中国北极事务参与并不断适应、学习和成长的能动性对象。

首先，通过组织、协调和服务职能的整合与完善，明确官方北极实践活动的关键主体，形成适应当前北极深刻变化情况和北极事务参与形势的行动体系。北极科学考察仍然是中国参与北极事务的“重头戏”，因此应当注重完善国家海洋局极地考察办公室的适应性职能。国家海洋局极地考察办公室是具体负责我国极地考察一应事务的主管部门，如何在机构改革的背景下进一步优化其机构设置和职能履行应成为当务之急，以更好地组织北极考察筹备、实施、指导等活动并开展对外合作与宣传，应对北极治理日益国际化的趋势。发布有关北极项目的招投标、举办或参与北极多元外交活动等，也需要国家海洋局极地考察办公室提供相关的信息、知识与政策建议，并在自然资源部、外交部、科技部、生态环境部、国家发展改革委等部委的相关司局的协同参与下营造良好的北极项目研究氛围，积极举办北极主场和参与北极

客场外交活动，形成对内注重组织和宣传、对外加强对话和合作的北极实践活动新格局。在这种状态下，中国参与北极安全治理才能有的放矢，进一步明确职责并获得全面保障。

其次，通过引导、对话与沟通作用的发挥，凸显半官方北极实践活动方式及其主体的优势，打造有助于中国参与北极安全治理的良好氛围。半官方北极实践活动中的主体更为多元，来自相关部门的官方代表、来自研究机构与高等院校的科研工作者、来自智库的专家等可以通过宽松的对话达成共识并发挥价值引导与条件保障的作用，进而奠定与国外相关部门、机构、人员等进行交流与合作的基础。因此，注重培育适应性主体，应该凸显科研机构、高等院校、智库等的适应性功能，这些组织具有独立性较强、理论研究功底较好、对内外部环境的感知更为敏锐等优势。通过它们来进行关于我国包括安全在内的北极事务参与的对外话语表达、联系与回应，尽管可能在正式性、权威性方面可能有所欠缺，但是对于我国试探性地表达北极安全利益关切、探知并回应外界舆论意见具有重要意义。

最后，通过鼓励、规范非官方北极实践活动主体的参与行为，发挥其对于中国参与北极安全治理的话语表达、回应及补充的功能。前文列举的非官方的北极实践活动可以在一定程度上体现中国参与北极治理的意愿，反映中国公民的北极环境保护意识和国际旅游素养，从而有助于拓宽我国包括安全在内的北极事务参与的渠道。比如，参与北极资源开发的私人公司、从事极地政策与法律研究的民间智库、对极地特别是北极国际合作感兴趣的企业家等，这些主体具有和实质性参与北极事务的国家及组织进行对话交流的机会。如前文所言，引导这些主体适当地表达我国对于北极安全及其变化的关切以及参与北极安全治理的意愿等，有利于推动我国与其他北极事务参与国家的多渠道交流与互动。总之，中国北极实践活动中适应性主体的培育还需要较长的选择期，以有效判定哪些主体能够适应北极安全治理复杂性系统的建构与演化，能够通过主体与主体、主体与环境的交互作用来提升适应性，进而有助于强化中国参与北极安全治理的复杂性准备。

## 三、正确把握和运用北极国际合作的自组织特性

在复杂性理论视角下，北极国际合作具有一定的自组织特性，其原因是多方面的，既包括北极国家在北极快速变化的背景下难以通过内部化的行动来应对多样化的北极问题，也即抵消不了北极及其治理系统所产生的“增熵”，从而需要外部主体的参与。又包括建立在协同基础上的多元主体合作是推动北极安全复杂性治理的必由之路，主体之间能够自主地就认识、保护与利用北极过程中的关键问题进行对话与合作而不需要特别的外部推动。还包括从北极长远的可持续发展来看，只有在遵循北极自身发展规律的基础上，通过治理主体与客体的持续互动，自动地选择有效的治理方式、确定恰当的治理机制，才能维护北极长期安全、稳定与和平的局面。在通过北极国际合作更好地认识北极层面，为了更全面地了解北极的变化过程及其对北方和全球人民及环境的潜在影响，国际研究界需要协同与合作——特别是考虑到获得做出正确决策所需的全部信息所依赖的高成本与长期承诺，没有哪一个国家可以单独承担这项工作，或者能够在经济上负担得起这项工作需要①。这实际上就证明了建立在自组织基础上的合作机制对于北极治理的重要性。中国作为推动北极安全治理复杂性系统建构的适应性主体，不仅需要把握上述北极国际合作的自组织特性，更需要运用这一特性来拓展中国参与包括安全在内的北极治理的空间和机遇。

一方面，在北极国际合作中，中国应当立足其开放性及与外界进行持续交换所形成的参与机遇，根据所有参与北极事务的国家与非国家行为体的不平衡状态，在合作主体之间及其与环境之间的非线性交互作用中扮演积极的角色。北极国家在一定程度上把握着北极国际合作的主导权，一方面它们在北极核心议题合作方面设置参与条件和要求，域外国家参与或推动北极合作不能突破它们认为的北极权利底线并要在它们拟定的合作框架内开展行动；

---

① Steven C. Bigras. Arctic science in the common interest［M］//P. A. Berkman, A. N. Vylegzhanin (eds.). Environmental security in the Arctic Ocean, NATO science for peace and security series C: Environmental security. Dordrecht: Springer, 2013: 321.

另一方面它们又欢迎域外国家和组织参与有限的合作，以平衡它们内部之间的实力与话语权差异并弥补在资金与技术方面的缺口。面对这种情况，中国可以选择与瑞典、挪威、丹麦等北极北欧国家进行合作，从低敏感度的资源开发、环境保护、原住民权益实现等领域的合作，逐渐过渡到北极治理机制变革、北极安全与发展等敏感度较高的领域的合作。中国还可以进一步深化与俄罗斯在北极的多项合作，加强与美国、加拿大等国家的北极事务对话，深度参与到北极政府间组织与非政府组织的合作活动中，力图成为北极国际合作自组织中的关键行动者。

另一方面，北极国际合作中存在着大量的协同与竞争行为，中国应当注重参与和推动协同、避免选边站队与过度竞争，努力成为能够深度认识北极治理客体、有效推动北极治理机制优化的适应性主体。这就离不开中国通过促进北极科学研究的系统涌现性、开展多样化的北极实践活动来满足这种需要，构建起从观念转变到行动落实的北极治理参与体系。在这个过程中，中国注重参与北极非政府国际组织的工作并适当提高在这些组织中的话语权至关重要，因为非政府国际组织能够更多地参与北极国际合作并日渐成为提供北极知识与信息的关键主体，这些组织推动的不同国家在政府与非政府层面的北极对话与合作，正在构成有关政府进行决策和行动的基础。总之，中国参与北极安全治理离不开更加深入地参与北极国际合作，不断把握北极国际合作自组织过程中的关键因素及其作用机制，以此为中国在北极安全治理参与中表达意愿、承担职责、发挥作用奠定基础。

### 四、建立健全中国参与北极安全治理的保障机制

上述北极科学研究、适应性主体培育、北极国际合作的复杂性准备，需要进一步落实到中国参与北极安全治理的实践过程中，还离不开建立健全以下三方面的保障机制，以增强复杂性准备的支持效果。

第一，健全中国参与北极安全治理的资金投入机制。我国参与北极安全治理的技术装备开发与更新、人才培养与使用都需要强大的资金支撑，建立资金投入机制应该要在以下几个方面着手。首先，应该明确中国参与北极事

务、维护北极国家利益的预算资金。这部分资金应该纳入相关部门的专门预算经费，可以在自然资源部设立专门的财政预算项目，然后按照各相关单位的不同职能划拨经费，比如用于极地人员培训、实地考察、技术研发、科学研究等方面。其次，应该吸引除国家财政资金之外的企业与社会资金投入到中国参与北极安全治理的实践中，可以采取投融资、参股入股等形式让企业组织参与相关北极开发与利用项目，扩大北极活动的经费来源并借此开展有利于减少外界疑虑的多样化北极活动。再次，应该提高资金投入使用的效果，专项资金应该根据我国参与北极安全治理的总体目标、阶段性目标、具体领域与事务性目标来分配以确保资金使用效果。最后，应该加强资金投入使用的监督，应该发挥政府内部监督与社会监督的功能，特别是要完善和畅通专项资金投入使用的公开与监督渠道，凸显政府审计和公众参与监督的作用，实现投入资金的专款专用。

第二，优化中国参与北极安全治理的跨部门协作机制。我国海洋管理体制存在如下具体问题：海洋管理部门纵向关系僵化、执行力度不足；横向协调混乱、管理凝聚力差；斜向合作较少、跨部门协作困难[①]。因此，我国参与北极安全治理同样需要破解上述问题，不断优化跨部门协作机制。具体而言，其一是要切实发挥国家海洋委员会的统筹协调功能，加强跨部门的横向协作。国家海洋委员会作为高层次的议事协调机构，主要负责制定国家海洋发展战略，统筹协调海洋重大事项。将参与北极安全治理、维护北极国家利益纳入国家海洋委员会的工作议程，有助于北极业务部门、科学研究机构、后勤保障单位之间的横向协作，提高北极安全治理的参与和回应效率。其二是要适当将海洋管理权力上收和集中于国家海洋管理部门，有效解决纵向执行问题。可以考虑以自然资源部及其涉海管理机构为基础，建立海洋系统的大部门体制，理顺国家海洋事业职能配置、机构设置、内部结构和运行机制等之间的关系，增强海洋事业纵向管理的效能，确保政策执行更加到位，从而在参与北极安全治理的过程中，集中优势资源应对北极安全变化并不断满

① 宁凌等．基于海洋生态系统的中国海洋综合管理研究［M］．北京：中国经济出版社，2016：72.

足我国北极事业发展的需要。其三是加强中央和地方海洋管理部门的交流，促进海洋、海事、海警、海巡等部门的合作，形成跨部门合作体系。理顺海洋管理系统的中央与地方关系，调动地方海洋管理部门的积极性。加强中国海警局、交通运输部直属的国家海事局、农业农村部下设的渔业渔政管理局、外交部与海关总署相关司局等之间的业务交流与日常合作，共同探索有利于维护北极安全与发展利益的新思路和新机制。

第三，完善中国参与北极安全治理的国际合作机制。在南极和北极国际治理正处于转型的背景之下，我国应当从战略的高度，运用多重政策工具，深度参与极地治理，增加议题设定能力和影响力，促进南北极地区的有效治理、和平稳定、经济合作和科学进步①。在前文所述的正确把握和运用北极国际合作的自组织特性的基础上，我国参与北极安全治理必须着眼于持续参与北极国际事务，优化国际合作机制。具体而言，我国应持续加强与北极国家的合作，从政治敏感程度较低的环境保护、气候变化应对等领域介入，逐渐转向北极资源开发利用、基础设施建设、公共产品供给等领域，创造维护北极安全利益的稳定环境。我国应深化与北极域外国家的合作，共同致力于完善现有的北极治理机制，更好地维护各国共存共享的北极安全利益。我国还应加强与相关北极国际组织、北极原住民组织、大型跨国企业等的交流，积极承担维护北极安全的责任和义务，扮演北极安全的维护者和贡献者角色。

第四，建立中国参与北极安全治理的效果评价机制。在维护国家利益与履行国际责任的双重要求下，需要我们清醒地认识和理性地评价中国参与北极安全治理的最终效果，以查漏补缺、持续提升参与水平。这就要求建立以一整套北极安全治理参与效果评价指标体系为核心的评价机制。核心的指标体系构建，一方面可以围绕前文所述的观念树立与转化情况、机遇创造与把握情况、国际合作参与情况等来具体构建，设置观念的贯彻程度及其衡量指标、参与能力水平及其提升程度与量化标准等。另一方面也可以立足于我国参与北极安全治理的技术装备投入、人才培养和使用、相关法律研究与应用

① 杨剑. 中国发展极地事业的战略思考［J］. 人民论坛·学术前沿，2017（11）：6-15.

等维度来构建具体的效果评价指标。除此之外，建立中国参与北极安全治理的效果评价机制，还应该明确效果评价主体与选用合理的评价方法。可以完善以国家海洋委员会为主导、相关政府部门为主体、相关高校与研究机构等第三方主体为辅助的评价主体体系，整合发挥内部评价主体易于掌握第一手资源、权威较足与外部评价主体相对独立、方法较多的优势，合理选用内部与外部主体评价、定性与定量评价、差别化与综合化评价等方法，科学评价我国参与北极安全治理的效果，为后续的理念优化、能力提升与保障完善提供充分依据。

## 第三节　提高中国参与北极安全治理的复杂性能力

正如当前主权国家具有参与北极事务资格的基本条件是在北极能够自由进出并开展实质性活动一样，包括中国在内的北极利益攸关国家参与北极安全治理也应具备相当的能力，因为能力是域外国家参与北极事务的首要标准。具体到中国参与北极安全治理，就是要不断提高参与的复杂性能力，从基于树立复杂性观念的话语能力提升，到基于强化复杂性准备的北极安全公共物品供给能力提升，再到推动北极安全治理的机制变革倡议和制度创设能力等，总的目标是促进中国持续、深度地参与北极安全治理，为维护北极的长期和平、稳定与安全贡献中国力量。

### 一、提高中国参与北极安全治理的话语能力

在国际公共事务领域，话语是行动者——无论是个人还是国家——通过进入话语所界定的特定主题来定义自己的方式，在行动者身份以一种非常特殊的“我/我们”的话语方式产生的过程中，将自己确立为特定话语的主体[①]。对于北极安全治理这样一个充满复杂性的全球公共问题，中国在

① Charlotte Epstein. Who speaks? Discourse, the subject and the study of identity in international politics [J]. European Journal of International Relations, 2011, 17 (02): 327-350.

关注和参与的过程中也应当通过特定的话语来表达自身的诉求并合理地确定在北极安全治理中的位置，这就依赖于中国话语能力的不断提高，以更好地发挥话语塑造身份、建构认知、影响对外政策的选择①的作用。

中国参与北极安全治理的话语能力主要侧重于我国在不断感知、学习的基础上建构和形成北极安全观，通过持续的北极话语表述、阐释、宣传等环节并注重回应外部反馈以获取更多的北极安全利益理解、认同和支持的过程。这个现实过程需要以话语表达内容为内核、以话语回应范围为外延，持续优化中国参与北极安全治理的话语活动。表 5-1 列出了中国参与北极安全治理的话语能力的具体内容。但是当前我国参与北极安全治理的话语活动还仅仅是将普遍需求转化为共同话语——几乎所有实质性参与北极事务的国家都具有安全进出、科学考察、开发利用北极并确保北极活动、资产与其他利益的安全诉求；只是部分地具有综合国力转化为话语权力的特征——近年来我国在北极事务中的话语权有一定程度的上升，但获得部分话语权的背后是某些国家和国际组织对中国参与北极事务的怀疑、猜忌乃至反对。因此，中国必须围绕话语意识、话语学习、话语沟通、话语表述、话语反应等方面的指标要求持续提升话语能力，这就要求至少在以下三个方面有所完善。

**表 5-1　中国参与北极安全治理的话语能力的具体内容**

| 能力指标 | 指标内容 |
|---|---|
| 话语意识能力 | 能够充分意识到中国参与北极安全治理的必要性与复杂性，并在日趋复杂的北极治理环境中理解话语权对于中国参与北极安全治理的价值 |
| 话语学习能力 | 能够学习相关国家参与北极安全治理的政策话语文本，并将其消化吸收为能够为我所用的话语内容 |
| 话语沟通能力 | 应该尽量统一话语口径并和其他北极安全治理参与国家之间进行有效的话语沟通，争取营造我国参与北极安全治理获得外部理解与认可的良好氛围 |

① 孙吉胜. “中国崛起”话语对比研究［M］. 北京：世界知识出版，2015：1.

续表

| 能力指标 | 指标内容 |
| --- | --- |
| 话语表述能力 | 能够将中国与北极安全的复杂性关联、中国在促进北极安全治理机制上的意愿和作用等进行对内对外的阐释、宣传和表达，减少中国北极安全话语被误解误判的情况 |
| 话语反应能力 | 能够及时就外界对中国参与北极安全治理的不同看法观点乃至疑虑误解进行回应，努力通过多种途径回应外部反馈意见进而有效表达中国参与北极安全治理的理念、目标和立场等 |

第一，构建完善的话语主体系统。国际话语体系中的话语者（话语主体）一般是指主权国家的官方组织机构及其代言者，也可以是非官方组织或群体，而更重要的是这些组织机构背后的国家身份定位①。中国参与北极安全治理的话语主体系统，应该涵盖前文所述的涉及中国北极事务参与的官方组织机构、相关科研机构与高等院校、有关企业等，这些主体通过不同级别的正式外交渠道和外宣活动来完成话语活动。这就要求这些主体之间形成一种分工合理、相互补充的统合力量，为我国开展对内的北极科普教育活动和参与对外的北极安全事务国际交流合作活动提供话语来源素材，以不断建构科学合理的北极安全观。

第二，提升话语内容的质量。中国参与北极安全治理的话语内容需要建立在话语意识、话语学习和话语沟通的基础上，应当囊括中国参与北极安全治理的基本依据、政策立场与未来打算等。提升话语内容质量还需要我们对以下问题进行回答和解决：比如，对中国为什么会存在北极安全与发展利益进而需要参与北极安全治理缺乏翔实分析、对中国参与包括安全事务在内的北极治理的缺乏具体时间和进度安排、对中国如何巧妙介入北极安全治理的具体领域缺乏前瞻性思考等。在我国未来深度参与北极治理的过程中，能否完善话语内容并提升其质量，关系到我国能否在参与北极安全治理的过程中维护北极国家安全与发展利益，因而需要持续关注并有效应对。

① 邵鹏，陶陶. 新世界主义图景下的国际话语权——话语体系框架下中国国际传播的路径研究[J]. 新疆师范大学学报（哲学社会科学版），2018，39（02）：105-110.

第三，打造有效的话语平台。话语平台与我国在北极安全治理参与过程中如何进行话语表述、开展话语回应等密切相关，甚至决定了相关话语活动的实际效果。我国参与北极安全治理的话语活动是一个不断重视并争取话语权的过程，借助或打造不同的话语平台，有助于提升话语能力。事实证明，相对于国家间双边的北极事务合作与学术界的北极治理交流，覆盖多个主体的多边交流合作平台与多样化的话语工具，对这种能力的提升更加显著。尽管近年来我国积极参与北极国际合作交流活动并取得了一定成绩，但总的来看，北极事务的主导性话语权仍归属于以美国、俄罗斯、加拿大等为代表的北极理事会。描述这种客观现状，并不是要求我国费尽心思去争夺北极事务话语权，而是需要我国在尊重与合作的基础上充分寻求和利用多样化的话语平台与工具，强化我国在参与北极安全治理过程中的话语活动，逐步从参与现有平台、借用已有话语工具向创制话语平台、创新话语工具过渡，实现我国北极安全治理参与的话语能力的持续提升。

## 二、提高中国供给北极安全公共产品的能力

如前文所述，在北极安全治理复杂性系统的建构过程中，适应性主体的能力是非常关键的，它们基于自身的不同特性进行复杂交互，以更好地感知和应对北极安全及其治理问题，形成复杂网络化的治理机制并促进北极安全化与去安全化目标的实现。在这个过程中，国家行为体又是适应性主体中的关键力量，在一定程度上能够支配北极安全治理复杂性系统的建构和演化。对于中国等实质性影响北极安全治理的北极利益攸关国家而言，只有不断寻找和创造机会寻求合作，提高北极安全公共产品的供给能力，才能确保在北极安全治理中有所作为。

一方面，中国需要夯实与北极国家已有的合作基础，通过扩大共同的经济和安全利益、创造良好的安全合作机遇来提升供给北极安全公共产品的能力。近年来，中国与俄罗斯、冰岛、芬兰等北极国家的北极事务合作不断深入，为中国参与北极安全治理、提供北极安全公共产品提供了机遇。以中俄北极合作为例，中俄新时代全面战略协作伙伴关系深入发展为两国北极事务

合作铺垫了良好基础。2017 年 3 月 29 日在俄罗斯“北方之都”阿尔汉格尔斯克举行的第四届“北极-对话区域”国际北极论坛上，时任国务院副总理的汪洋受邀在开幕式上演讲，诠释中国参与北极事务将秉承尊重、合作、可持续的三大政策理念。这被外界视为俄罗斯正在改变过去在北极问题上防备中国的立场的表现，中俄北极合作具有巨大的空间与潜力。正如俄罗斯国家杜马议员伊戈尔·季温斯基与政治学博士安德烈·别利亚尼诺夫在《独立报》上撰文所指出的，中俄两国在北极地区的合作，涵盖从研究到国防的各个领域，将有助于加强我们国家的地区和全球地位①。2017 年 7 月 3 日，习近平主席在对俄罗斯进行国事访问期间，接受俄罗斯媒体采访时表示，中方欢迎并愿意积极参与俄方提出的共同开发建设滨海国际运输走廊的建议，希望双方共同开发和利用海上通道特别是北极航线，打造“冰上丝绸之路”。中国和俄罗斯在北极科学考察、技术研发、资源开发、航道利用等方面的合作将会越来越多，中国也拥有更多的机会参与涉及北极安全的科学研究项目、基础设施建设乃至规则制定过程。中国还与芬兰、挪威、冰岛等北极国家形成了良好的中国-北欧关系，北极合作包括极光观测点的设定、丝路基金的进入、中资企业在北海航道的活动、参与北极走廊铁路项目、中国-北欧北极研究中心的建立、中国在极地航行规则制定方面的贡献等领域②。中国与北极国家具有越来越多共同的经济发展与国际合作利益，并已经开始涉及北极安全领域。良好的北极合作机遇，为中国参与北极安全公共产品供给、发挥在北极安全治理机制建构与优化中的积极作用奠定了基础③。

另一方面，中国需要进一步把握当前北极安全及其治理局势，在特定的

① Игорь Дивинский, Андрей Бельянинов. Как усилить “Полярный фактор” в российскойполитике [EB/OL]. (2017-05-31). [2023-02-10]. http://www.ng.ru/kartblansh/2017-05-31/3_6999_kartblansh.html.

② 澎湃新闻网. 习近平先后会见芬兰挪威领导人，中国探索与北欧在北极合作 [EB/OL]. (2017-04-11). [2021-02-11]. http://www.thepaper.cn/newsDetail_forward_1659146.

③ 云宇龙. 国际社会理论视角下的北极安全治理与中国参与 [J]. 领导科学论坛，2017 (17): 66-76.

关乎北极安全的领域嵌入责任和义务，逐步提升多方面的北极安全公共产品的供给能力。近年来，北极国家越来越意识到北极环境污染、气候变化、冰川消融等问题已经远非它们自身可以有效应对的，加强与域外国家的合作成为它们的首选。在这种趋势下，有关北极自身安全、地区安全、人类安全、发展安全等在内的北极安全问题逐渐被提上日程，北极域外国家、与北极相关的国际组织与地区组织也日益关注北极安全及其治理问题，新的具体的北极安全领域和议题也在不断形成并出现。这为我国与北极国家在环境保护、基础设施建设、航道通航合作、应急搜救等与北极安全相关的领域开展合作提供了契机，使我国有机会在这些领域的具体议题中承担责任、履行义务。我国可以凭借资金、技术和人才优势在北极地区提供一定的安全类公共产品，比如，为北极环境变化及其保护提供安全预警，为北极基础设施建设提供安全保障技术，为北极航道通航提供安全导航与应急搜救服务等。除此之外，我国还应加强与其他北极域外国家的合作以及与北极非政府组织、原住民代表等的对话，深化在北极科学考察、航道通航保障、突发事件与应急管理、可持续发展等方面的安全合作，进而不断发掘北极安全与地区安全乃至全球安全的关联，防范北极恶劣的自然气候条件与复杂的海况冰情导致的安全威胁，增强应对北极活动安全风险的能力。

### 三、提高中国推动北极安全治理的机制变革倡议与制度创设能力

如果说提高话语能力是着眼于当前中国更好地参与北极安全治理，提高北极安全公共物品的供给能力是着眼于不远的将来中国能够更具说服力地参与北极安全治理，那么提高中国推动北极安全治理的机制变革倡议与制度创设能力则是着眼于中国未来能够更加深入和可持续地参与北极安全治理。这需要从以下三个方面着手。

首先，以话语能力提升及其作用发挥为契机，提高中国推动北极安全治理机制变革的倡议能力。中国提高北极安全治理参与的话语意识、学习、沟通、表述、反应等能力的一个关键目标就是在北极安全事务中掌握一定话语权，以此为中国的深度参与提供更好的话语制度环境。但是在一个制度中，

总会有多种可以采纳的观点，有些被接受了，有些则没有①，这也就是说，在影响制度形成和发展的过程中存在着彼此竞争的话语活动，获得支配性地位的话语才能够成为重要的制度话语。因此，中国首要的就是提升关于促进北极安全治理制度与机制变革的话语倡议能力，这极大地依赖于中国所倡议的理念、行动等的科学性与说服力。总的来看，中国可以以前文所述的全球安全治理观为基础，以总体国家安全观、人类命运共同体思想、新型国际关系倡导分别作为出发点、突破点和落脚点，在国际与国家行动层面形成实现北极安全总体治理、共同治理与创新治理的合力。具体来说，一方面，中国可以通过已经参与的北极事务平台，如北极理事会、国际北极科学委员会等以及双边与多边的中国-北欧、中俄、中美等相关北极合作机制等，有的放矢地提出关注北极安全治理议题并变革和建构其机制的倡议，以获得北极国家和北极地区性组织的认可与信任。另一方面，中国可以通过联合国相关机构、“G20”机制、“金砖国家”对话等平台，恰当而适时地发出北极安全治理倡议，为北极安全治理机制变革凝聚更多的国际共识，并以此检验中国通过倡议来推动包括北极安全治理机制在内的国际机制变革的能力和效果。

其次，立足北极安全治理复杂性系统的自适应与自组织特征，提高中国推动北极安全治理机制变革的制度创设能力。在全球治理背景下，有关区域性与全球性问题治理机制的提出和优化，可以看作供给公共物品或准公共物品的过程，类似的公共物品往往难以由某个国家或政府来单方面提供，而是通常需要合作供给。实际上，区域和全球公共物品供应方面的合作通常以某种类型的国际条约表达，如条约秘书处等各种机构的支持②。这种情况同样适用于北极安全治理机制的变革过程。站在复杂性理论视角而言，需要不断培养北极安全治理中的适应性主体并强化有序的竞争和持续的协同，这就离

① ［美］B. 盖伊·彼得斯. 政治科学中的制度理论：新制度主义（第三版）［M］. 王向民，段红伟译. 上海：上海人民出版社，2016：129.

② Scott Barret. Supplying international public goods：How nations can cooperate ［M］ //Marco Ferroni, et al. International public goods：Incentives, Measurement, and financing. Massachusetts：Kluwer Academic Publishers, 2002：73.

不开包括中国等在内的国家行为体不断立足北极安全局势及其治理需要来创新和设置相关机制，以完善北极安全治理复杂性系统的自适应和自组织过程。因此，提高中国推动北极安全治理机制变革的制度创设能力，最重要的就是在深度参与北极国际合作的基础上，通过相关的合作协议、协定乃至国际条约等表达中国参与北极安全治理的意愿，并在一定程度上促进中国所提出的制度性议题被认可与吸纳，从而优化中国参与北极安全治理的制度环境。在这方面，中国已经积累了一定的经验，比如，在第 40 届南极条约协商会议上，由中国牵头提出的在南极践行“绿色考察”的决议案就获得了通过，并受到各方代表的肯定与好评。未来中国参与北极安全治理同样可以促使此类的倡议落实成为常态性的决议和制度，在推动北极安全治理机制变革的同时发挥中国的积极作用。

最后，以把握北极安全治理多重需要为基础，强化中国参与深海、极地、网络、太空等战略新疆域治理的经验互鉴和能力切换，逐步提升将制度倡议转化为制度实践的能力。深海、极地、网络和太空等新疆域集中体现了人类的共同关注和共同命运，非常契合中国提出的“人类命运共同体”思想所倡导的共存、共享、共建、共荣等理念①。中国完全可以根据这些战略新疆域的独特价值和全球公域性质，来拟定合理的参与策略，适当地将中国参与全球深海治理、网络治理、太空治理的经验与应对方略有所选择地运用到参与包括安全在内的南北两极治理中，强化提升参与能力的知识储备与经验支撑。在这个基础上，提高中国参与过程中将制度倡议转化为制度实践的能力，还要求我国把握北极安全问题越发迫切且越发需要更多国家参与治理、北极安全治理议题有望提上日程的态势，在一定契机和场合下适当推动北极安全治理相关机制的构建，使其成为影响北极环境、气候、航道等领域治理活动的制度性因素，从而创造我国深度参与北极安全治理的制度契机，有效提升我国参与的复杂性能力。

---

① 杨剑. 深海、极地、网络、外空：新疆域的治理关乎人类共同未来［J］. 世界知识，2017（10）：39+42-43.

## 第四节　制定中国参与北极安全治理的分步走战略

对于中国参与北极安全治理而言，在树立复杂性观念、强化复杂性准备、提高复杂性能力的基础上，还应当制定中国参与的分步走战略。首先，在全球气候变化与北极开发利用日益深入的背景下，应当在明确上述中国北极安全与发展利益的基础上，强化中国参与的权利获取与义务履行意识；其次，利用机会与创造条件，着力推动北极安全治理议题的全球化；再次，要在构建北极安全人类命运共同体的进程中扮演负责任的大国角色。当然，复杂性理论视角下的中国北极安全治理参与并不存在终点，中国只有不断提升参与能力、深化参与程度、体现参与价值，才能够应对日趋复杂化的北极安全及其治理态势，实现中国与其他北极利益攸关主体乃至中国与世界的合作共赢。

### 一、强化参与的权利获取与义务履行意识

根据国家利益理论，获得包括权力因素在内的权利是实现国家利益的一种手段，依靠与义务相联系的国际制度也是实现国家利益的一种途径，国家利益的实现程度取决于权利的大小与义务的多寡以及两者的平衡。我国 20 多年的北极考察事业取得了丰硕成果，基本实现了从无到有、从有到多、从多到精的转变。可以预想的是，随着我国北极事业不断深入发展，我国获得的北极治理权利与需要承担的北极治理义务都将有所增加。这要求我国在参与北极安全治理的过程中，首先应当强化北极安全权利获取与义务履行意识，既不谋求权利最大化与义务最小化，又不接受权利最小化与义务最大化，要在北极安全权利与义务之间实现平衡。具体而言，强化北极安全权利获取与义务履行意识要求我们从以下两个方面着手。

其一，努力获取适当的北极安全权利，为维护北极安全利益创造条件。一方面，需要明晰我国主要希望获取的是何种北极安全权利。长期以来，对

权利的认识向来存在分歧：自由至上论者相信权利是消极的，是维护个体和他们的财产以对抗其他个体和国家侵犯的保护性手段；自由至上论者的反对者们则相信个人也有某些对于一系列机会和资源的积极权利，通常需要国家来提供对这些权利的保护①。在国际社会中，国家的权利也有积极权利与消极权利之分，我国北极安全权利同样也存在消极与积极之分。消极的北极安全权利是增强自身的极地安全实力并采取一切手段弱化其他国家的北极安全实力，或通过减少、破坏其他国家的北极安全获益来扩大自身的权利。积极的北极安全权利则是通过国际合作来获得北极安全资源、利益与话语权并依赖已有的或建构的北极安全机制来获取权利。因此，我国努力获取的应该是积极的北极安全权利，也要吸收消极北极安全权利中增强自身实力的内容。其二，需要采取实际行动获取我国所需的北极安全权利。短期来看，我国应该不断加强北极科学考察，为人类认识、利用和保护北极提供知识基础；应该持续加强和相关国家的北极事务合作，从环境保护、气候变化应对、科学考察等领域的合作逐渐扩展到极地人才交流、资源开发、制度建构等领域，奠定获取北极安全权利的基础。中期来看，我国应该注重为维护北极安全与稳定、和平与发展提供公共产品，寻求制度性介入极地事务的路径，获取积极的北极安全权利。长期来看，我国应该推进北极治理机制朝着更加公平合理的方向发展，呼吁实质性参与北极事务的国家承担起更大的责任，并号召更多的国家参与北极治理，维护全人类的共同利益。

另一方面，积极履行合理的北极安全义务，为维护北极安全利益赢得机遇。权利与义务向来不可分割，缺乏义务的权利不能长久，没有权利的义务也不可持续。我国北极安全利益的维护，也要高度重视北极安全义务的履行意识。北极安全的内容和需要决定了我国北极安全义务的范围：维持北极自然安全状态，需要我国履行北极科学观测、考察、研究的义务，尽可能充分地认识北极的自然状态变化及其影响和威胁因素。维护北极地区安全，需要我国履行构建北极安全人类命运共同体、呼吁加强协商对话与合作治理的义

① ［美］特伦斯·鲍尔，［英］理查德·贝拉米. 剑桥二十世纪政治思想史［M］. 任军锋，徐卫翔译. 北京：商务印书馆，2016：394.

务。实现在北极活动的人类安全，需要我国承担完善人类北极活动行为规则、率先为人类北极活动安全提供全面保障的义务。减轻北极向全球扩散的安全影响，需要我国承担加强北极研究、优化北极治理机制以更能代表和体现绝大多数国家利益诉求的义务。除此之外，我国北极安全利益的维护，还应该合理认识北极安全义务，不追求履行超过自身能力和权利之上的义务。比如在北极事务上，鉴于现有的北极多边法律文件以及环北极国家行使主权的实践，在“人类共同继承”原则下，亟须澄清环北极国家在《联合国海洋法公约》下的权利义务，进而协调好它们与包括中国在内的地理不利国家之间的关系①。我国积极履行合理的北极安全义务，应当按照《联合国海洋法公约》这一“海洋大宪章”的要求，遵循权利、责任、义务相一致的原则，协调我国和其他北极事务参与国家的权利义务关系，有效维护我国北极安全利益。

## 二、着力推动北极安全治理议题的全球化

中国参与北极安全治理，在明确了北极安全与发展利益之后，还需要不断推动北极安全治理议题的全球化，进一步强化中国参与的资格和机会。实际上，全球化通常被认为是北极面临的一个重要问题，自 20 世纪 90 年代末以来，北极时常发现自己处于世界政治的中心，目前的迹象则表明，这种备受国际关注的情况只会增强；与此同时，人们认为北极这个新区域不断走向国际舞台，正面临着一个日益全球化的世界②。在全球化的力量影响和席卷北极的同时，北极治理中的诸多议题也越发具有全球化的特点，需要更多的国家与组织参与其中。北极安全可以说是北极治理中的核心议题，因为当前突出的北极环境保护、资源开发、航道利用、科学考察等议题均离不开一定的复杂性安全考量，北极不安全，这些活动恐怕难以为继。因此，中国需要

---

① 李雪平，方正，刘海燕. 北极地区国家在《联合国海洋法公约》下的权利义务及其与地理不利国家之间的关系［J］. 极地研究，2017，29（02）：279-285.

② Chris Southcott. Globalization，Arctic［M］//Alex C. Michalos（eds.）. Encyclopedia of quality of life and well-being research. Netherlands：Springer，2014：2576.

从以下三个方面着力推动北极安全治理议题的全球化，以实现北极的真正安全。

其一，在进一步把握北极及其安全变化与全球安全及发展的复杂性关联的基础上，提炼当前和未来的北极安全治理核心议题，为推动其全球化提供知识和证据支撑。一系列复杂的反馈回路将北极与世界其他地方的事件联系起来，因此，在其他地方做出的决定越来越多地影响着北极的未来。虽然很明显北极正处于由气候变化和全球化的双重压力推动的深刻变革的阵痛中，但目前尚不清楚这些变化将如何得到治理①。这就需要中国等国家通过科学考察、科学研究、国际合作等方式深度认识北极正在经历的变化，把握人类影响北极、北极影响人类的复杂循环过程。对于中国而言，可以以此为基础，一方面提炼当前具体的北极安全治理核心议题，主要涉及北极环境安全治理、航运安全治理、能源安全治理等，这样进行提炼的原因在于当前日益增多的北极活动主要是由于相关国家和企业等受到北极能源开采与航道开通已经带来或可能带来的经济效益的驱使而形成的，并且在这个过程中保护北极独特的自然生态环境、尽最大的可能防止其受到污染和破坏成为当务之急。另一方面中国还需要提炼未来的北极安全治理核心议题，主要包括正确处理北极安全与北极可持续发展的关系，实现北极自身安全、地区安全、人的安全及全球扩散影响安全的复杂性治理，推动北极安全治理能力与治理体系的现代化等。这些议题与世界各国息息相关，未来还需要中国等国家以及相关国际组织进一步从科学与政策、知识与行动等角度认识这些议题的复杂性内涵并寻求应对的复杂性路径。

其二，深化对北极安全治理与全球相关区域及领域的治理比较，突出北极安全治理议题的影响扩散性与全球公共性，为推动其全球化营造一定的外部环境。就像自然科学家经常把南极、北极、青藏高原这“三极”放在一起进行对比观测和研究一样，推动北极安全治理议题的全球化也可以强化类似安全

① Rebecca M. Bratspies. Using human rights to improve Arctic governance［M］//Rebecca Pincus, Saleem H. Ali (eds.). Diplomacy on ice: Energy and the environment in the Arctic and Antarctic. Connecticut: Yale University Press, 2015: 171.

治理区域与领域的对比。比如，就有学者对北极与亚马逊地区治理机制进行了比较并得出三个有关治理的经验教训：（1）需要国家领导；（2）治理网络的重要性；（3）通过治理机制来扩大私营部门参与和获得成就的紧迫性①。这种以比较为中心的知识生产可以凸显比较对象之间的共同性，有助于尝试从更广阔的视野来应对实践问题。在具体的治理比较方面，中国可以将南极、北极的治理机制进行对比，包括北极安全在内的北极治理实际上可以部分地借鉴南极治理模式暂时冻结主权要求与矿产资源开发诉求的做法，以防控北极地区安全风险。中国也可以基于极地、深海、网络、太空等的全球公域特性，通过治理背景、需求、路径等的全方位比较来思考这些公域的安全问题，进而深刻把握北极安全治理议题的全球公共性。中国还可以将全球气候安全、环境安全、粮食安全、卫生安全等领域的具体治理与北极安全治理进行比较，从而有助于把握北极安全及其变化在全球不同地区与安全领域的影响扩散性。总之，中国需要不断寻找北极安全治理议题与全球安全治理相关议题的共性并呼吁共同关注，使其在全球层面获得回应，优化推动北极安全治理议题全球化的外部环境。

其三，加强北极外交，在相关的正式与非正式、双边与多边的对话合作平台上恰当地提出涉及北极安全治理的倡议，形成推动北极安全治理议题全球化的共识与合力。中国不仅要持续加强与北极国家、其他北极事务实质性参与国家的合作，进一步在外交层面建立合作关系并形成相关的合作备忘录、协议等。还要注重在北极理事会等北极地区性组织、国际北极科学委员会等非政府组织、政府间气候变化委员会等全球性行为体中发挥积极作用，增强沟通、交流的效果。也要尝试与其他尚未实质性参与北极事务但具有强烈的北极利益关切的国家及组织进行对话，适当地宣传北极安全治理的必要性与可行性。中国从上述方面着手，一方面有利于北极安全治理的相关议题能够被更多的国家和组织了解，这恰恰是众多国家行为体与非国家行为体平等、积极参与北极安全治理的前提及条件。另一方面有利于形成推动北极安

① Katie Burkhart, Maxwell C. McGrath-Horn, Natalie Unterstell. Comparison of Arctic and Amazon regional governance mechanisms ［J］. Polar Geography, 2017, 40 (02): 144-161.

全治理议题全球化的行动网络，加快对北极安全治理这一复杂的全球性公共问题的认识和解决。

## 三、在构建北极安全人类命运共同体的进程中扮演负责任大国角色

在北极安全治理议题全球化且其治理系统不断自适应建构与自组织演化的状态下，中国参与北极安全治理的核心战略目标应当是在构建北极安全命运共同体的进程中扮演负责任大国角色。因为只有身份相似、命运相关、追求相同，才不至于在国际事务中一味地追求高尚道德情操式的国际义务和一味地追求最大极限化的国家利益，而是通过保持沟通、强化合作、实现共赢来体现人类命运共同体的价值。一方面，中国要以人类命运共同体理念为指导，在推动构建北极安全人类命运共同体的过程中革新认知、积极作为。人类命运共同体理念有助于以凸显人类（超越国家身份，体现天下担当）、命运（升级合作共赢，体现命运与共）、共同体（超越地球村，树立大家庭意识，塑造共同认同）三个关键词蕴含的价值来实现共赢共享①。

首先，中国应当抓住相同的人类身份特征，追求共同利益。在当前主要以国家身份参与北极事务的现实中，难以避免各国相互之间存在的北极利益竞争乃至冲突，寻求共同利益的努力往往被眼前利益和局部利益所遮蔽。我国在以国家身份参与北极安全治理的同时，应注意和其他国家相同的人类身份特征，站在维护全人类利益、实现北极永久和平与安全的高度，追求和其他国家共同存在的北极安全与发展利益，这有利于我国履行一个负责任的大国应该担负的职责，为维护世界和平与发展贡献力量。其次，中国应当立足休戚与共的命运，实现持续合作。北极安全及其外溢影响已经不是某几个国家可以应对，甚至也并非只有实质性参与北极事务的国家才能应对。在一定程度上而言，世界各国或多或少都受到了北极安全变化的影响，各国在北极安全与和平议题上存在广阔的合作空间，甚至是休戚与共、命运相连，实质性参与北极事务的国家更应该承担更多的责任。我国要在北极事务中弱化北

① 王义桅. 人类命运共同体的内涵与使命［J］. 人民论坛·学术前沿，2017（12）：6-12.

极域内国家排外倾向的影响，不断寻求相互关联点，深化和北极域内外国家的多样化合作，以此增强参与北极安全治理、推动构建北极安全人类命运共同体的理由和依据。最后，中国应当重视共同体价值，寻求有效路径。人类命运共同体将人类身份、休戚与共的命运融合进共同体的构建之中，彰显的是一种共生的理念，致力建构的是一种共利的关系，努力追求的是一种共赢的结果①。既然是共生、共利、共赢，那么就包含了多个主体的共同利益及其合作，实现了共同利益，共同体内每个个体的利益也就有了保障。我国作为参与北极安全治理的一分子，应该不断引领构建北极安全人类命运共同体，发挥共同体的价值和作用，扩大和其他国家的共同利益，形成新的思路和路径来维护北极永久安全与和平。

另一方面，中国要将在北极安全治理中扮演负责任的大国角色转化落实为具体的战略行动，实现与其他国家共同的北极安全与发展目标。第一，以履行国际安全义务为依托，积极参与北极安全合作治理。在全球治理背景下，我国要和其他国家携手推进北极安全治理，将履行国际安全义务摆在重要位置，致力于北极的和平开发利用，注重人类社会永续发展的机会公平和代际公平，以对话合作推动北极安全治理进程，最大限度地减少北极安全隐患与威胁。第二，以促进国家外部安全为目标，努力贡献维护北极安全的中国智慧。我国应该不断总结长期以来维护国家外部安全的经验教训，不断打破西方国家对于安全话语、安全制度与安全技术的垄断，营造共商、共建、共享的外部安全环境。以此为切入点，呼吁和推动建立更加完善的北极安全治理参与机制，提倡涵盖科研、资源、制度等领域的北极安全对话与合作，将北极安全融入各国维护外部相对安全的共同行动之中。第三，以提升国家安全能力为导向，不断完善北极安全治理参与体系。把实现我国在南北两极的安全和发展利益纳入总体国家安全体系，优化我国参与北极安全治理的主体、制度和保障体系，提高我国应对北极安全可能带来的传统与非传统安全问题的能力，切实维护我国合理的北极利益。除此之外，还应不断强化中国

① 王泽应. 论构建人类命运共同体的伦理意义 [J]. 北京大学学报（哲学社会科学版），2017，54（04）：5-14.

参与北极安全治理的资金、技术、人才、法律等保障，将战略要点按照指导思想、基本原则、战略目标、重点任务、政策措施的思路进行整合呈现，形成中国推动构建北极安全人类命运共同体、更好地承担负责任大国应尽义务的具体路径。

## 第五节　本章小结

本章在第二、三、四章的基础上，在复杂性理论视角下总结提炼中国参与北极安全治理的基本路径，实现从提出问题、分析问题到解决问题的目标。首先，中国参与北极安全治理必须树立复杂性观念，在参与过程中合理把握机遇、随时迎接挑战。其次，必须强化复杂性准备，提升北极科学研究的系统涌现性，培育多元适应性主体并利用好北极国际合作的自组织性。再次，努力提升复杂性能力，将上述观念和准备进一步转化为参与的复杂性能力，主要包括话语能力、安全类公共产品供给能力以及治理机制变革倡议与制度创设能力等。最后，以适应北极安全复杂性治理状态为导向，制定中国参与的分步走战略，从强化利益获取与义务履行意识开始，着力推动北极安全治理议题全球化，在构建北极安全人类命运共同体的进程中扮演负责任大国角色。在上述行动路径下，中国参与北极安全治理能够更加有效地识别和维护北极安全与发展利益，促进北极安全治理的现代化。

# 结 语

*CONCLUSION*

如果说在全球化背景下，北极治理是全球治理不可缺少的一部分，那么在当前气候变化与北极开发利用日益深入的背景下，北极安全治理则是北极治理的关键内容，因为北极安全始终是北极得以自然存续、人类得以持续开展北极活动的基础，北极治理中的气候、环境、航运、能源、可持续发展等议题均具有消除威胁、确保安全的需要。因此，以有效的思路和方式来建构与完善北极安全治理体系应当成为一项关于北极治理的重要任务。本书从复杂性理论视角出发，合理审视北极安全及其治理过程所产生的复杂性，并通过涌现生成理论进行呈现和证明。接着基于 CAS 理论和自组织理论，分别着眼于复杂性如何应对、如何演化的视角，探讨北极安全治理复杂性系统的自适应建构与自组织演化问题，最终将北极安全治理定位为一个充满复杂性的全球性公共问题。基于这一定位，中国作为重要的北极事务利益攸关方，具有充分而必要的依据参与北极安全治理。一方面，北极安全治理复杂性涌现下的中国参与面临一定机遇和挑战；另一方面，北极安全治理复杂性系统建构与演化下的中国参与，分别具有多重身份定位并可以生成安全与发展利益。因此，中国要通过树立复杂性观念、强化复杂性准备、提升复杂性能力、制定分步走战略等深度参与北极安全治理，以体现自身作为不可缺少的适应性主体、持续的行动者、负责任的大国等在北极安全治理复杂性涌现与应对中的重要作用，发挥中国参与对于实现北极长久安全、和平与稳定的积极价值。在系统研究下，本书主要得出了以下三个基本结论：

第一，北极安全及其治理问题应当引起国际社会的重视，复杂性的安全考虑应当成为国家行为体与非国家行为体关注北极、进出北极、开展各项北极活动的首要标准。北极深刻变化导致的安全问题日益迫切、有目共睹，以北冰洋为例，“北冰洋曾经是一个难以穿越的冰冻海洋、一个抵御入侵的堡垒及一个水手和冒险家的墓地，但它有可能失去其气候稳定作用，转变为一个更为传统的、重塑全球地缘政治的海洋……北极变暖对国家安全的影响是深远的，将影响北极国家和非北极国家”①。北极自身安全、地区安全、人的安全及其向全球辐射和扩散的安全影响日益复杂，甚至可能重塑全球安全及其治理格局。北极安全及其治理具有涌现的复杂性，首先就要成为所有实质性参与北极事务、关心北极未来的行为体的共同观念，因为树立新观念往往是开始新行动的基础——重视北极的安全、考虑自身活动对北极的安全影响、树立北极活动的安全标准才能推动形成实现北极真正安全的合作网络，留给子孙后代一个可供诗意遐想和持续利用的北极。

第二，北极安全治理体系的建构、机制的优化是一个长期的复杂性过程，其中离不开多元行为体基于知识、科学、政策等的持续对话并推动实质性合作以形成复杂的行动网络。本书的研究显示，北极安全治理复杂性系统的建构离不开适应性主体及其复杂交互作用，这一系统的自组织演化也离不开治理主体、客体、方式等序参量的推动。在以正确处理人与人、人与自然、人与社会之间关系为中心的治理实践中，人及其形成的组织总是不可或缺的行为体。北极安全治理体系的建构、机制的优化同样如此，以人及其活动为基础的多元行为体是处理人类利用北极、影响北极与北极影响人类、需要安全与发展等之间关系的关键所在。这就依赖于美国、俄罗斯、加拿大等北极国家，中国、日本、德国、英国等实质性参与北极事务国家以及其他北极安全与发展关切国家，还有众多涉及北极的地区性组织、国际性组织等的对话及合作。特别是需要从全方位地获取北极知识、持续地进行北极科学研究、合理地制定与实施北极政策、审慎地开展北极行动等方面深化平等对话

① Rebecca Pincus. Security in the Arctic: A receding wall [M] //Rebecca Pincus, Saleem H. Ali (eds.). Diplomacy on ice: Energy and the environment in the Arctic and Antarctic. Connecticut: Yale University Press, 2015: 161.

与实质性合作。这样才能形成真正促进北极安全善治的全球合力，为人类共同应对具有或部分具有全球公域特征（比如深海、太空等）领域的安全治理问题积累经验。

第三，对于中国参与全球相关地区、各个领域的治理而言，应当遵循“由小及大、由浅入深、由简到繁”的复杂性思路，始终将维护和实现全人类共同利益、推动构建人类命运共同体摆在首位，不断找准参与的思路与方向。本书的分析证明，中国参与北极安全治理是一个面临复杂环境、承担复杂使命的长期的复杂性过程，只有坚持有理有据、有的放矢、有所为有所不为地参与，才能义利兼顾、实现共赢。在日趋复杂的全球治理格局中，中国不妨从小处着手、从容易介入的领域着手、从简单的问题应对着手，一步一个脚印，既低头走路、又抬头看天，将对实现全人类共同利益的不懈追求、对全人类共同命运的深刻关切融入推动构建人类命运共同体的务实行动中，以在参与全球治理过程中逐步积蓄力量、收获信任、塑造环境、发挥价值。

在得出上述结论的同时，笔者也深感未来围绕北极安全复杂性治理这个主题展开深入研究的必要性与艰巨性，复杂性理论与复杂性治理具有更加广阔的研究空间。由于笔者的水平、精力有限，只是拣取了复杂性理论这个库藏丰富、威力颇大的“武器库”中的三样“基本武器”——涌现生成理论、CAS 理论、自组织理论来分别探讨北极安全治理的复杂性、复杂性系统的建构、复杂性系统的演化等，更多停留在基于理论本身的视角创新、内容及方法借鉴层面，理论描述、归纳与实践观察、总结之间的联系还不够紧密，对于北极安全治理的复杂性研究还缺乏一定的数据和模拟分析。因此，以探讨北极安全治理的复杂性为出发点，更加深入地运用复杂性的理论、方法、技术等，通过深度剖析北极安全治理复杂性这一典型场景与案例来为众多相关领域的安全治理复杂性研究提供思路借鉴和一般性规律，并在此基础上把握中国参与极地、深海、太空等领域安全治理的机遇和挑战、身份和利益、贡献和责任等，将是笔者进行下一步研究的重点目标和方向。

# 参考文献

*REFERENCE*

## 一、专著类

[1] [法] 埃德加·莫兰. 复杂性思想导论 [M]. 陈一壮译. 上海：华东师范大学出版社，2008.

[2] [美] 约翰·H. 霍兰. 涌现——从混沌到有序 [M]. 陈禹等译，上海：上海科学技术出版社，2001.

[3] [美] 西蒙·A·莱文. 脆弱的领地：复杂性与公有域 [M]. 吴彤，田小飞，王娜等译. 上海：上海科技教育出版社，2006.

[4] [美] 尼古拉斯·雷舍尔. 复杂性：一种哲学概观 [M]. 吴彤译. 上海：上海世纪出版社，2007.

[5] 北极问题研究编写组. 北极问题研究 [M]. 海洋出版社，2011.

[6] 陈森发. 复杂系统建模理论与方法 [M]. 南京：东南大学出版社，2005.

[7] 丁煌. 极地国家政策研究报告（2012—2013） [M]. 北京：科学出版社，2013.

[8] 丁煌. 极地国家政策研究报告（2013—2014） [M]. 北京：科学出版社，2014.

[9] 丁煌. 极地国家政策研究报告（2014—2015） [M]. 北京：科学出版社，2015.

[10] 丁煌. 极地国家政策研究报告（2015—2016）[M]. 北京：科学出版社，2016.

[11] 丁煌. 极地治理与中国参与 [M]. 北京：科学出版社，2018.

[12] 俄罗斯国际事务委员会. 北极地区：国际合作问题（第 1 卷）[M]. 熊友奇等译. 北京：世界知识出版社，2016.

[13] 黄欣荣. 复杂性科学的方法论研究 [M]. 重庆：重庆大学出版社，2006.

[14] 黄欣荣. 复杂性科学方法及其应用 [M]. 重庆：重庆大学出版社，2012.

[15] 陆俊元. 北极地缘政治与中国应对 [M]. 北京：时事出版社，2010：39.

[16] 李崇阳，李茂青. 软科学研究的复杂性范式 [M]. 厦门：厦门大学出版社，2009.

[17] 刘慧. 复杂系统与世界政治研究 [M]. 南京：南京大学出版社，2011.

[18] 吴彤. 复杂性的科学哲学探究 [M]. 呼和浩特：内蒙古人民出版社，2008.

[19] Barry Scott Zellen. Arctic doom, Arctic boom: The geopolitics of climate change in the Arctic [M]. California: ABC-Clio, 2009.

[20] Dawn Alexandrea Berry, Nigel Bowles, Halbert Jones et al. Governing the North American Arctic: Sovereignty, Security, and Institutions [M]. New York, NY: Palgrave Macmillan, 2016.

[21] Elana Wilson Rowe. Arctic governance: Power in cross-border cooperation [M]. Manchester: Manchester University Press, 2018.

[22] Gunhild Hoogensen Gjørv, Dawn R. Bazely, Marina Goloviznina et al. Environmental and human security in the Arctic [M]. New York: Routledge, 2014.

[23] Hooman Peimani. Energy security and geopolitics in the arctic: Challenges and opportunities in the 21st century [M]. Singapore: World Scientific

Publishing, cop. 2013.

[24] Jeremy J. Ramsden, Paata J. Kervalishvili. Complexity and security [M]. Amsterdam: IOS Press, 2008.

[25] James Kraska. Arctic security in an age of climate change [M]. New York: Cambridge University Press, 2011.

[26] Michael Goodsite, Niklas Swanstrom. Towards a sustainable Arctic: International security, Climate change and green shipping [M]. Singapore: World Scientific Publishing Company, 2023.

[27] P. A. Berkman, A. N. Vylegzhanin (eds.). Environmental security in the Arctic Ocean, NATO science for peace and security series C: Environmental security [M]. Dordrecht: Springer, 2013.

[28] P. Whitney Lackenbauer, Rob Huebert, Ryan Dean (eds.). (Re) Conceptualizing Arctic Security [M]. Calgary: Library and Archives Canada Cataloging in Publication, 2017.

[29] Peter Wadhams. A farewell to ice: A report from the Arctic [M]. New York: Oxford University Press, 2017.

[30] Stefan Turner. 43 visions for complexity [M]. Singapore: World Scientific Publishing Company, 2017.

## 二、期刊类

[1] 奥兰·扬，杨剑，安德烈·扎戈尔斯基. 新时期北极成为和平竞争区的发展逻辑 [J]. 国际展望，2022，14 (03)：1.

[2] 陈一壮. 论贝塔朗菲的“一般系统论”与圣菲研究所的“复杂适应系统理论”的区别 [J]. 山东科技大学学报 (社会科学版)，2007 (02)：7.

[3] 蔡高强，朱丹亚. 论中俄北极能源合作开发的法律保障 [J]. 中国海商法研究，2021，32 (02)：19.

[4] 丁煌，朱宝林. 基于“命运共同体”理念的北极治理机制创新 [J]. 探索与争鸣，2016 (3)：94-95.

［5］丁煌，张冲．中国参与北极治理的价值分析——基于新自由制度主义的视角［J］．武汉大学学报（哲学社会科学版），2016（03）：23-29.

［6］丁煌，王晨光．正确义利观视角下的北极治理和中国参与［J］．南京社会科学，2017（05）：58-64.

［7］丁煌，马皓．“一带一路”背景下北极环境安全的国际合作研究［J］．理论与改革，2017（05）：84-88.

［8］丁煌，云宇龙．责任嵌入：中国参与北极安全治理的路径选择［J］．湘潭大学学报（哲学社会科学版），2018，42（02）：15-19.

［9］丁煌，云宇龙．中国南极国家安全利益的生成及其维护路径研究［J］．太平洋学报，2018（09）：70.

［10］丁煌，褚章正．基于公共价值创造的北极环境治理及其中国参与研究［J］．理论与改革，2018（05）：25-27.

［11］范如国．“全球风险社会”治理：复杂性范式与中国参与［J］．中国社会科学，2017（02）：78.

［12］郭培清，厉召卿．对峙与合作：北极安全态势分析［J］．中国海洋大学学报（社会科学版），2021（04）：77.

［13］贺鉴，刘磊．总体国家安全观视角中的北极通道安全［J］．国际安全研究，2015（06）：132.

［14］胡鞍钢，张新，张巍．开发“一带一路一道（北极航道）”建设的战略内涵与构想［J］．清华大学学报（哲学社会科学版），2017，32（03）：18-19.

［15］匡增军．美国北极战略新动向及对北极治理的影响［J］．国际问题研究，2023（02）：74-79.

［16］李振福，史晓梅，丁超君等．采用模糊综合评价法的北极利益攸关度分析［J］．集美大学学报（自然科学版），2021，26（01）：49.

［17］潘敏．机遇与风险：北极环境变化对中国能源安全的影响及对策分析［J］．中国软科学，2014（9）：20.

［18］孙凯，吴昊．北极安全新态势与中国北极安全利益维护［J］．南京

政治学院学报，2016（05）：71-77.

［19］王传兴. 北极地区安全维度变化与北极地区议题安全化［J］. 国际安全研究，2013（03）：101-115.

［20］王泽应. 论构建人类命运共同体的伦理意义［J］. 北京大学学报（哲学社会科学版），2017（04）：11.

［21］肖洋. “冰上丝绸之路”视域下中国参与北极航运安全治理的考量因素［J］. 和平与发展，2019（03）：107-109.

［22］夏立平. 北极环境变化对全球安全和中国国家安全的影响［J］. 世界经济与政治，2011（1）：129-130.

［23］杨振姣，郭纪斐. 北极生态安全对中国的影响及应对研究——基于非传统安全视角［J］. 辽宁大学学报（哲学社会科学版），2017,45（06）:149.

［24］云宇龙. 共同安全：北极安全治理的新视角与新议题［J］. 亚太安全与海洋研究，2017（06）：115-118.

［25］云宇龙. 国际社会理论视角下的北极安全治理与中国参与［J］. 领导科学论坛，2017（17）：73.

［26］云宇龙. 总体国家安全观视域下的中国北极安全利益分析［J］. 江南社会学院学报，2019，21（01）：27-32.

［27］云宇龙. 中国参与北极治理的政策话语活动研究——基于政策话语理论拓展的视角［J］. 中国海洋大学学报（社会科学版），2019（04）：37-43.

［28］云宇龙，王琼. 民国时期中国人的北极探险知识概况及其多维价值［J］. 中国海洋大学学报（社会科学版），2023（02）：13-22.

［29］赵宁宁. 中国北极治理话语权：现实挑战与提升路径［J］. 社会主义研究，2018（02）：133-140.

［30］中共国家海洋局党组. 实现中华民族海洋强国梦的科学指南——深入学习习近平总书记关于海洋强国战略的重要论述［J］. 求是，2017（17）：25-26.

［31］Andrew Holland，Nick Cunningham，Xander Vagg. Critical security challenges in the Arctic［J］. American Security Project，2013（9）：1-8.

[32] Andreas Østhagen. The Arctic security region: misconceptions and contradictions [J]. Polar Geography, 2021, 44 (2): 14.

[33] Alexandra Cassivi, Anna Covey, Manuel J. Rodriguez et al.. Domestic water security in the Arctic: A scoping review [J]. International Journal of Hygiene and Environmental Health, 2023 (247): 1.

[34] Barbora Padrtova. Frozen narratives: How media present security in the Arctic [J]. Polar Science, 2019 (21): 44.

[35] Bennett Alec P., Bouffard Troy J., Bhatt Uma S.. Arctic sea ice decline and geoengineering solutions: Cascading security and ethical considerations [J]. Challenges, 2022, 13 (1): 22.

[36] Elana Wilson Rowe, Helge Blakkisrud. A new kind of Arctic power? Russia's policy discourses and diplomatic practices in the circumpolar North [J]. Geopolitics, 2014, 19 (1): 81-82.

[37] Florian RĂPAN、Daniela RĂPAN et al. Security Perspectives in the Arctic Region: From Competition to Cooperation or Confrontation? [J]. International conference KNOWLEDGE-BASED ORGANIZATION, 2020, 26 (1): 123-127.

[38] Gunhild Hoogensen, Dawn Bazely, Julia Christensen (eds.). Human Security in the Arctic—Yes, It Is Relevant! [J] Journal of Human Security, 2009, 5 (2): 6.

[39] Garrison Wells. Ongoing Activity in the Arctic: National and international interest and activity increase [J]. Alaska Business Monthly. Sep2017, 33 (9): 88.

[40] Ingrid Lundestad, Øystein Tunsjø. The United States and China in the Arctic [J]. Polar Record, 2015, 51 (259): 400.

[41] Jennifer Verlaine Lukovich, Gordon A. McBean. Addressing human security in the Arctic in the context of climate change through science and technology [J]. Mitigation & Adaptation Strategies for Global Change, 2009 (14): 697.

[42] Jennifer Spence. Is a melting Arctic making the Arctic Council too cool? Exploring the limits to the effectiveness of a boundary organization [J]. Review of Policy Research, 2017, 34 (6): 790-811

[43] James Kenneth Wither. An Arctic security dilemma: Assessing and mitigating the risk of unintended armed conflict in the High North [J]. European Security, 2021, 30 (4): 1.

[44] Kristian Atland. Interstate relations in the Arctic: An emerging security dilemma? [J]. Comparative Strategy, 2014, 33 (2): 145-166.

[45] Kamrul Hossain, Gerald Zojer, Wilfrid Greaves (eds.). Constructing Arctic security: an interdisciplinary approach to understanding security in the Barents region [J]. Polar Record, 2017, 53 (01): 52, 58.

[46] Kristin Timm, Allen Pope, Malgorzata (Gosia) Smieszek et al. Arctic Science: From Knowledge to Action? [J]. The Polar Journal, 2017, 7 (2): 429.

[47] Lt Col Sharp. The implications of ice melt on Arctic security [J]. Defence Studies, June 2011, 11 (2): 297-322.

[48] Melissa Renee Pegna. U. S. Arctic policy: The need to ratify a modified UNCLOS and secure a military presence in the Arctic [J]. Journal of Maritime Law and Commerce, 2013, 44 (2): 169-170.

[49] Mia M. Bennett. How China sees the Arctic: Reading between extraregional and intraregional narratives [J]. Geopolitics, 2015 (20): 645.

[50] Marzia Scopelliti, Elena Conde Pérez. Defining security in a changing Arctic: Helping toprevent an Arctic security dilemma [J]. Polar Record, 2016, 52 (267): 672-679.

[51] Mikhail N. Lysenko, Alexander N. Vylegzhanin, Oran R. Young. Nuclear safety and security in the Arctic: Crafting an effective regional governance system [J]. Arctic Review on Law and Politics, 2022 (13): 191.

[52] N Serova, E Korchak, T Skufina. The Arctic: Strategic priorities of

circumpolar countries [J]. IOP Conference Series Materials Science and Engineering, 2020, 753 (072022): 1-7.

[53] Oran R. Young. Building an international regime complex for the Arctic: Current status and next steps [J]. The Polar Journal, 2012, 2 (2): 403.

[54] Pavel A. Anisimov. National Security Challenges of the Russian Federation in the Arctic Region [J]. "Political Science. History. International Relations" Series, 2020 (4): 75.

[55] Tom Barry, Brynhildur Daviðsdóttir, Níels Einarsson et al.. The Arctic Council: An agent of change? [J]. Global Environmental Change, 2020, 63 (102099): 8.

[56] Valeriy P. Zhuravel. China, Republic of Korea and Japan in the Arctic: Politics, economy, security [J]. Arctic and North, 2016 (24): 99.

[57] Versen Joseph, Mnatsakanyan Zaruhi, Urpelainen Johannes. Concerns of climate intervention: Understanding geoengineering security concerns in the Arctic and beyond [J]. Climatic Change, 2022, 171 (3-4).

[58] Øyvind Østerud, Geir Hønneland. Geopolitics and International Governance in the Arctic [J]. Arctic Review on Law and Politics, 2014, 5 (2): 176.

[59] Кокис, Кира Андреевна. К вопросу о формировании аркти-ческой политики РФ [J]. Арктика и Север, 2015 (19): 79.

[60] Кефели И. Ф., Николаенко А. В.. Взаимодействие арктических и неарктических государств внаучных исследованиях и практическом освое-нии геополитического потенциала Арктики [J]. Управленческое консу-льтирование, 2022 (3): 24.

## 三、报纸与报告类

[1] 傅崐成. 北极事务少不了中国参与 [N]. 环球时报, 2013-04-03, 第15版.

［2］Attempts by U. S., NATO to limit Russia's activity in Arctic put national security at risk-Medvedev（Part 2）［N］. Interfax：Russia & CIS Military Newswire，Moscow，2020-10-13.

［3］Military of Arctic countries stop regular meetings-Russian Security Council［N］. Interfax：Russia & CIS Military Newswire，Moscow，2019-09-30.

［4］政府间气候变化专门委员会第五次评估报告第一工作组、第二工作组和第三工作组. 气候变化 2014 综合报告［R］. 瑞士日内瓦 IPCC，2015.

［5］Ernie Regehr，O. C.，Amy Zavitz，M. A.. Circumpolar military facilities of the Arctic Five［R］. The Simons Foundation Canada，2019：6-32，36-47，54-85.

［6］Ekaterina Klimenko. Russia's Arctic security policy— Still quiet in the High North?［R］. SIPRI Policy Paper No. 45. Stockholm，February 2016.

［7］Heather Exner-Pirot. Human security in the Arctic：The foundation of regional cooperation［R］. Munk school of global affairs，Working papers on Arctic security. July，2012.

［8］Marc Lanteigne. Ties that bind：The emerging regional security complex in the Arctic［R］. Norwegian Institute of International Affairs，Policy Brief，2016.

［9］Rethinking the top of the World：Arctic security public opinion survey（Final Report）［R］. EKOS Research Associates inc，January 2011.

［10］Stephen J. Purdey. Global governance：Impressions from complex adaptive systems theory［R］. Lund：Earth System Governance Project，2017：9.

## 四、网络文献类

［1］Arctic Council. Arctic Council strategic plan 2021 to 2030.［EB/OL］.（2021-05-20）.［2023-01-28］. https：//oaarchive. arctic-council. org/handle/11374.

［2］Natalie Mychajlyszyn（International Affairs，Trade and Finance Division). The Arctic: Canadian Security and Defence [EB/OL]. (2008-10-24). [2023-12-08]. https://lop. parl. ca/content/lop/researchpublications/prb0813-e. pdf.

[3] Yufei Zou, Yuhang Wang, Yuzhong Zhang, Ja-Ho Koo. Arctic sea ice, Eurasia snow, and extreme winter haze in China [EB/OL]. (2017-03-15). [2023-01-20]. http://advances. sciencemag. org/content/3/3/e1602751. full.

[4] Андрей Терехов. Китай позарился на российскую Арктику [EB/OL]. (2010-03-03). [2023-07-02]. http://www. ng. ru/world/2010-03-03/1_ china. html.

[5] Игорь Дивинский, Андрей Бельянинов. Как усилить "Полярный фактор" в российскойполитике [EB/OL]. (2017-05-31). [2023-02-10]. http://www. ng. ru/kartblansh/2017-05-31/3_ 6999_ kartblansh. html.

# 后记

*POSTSCRIPT*

本书是在本人博士学位论文基础上几经增删、修改定稿的，主要基于复杂性理论视角审视北极安全治理并提出可行的变革方向与路径，在此过程中把握中国参与北极安全治理的机遇挑战、身份定位与利益生成，为中国更加有效地参与北极安全治理、推动构建北极安全人类命运共同体贡献智慧与力量，同时也期待能够为中国参与极地、深海、太空等战略新疆域的安全治理提供参考。

关注极地事务特别是北极安全治理，源于在武汉大学求学期间，我的博士生导师丁煌教授的引领与教导。老师将我引入极地安全与治理研究领域，指导我研读理论文献、掌握研究方法、产出科研成果，勉励我静心治学，沿着复杂性理论道路将北极安全治理及其中国参与问题持续钻研下去。参加工作之后，老师时常关心我的教学和科研工作，指点研究的迷茫困惑，多次问起书稿的出版事宜并欣然作序，常常使我感受到“师者匠心，止于至善；师者如光，微以致远”的关爱和温暖。是以本书定稿，既是对过去数年开展极地安全与治理研究的一个小总结，也是交给老师的一份阶段性答卷。

本书有幸得到湘潭大学优秀学术专著出版资金的资助。北极问题关乎人类生存与发展的共同命运，中国与包括北极安全在内的北极跨区域和全球性问题息息相关，日益复杂的北极地区不断产生超出北极圈范围的安全影响。与此同时，北极安全治理机制建构缓慢、效果有待观察，中国等域外国家参与难度较大、作用有限，加之国内外学界关于北极安全治理的理论研究尚处于起步和发展阶段，因而北极安全治理在一定程度上并不属于政治学与管理学的热门研究议题。这对于出版项目申请而言存在较大挑战，是以特别感谢学校社科处的统筹和组织，感谢湘潭大学出版社的认可和支持，感谢校内外评审专家的审阅和指导，让这一相对小众的研究成果获得出版支持、即将面世，更让从事极地安全与治理研究的学人受到鼓舞、生出奋进的动力。

本书付梓，感谢湘潭大学出版社社长申永丰研究员的支持和关心，让本书能够较快完成出版手续、进入出版流程。感谢出版社牛敬丹老师、张博雅老师等的辛苦校对与质检、精心排版与设计，在与编辑老师们就本书观点、文献等进行沟通的过程中，深深感受到出版人的不易和敬业。特别是本书写作、修改过程中参考、引用了诸多外文文献并且涉及不少外国政府、组织、学者等对中国参与北极事务的评价观点，这均需一一核对查实，编辑老师们的耐心校对和高效沟通让本书错漏减少、质量增色，在此一并致谢。

由于北极安全形势复杂多变、北极治理研究不断深入，本书关于北极安全治理复杂性系统建构与演化的分析有待进一步完善，对于中国更好地参与北极安全治理的路径思考有待进一步深化，在观点表达与文献引用方面如若存在疏漏，恳请各位读者、学界同仁不吝赐教。

最后，谨以此书献给我的家人，他们一直是我的坚强后盾。父母望子成龙却从不给我压力，为我操心费力但总叫我不要挂心他们。妻子胡徽女士一直不遗余力地陪伴我、包容我、支持我，让我充分感受到家的温暖、亲人的爱与希望。每每想起这些，我总是充满幸福感和斗志，既要把小家过好，更要让大家变得更好；既要尽力经营好自己的“一亩三分地”，更要努力践行公共精神，学以成人、学以致用、学以为公，真正尽到一个公共管理研究者的责任。

云宇龙<br>2025 年 6 月